Daniel Krasa

Einstiegskurs Hindi

Herausgegeben von
Hedwig Nosbers und Matthias Öhler

Buch mit Audios online

Hueber Verlag

Die Audio-Dateien finden Sie in der *Hueber Media*-App
sowie unter: www.hueber.de/audioservice

Danksagung:
Wir danken für die muttersprachliche Korrektur Frau Abha Mondhe, für die Erstellung der Tonaufnahmen Frau Abha Mondhe, Herrn Narendra Pant und Herrn Sanjay Saini sowie für die Musik Herrn Gillis Arsonie Ratefinanatary.

3. 2. 1. | Die letzten Ziffern bezeichnen
2029 28 27 26 25 | Zahl und Jahr des Druckes.
Alle Drucke dieser Auflage können, da unverändert, nebeneinander benutzt werden.
1. Auflage

Ersetzt die ISBN 978-3-19-005437-4
Umschlaggestaltung: Sieveking Agentur, München
Redaktion: Dr. Hedwig Nosbers und Matthias Öhler, Bonn;
Jürgen Frank, Hueber Verlag, München
Layout: Cihan Kursuner, Hueber Verlag, München
Satz: Marc Martin DTP, Bonn, www.martin-dtp.de
GPSR-Kontakt: Hueber Verlag GmbH & Co. KG, Baubergerstraße 30, 80992 München, kundenservice@hueber.de
Druck und Bindung: Friedrich Pustet GmbH & Co. KG, Gutenbergstraße 8, 93051 Regensburg, technik@pustet.de
Printed in Germany
ISBN 978–3–19–025437–8

Art. 530_31921_001_01

Inhalt

Ein Wort zuvor

Indien hat aufgeholt! Das Land am Ganges ist mittlerweile ein Global Player, ohne seine reiche Vergangenheit zu verleugnen. Kein Wunder, dass es immer mehr Berührungspunkte zwischen Europa und Indien gibt – kulturell und wirtschaftlich. Wer nach Indien kommt, begegnet äußerst gastfreundlichen und offenen Menschen, mit denen man leicht in Kontakt kommt. Aber wie läuft die Kommunikation? Problemlos, weil jeder in Indien Englisch kann? Oder gar nicht, weil man mit den unzähligen Amts- und Regionalsprachen sowieso nicht zurechtkommt?

Nun, faktisch gibt es in kaum einem Land unseres Planeten eine so gewaltige Sprachenvielfalt. Und tatsächlich sprechen viele in Indien zumindest rudimentär Englisch. Hindi hingegen ist nicht nur übergeordnete Amtssprache des gesamten Landes, sondern auch Alltagssprache vieler Menschen. Bereits ein paar Brocken Hindi imponieren, öffnen zahlreiche Türen und sind das Sprungbrett, um die touristische Oberflächlichkeit hinter sich zu lassen und das „echte" Indien kennenzulernen.

Kommen Sie mit auf eine Reise in die hindisprachige Welt: Begleiten Sie den Bauingenieur Michael König aus München auf seiner Arbeitsreise nach Rajasthan und Delhi. Lernen Sie mit ihm einige Leute und das Alltagsleben kennen und gewinnen Sie so einen Einblick in dieses farbenprächtige und facettenreiche Land.

Viel Spaß dabei! Daniel Krasa

Hindi

- Wichtigste der 23 indischen Amtssprachen,
- mehr als 600 Millionen Sprecher/innen,
- entwickelte sich aus dem Sanskrit (heilige Sprache des Hinduismus),
- viele regionale Dialekte,
- Hindi wird in ganz Nord- und Zentralindien verstanden, nur im Süden kommt man nicht immer mit Hindi weiter
- Hindi ist u. a. Amtssprache in den Bundesstaaten Bihar, Chhattisgarh, Haryana, Himachal Pradesh, Jharkhand, Madhya Pradesh, Rajasthan, Uttar Pradesh und Uttarakhand sowie in der Hauptstadt Delhi. Große Sprecherzahlen finden sich aber auch in anderen Bundesstaaten und v. a. in den großen Städten des Landes. Namhafte Hindi-sprachige Minderheiten gibt es auch in den Golfstaaten, in Süd- und Ostafrika, auf Fiji, in zahlreichen Karibik-Anrainerstaaten sowie in den USA, in Kanada und Großbritannien.

G Gebrauchsanweisung

Sie finden in diesem Buch 20 Lektionen. Jeweils vier sind zu einem Kapitel zusammengefasst. Kapitel 1 dreht sich um Kennenlernen, Begrüßen, Einchecken ins Hotel und Pläne für den Abend. Die nachfolgenden Kapitel behandeln dann die Themen, Essen, Unternehmungen, Unterwegssein, Arbeit, Einkaufen, Familie, Gesundheit sowie Plaudern und Abschied. Alle Lektionen sind gleich aufgebaut, Sie finden sich also immer sofort zurecht.

- Der Einführungstext: Auf der ersten Seite jeder Lektion beschreibt ein deutscher Einführungstext, was Michael König in Indien erlebt, und worum es in den beiden Dialogen der Lektion gehen wird.
- Neue Wörter und Dialog A: Auf der Seite 2 wird's ernst. Zuerst werden alle neuen Vokabeln der Reihe nach vorgestellt, dann folgt der Dialog: ein kurzes Gespräch zwischen Michael und einem der vielen Menschen, die ihm auf der Reise begegnen. Dies alles finden Sie auch in den Audios, die als kostenloser MP3-Download unter www.hueber.de/audioservice erhältlich sind oder als kostenlose App für Smartphone und Tablet abgerufen werden können. Hören Sie sich die Aufnahmen am besten gleich ein paar Mal an. Trauen Sie sich, sprechen Sie halblaut mit, so prägt sich alles besser ein.
- Übungen: Auf der dritten Seite finden Sie Übungen zum Trainieren von Wortschatz, Grammatik, Aussprache und Kommunikation. Mindestens eine Übung pro Lektion findet sich auch in den Audios. Diese Nachsprech- und Ausspracheübungen sind gerade im Hindi sehr wichtig, denn die feinen Lautunterschiede können nur mit viel Training wahrgenommen werden. Wiederholen Sie daher diese Übungen immer mal wieder – das hilft beim Verstehen und Verstandenwerden. Wenn Sie bei der einen oder anderen Übung nicht weiterwissen, können Sie im Lösungsschlüssel am Buchende nachschauen.
- Für den zweiten Teil der Lektion (Dialog B und nachfolgende Übungen) gilt das Gleiche.
- Der Lesetext: Dieser Text am Ende jeder Lektion ist die Belohnung für fleißiges Lernen. Hier finden Sie Informationen über das Leben in Indien. Je mehr Sie von der Landeskunde und nationalen Besonderheiten verstehen, um so leichter fällt es Ihnen auch, mit der Sprache vertraut zu werden.

Was Sie sonst noch erwartet

- Tipps auf fast jeder Dialogseite bringen interessante Zusatzinformationen: Mal geht es um Besonderheiten bei der

Konzipiert wurde dieser Kurs als Selbstlernkurs. Aber auch als Lehrwerk im Klassenzimmer kann Einstieg Hindi zum Einsatz kommen. Wer alleine arbeitet, findet all die Hinweise und Kommentare, mit denen Lehrer und Lehrerinnen normalerweise ihren Unterricht gestalten würden, in der farblich abgesetzten Randspalte, von Erläuterungen zu den einzelnen Übungen über grammatische Regeln bis hin zu griffigen Eselsbrücken.

Die deutsche Übersetzung der Dialoge orientiert sich an den Hindi-Strukturen. So wird vieles für den Lernenden leichter nachvollziehbar.

Devanāgarī

Für alle, die sich näher mit der aus dem Sanskrit entlehnten Hindi-Schrift befassen wollen, haben wir in der Kurzgrammatik eine Übersicht der Devanagari-Zeichen zusammengestellt. Zusätzlich bietet jeweils die letzte Übung jeder Lektion einige wichtige Wörter in Devanagari – so werden Sie in Indien zahlreiche hilfreiche Aufschriften und Begriffe lesen können.
Eine fundierte Einführung in die Devanagari-Schrift finden Sie zusammen mit sämtlichen Dialogen in Originalschrift im Internet unter: https://www.hueber.de/einstiegskurs

Aussprache, mal um Hintergründe, aber auch Ihr Wortschatz wird hier erweitert. Viele Tipps können Sie auch in den Audios hören – nutzen Sie diesen Service!

- Nach jeder Lerneinheit (nach Lektion 4, 8, 12, 16 und 20) kommt ein kleiner Test, den Sie hoffentlich mit Bravour meistern. Wer schummeln möchte – nur zu: Den Schlüssel finden Sie im Anhang.
- Besagter Schlüssel hält neben Antworten zu den Tests auch alle Lösungen zum Übungsteil und einige interessante Zusatzinformationen bereit. Ein kurzer Grammatiküberblick fasst das Gelernte zusammen. Listen und Tabellen verdeutlichen und fassen zusammen – so finden Sie bei Fragen schnell Antworten.
- Die Wörterliste beinhaltet alle Hindi-Wörter, die in diesem Buch vorkommen. Wenn Sie alle Dialoge und Randspalten durchgearbeitet haben, entspricht diese Liste Ihrem aktiven und passiven Wortschatz.

Die Sprachaufnahmen

Die Sprachaufnahmen schulen Ihr Hörverständnis und sensibilisieren Ihr Ohr für die richtige Aussprache. Das ist beim Hindi besonders wichtig, da diese Sprache über diverse Laute verfügt, die das Deutsche nicht kennt. Aber keine Sorge: Mit ein bisschen Übung werden Sie die Einheimischen verstehen und auch selbst verstanden werden. Für das Hören der Audios schlagen wir vor:

- Erstes Anhören bei geöffnetem Buch. Auf die Aussprache achten: Wie hängen Schriftbild und Aussprache zusammen? Versuchen Sie, sich die Bedeutung einzuprägen. Am besten ein paar Mal hintereinander reinhören. Nach jedem Wort lassen wir eine kleine Pause, die Ihnen Zeit zum Nachsprechen gibt. Keine übertriebene Zurückhaltung: Gewöhnen Sie sich schon frühzeitig an Ihre Stimme in der Fremdsprache.
- Der Dialog A sollte, nachdem Sie die Wörter geübt haben, keine großen Schwierigkeiten mehr bereiten. Alle neuen Wörter lernen Sie jetzt im Kontext kennen. Achten Sie auf die Satzmelodie und Intonation. Äffen Sie guten Gewissens nach, was die Sprecher Ihnen vormachen. Ein wenig Übertreiben schadet dabei auf keinen Fall.
- Mindestens eine Übung pro Lektion findet sich auch in den Audios. Legen Sie das Buch aus der Hand, verlassen Sie sich auf Ihr Gehör. Ein kurzer Gong sagt Ihnen, wann Sie mit Sprechen an der Reihe sind. Die Lösung folgt dann im Anschluss.

Alle Vokabellisten, Dialoge und Übungen, die Sie sich anhören können, sind mit diesem Piktogramm versehen:

▶ 1/1

Die erste Ziffer steht für Teil 1 (Lektionen 1-10) bzw. Teil 2 (Lektionen 11-20) des Sprachkurses, die zweite für die Tracknummer, unter der der entsprechende Hörtext zu finden ist.

Lassen Sie sich nicht durch die deutschen Übersetzungen der Hindi-Sätze in den ersten Lektionen verunsichern. Um Ihnen den Einblick in den Satzbau des Hindi zu vereinfachen, übersetzen wir oftmals wortgemäß, sprich nach deutscher Grammatik leicht falsch. Erst später werden die deutschen Sätze sinngemäß wiedergegeben.

1

Auf nach Indien!

Indien rückt näher
Bollywood: Hindi-Filmindustrie, mit mehr als 300 Produktionen jährlich eine der größten der Welt.
Āsām (Assam) und *Dārjīling* (Darjeeling): Regionen im Nordosten des Landes mit Teeanbaugebieten.

Aussprache
lange Vokale: *ā, e, ī, o, ū:* *hindustānī* (sprich: hindust**aa**n**ii**)
kurze Vokale: *a, i, u*
***ñ*:** nasal, wie Französisch **J**ean oder Bon**bon**: *hāñ*
***j*:** dsch in **Dsch**ungel: ***j**arman* (**dsch**arman)
***sh*:** sch in **Sch**ule: ***Sh**armā* (**Sch**armaa)

Als Bauingenieur ist Michael König ja schon ordentlich in der Welt herumgekommen. In Indien war er allerdings noch nie. Um so mehr freute er sich, als ihm sein Chef mitteilte, dass er den Zuschlag für ein Indienprojekt erhalten habe. Sofort startete Michael einen Hindi-Crashkurs, versäumte keinen Bollywoodfilm mehr und wurde Stammgast im indischen Restaurant *Svāgat* (Willkommen). Inzwischen ist er Fan von Assam-Tee, den Curry genannten stark gewürzten Eintöpfen, Basmati-Reis und stolz über seine ersten Wörter und Sätze auf Hindi.
Jetzt ist es soweit, auf dem Weg in die Hauptstadt Delhi sitzt Michael im Flugzeug neben einer netten indischen Familie: *Merā nām Michael König hai* (Mein Name ist Michael König), stellt er sich vor und fragt gleich: *Āp kā nām kyā hai?* (Wie ist Ihr Name)? Der Mann antwortet freundlich: *Merā nām Pradīp Sharmā hai* (Mein Name ist Pradeep Sharma). Interessiert erkundigt sich Michael nach der Nationalität seiner neuen Reisebekanntschaft: *Āp hindustānī haiñ?* (Sind Sie Inder?). Schmunzelnd entgegnet Herr Sharmā: *Hāñ* (ja), und auch seine Frau und sein Sohn nicken bestätigend.
Frau Sharmā möchte nun ihrerseits wissen: *Michael jī, āp jarman haiñ?* (Herr Michael, sind Sie Deutscher?). Als er dies bejaht: *Hāñ, maiñ jarman hūñ* (Ja, ich bin Deutscher), antwortet sie höflich: *Āp se milkar baṛī khushī huī* (Sehr erfreut, Sie kennen zu lernen). Da kann Michael nur zustimmen: *Mujhe bhī* (Mich auch).

Āp kā nām kyā hai?

1 A

1/2

namaste	Guten Tag
jī	(mein) Herr, (meine) Dame
āp	Sie, ihr
āp kā/-ī/-e	Ihr/-e, euer/-re
nām (m)	Name
kyā?	was?
hai	ist, bist
merā/-ī/-e	mein/-e
hindustānī	Inder/-in, indisch/-e/-er/-es
haiñ	sind, seid
hāñ	ja
ham	wir

● Namaste.	Guten Tag.
■ Namaste jī.	Guten Tag, mein Herr.
● Āp kā nām kyā hai?	Ihr Name was ist?
■ Merā nām Michael König hai. Āp kā nām kyā hai?	Mein Name Michael König ist. Ihr Name was ist?
● Merā nām Pradīp Sharmā hai.	Mein Name Pradeep Sharma ist.
■ Āp hindustānī haiñ?	Sie Inder sind?
● Hāñ, ham hindustānī haiñ.	Ja, wir Inder sind.

Begrüßen und Verabschieden
namaste (Guten Morgen, Guten Tag, Guten Abend, Auf Wiedersehen) sagt man zur Begrüßung und zur Verabschiedung. Noch persönlicher: *namaste* + *jī* (Herr, mein Herr, Frau, meine Dame)

Anrede
āp (Sie, ihr):
***Āp** hindustānī haiñ?* (**Sind Sie** Inder?, **Seid ihr** Inder?)

Wortstellung
Das Verb steht **immer** am Ende:
*Ham hindustānī **haiñ*** (Wir **sind** Inder, wörtl.: Wir Inder **sind**).
Der Fragesatz entspricht dem Aussagesatz, jedoch geht die Satzmelodie am Ende hoch:
Āp** hindustānī **haiñ (**Sie sind** Inder).
***Āp** hindustānī **haiñ**?* (**Sind Sie** Inder?)

*Āp kā nām **kyā** hai?* (**Wie** ist ihr Name?, wörtl.: Ihr Name **was** ist?)

Herkunft
Hindustān (Indien, wörtl.: das Land am Indus). Die Einwohner und das Adjektiv dazu:
hindustānī (Inder/-in, indisch):
***hindustānī** nām* (**indischer** Name).
Alternativ sagt man auch *bhāratīy* (Inder/-in, indisch/-e/-er/-es).

1/3 **Bloß nicht hauchen!**
b, d, k, p, t: ganz trocken, ohne Luftstoß gesprochen: *bil* (Rechnung), *bāzār* (Basar, Markt), *do* (zwei), *dil* (Herz), *kab?* (wann?), *kitāb* (Buch), *peṛ* (Baum), *pāgal* (verrückt), *taraf* (Richtung, Seite), *tel* (Öl).

1A

Übungen

Spitzen Sie die Ohren und haben Sie Mut beim Nachsprechen! Manche deutsche Vornamen klingen aus indischen Mündern recht exotisch.

1. Bond, James Bond

1/4

*Merā nām **Thomas** hai.*

1. Thomas
2. Peter
3. Doris
4. Michael
5. Pradīp
6. Mīnā
7. Ravi
8. Smitā
9. Sunīl
10. Sushmā

Sicherlich können Sie jedem Satz den jeweils richtigen Folgesatz zuordnen. Nur eine Lösung macht Sinn: a oder b!

2. Welche Antwort passt?

1. Āp kā nām kyā hai?
   a ☐ Merā nām Hans Klein hai.
   b ☐ Namaste.
2. Āp hindustānī haiñ?
   a ☐ Hāñ, āp hindustānī haiñ.
   b ☐ Hāñ, ham hindustānī haiñ.
3. Āp kā nām Hans hai?
   a ☐ Hāñ, merā nām Hans hai.
   b ☐ Āp hindustānī haiñ.
4. Namaste.
   a ☐ Āp kā nām kyā hai?
   b ☐ Namaste jī.

Übersetzen Sie die nebenstehenden Sätze und beachten Sie den Satzbau des Hindi: Das Verb kommt immer ans Ende! Und beim „wie" in Satz 2 aufpassen!

3. Wie ist Ihr Name?

1. Guten Morgen.
2. Wie ist Ihr Name?
3. Mein Name ist Michael König.
4. Sind Sie Inder?
5. Ja, wir sind Inder.

Welcher Buchstabe passt wohl zu welcher Nummer?

4. Ordnen Sie zu.

1. Āp kā nām kyā hai?
2. Namaste.
3. Āp kā nām Anna hai?
4. Āp hindustānī haiñ?
5. Āp kā nām hindustānī hai?

a ☐ Hāñ, ham hindustānī haiñ.
b ☐ Merā nām Hans Klein hai.
c ☐ Namaste jī.
d ☐ Hāñ, merā nām Anna hai.
e ☐ Hāñ, merā nām hindustānī hai.

Üben Sie die richtige Aussprache der langen und kurzen Vokale. Anfangs können Sie bei den langen ruhig übertreiben. Die Vornamen *Ravi*, *Smitā*, *Mīnā* und *Sunīl* kennen Sie bereits aus der ersten Übung.

5. Sprechen Sie nach.

1/5

1. āp
2. nām
3. hāñ
4. Ravi
5. namaste
6. Smitā
7. Mīnā
8. Hindustān
9. Sunīl
10. Pradīp

maiñ jarman hūñ

1/6

maiḍam (w)	Dame
aur	und
jarman	Deutsche/-r, deutsch/-e/-er/-es
maiñ	ich
hūñ	bin
se	aus, mit, von
milkar	treffend
baṛā/-ī/-e	groß/-e/-er/-es
khushī (w)	Freude
huī	wurde
mujhe	mich, mir
bhī	auch

■ Namaste maiḍam!	Guten Tag, die Dame!
● Namaste Michael jī.	Guten Tag, Herr Michael.
■ Aur āp kā nām kyā hai?	Und was Ihr Name ist?
● Merā nām Smitā Sharmā hai.	Mein Name Smita Sharma ist.
■ Āp Smitā aur Pradīp Sharmā haiñ.	Sie Smita und Pradeep Sharma sind.
● Hāñ. Michael jī, āp jarman haiñ?	Ja. Herr Michael, Sie Deutscher sind?
■ Hāñ, maiñ jarman hūñ.	Ja, ich Deutscher bin.
● Āp se milkar baṛī khushī huī.	Sehr erfreut, Sie kennen gelernt zu haben.
■ Mujhe bhī.	Mich auch.

Höflich wie die Queen
Die englische Anrede mit *maiḍam* (Dame), *sar* (Herr) oder *misṭar* (Herr) wird unter Städtern verwendet. Das Wörtchen *jī* (Herr, Frau) kann alleine oder hinter Vor- und Nachnamen stehen.

Nationalitäten leiten sich oft aus dem Englischen ab:
jarman (deutsch/-e/-er/-es, Deutsche/-r)
austriyan (österreichisch/-e/-er/-es, Österreicher/-in)
svis (schweizerisch/-e/-er/-es, Schweizer/-in)

Sehr erfreut
Āp se milkar baṛī khushī huī (Sehr erfreut, Sie kennen gelernt zu haben, wörtlich: Sie mit treffend große Freude geworden ist).
Antwort: ***Mujhe** bhī*. (Ich auch, wörtlich: **Mir/Mich** auch).

Zunge an den Gaumen!
ḍ, ṛ, ṭ werden wie d, r und t gesprochen, jedoch liegt dabei die nach oben gerollte Zunge am Gaumen. Übung macht den Meister!

huī: wurde, auch: geworden ist

khushī: das **kh** klingt manchmal wie ein „Rachen-ch"

1/7 **Ein Hauch von h:**
Bei den behauchten Lauten wird ein h mitgesprochen: *bh, dh, jh, kh, ph, th*: *bhāī* (Bruder), *bhārī* (schwer), *dhobī* (Wäscher), *dhūp* (Sonnenschein), *jhīl* (See), *jhūṭh* (Lüge), *khet* (Acker), *khel* (Spiel), *phir* (dann, wieder), *phal* (Obst), *thailā* (Tasche), *thaknā* (ermüden).

Übungen

Bilden Sie Sätze indem Sie *jarman* (Deutsche/-r, deutsch/-e/-er/-es) ersetzen. Können Sie sich denken, was *pākistānī* heißt?

1. Sind Sie Deutscher?

1/8

*Hāñ, maiñ **jarman** hūñ.*

1. jarman
2. austṛiyan
3. svis
4. hindustānī
5. pākistānī

Versuchen Sie die Lücken in dieser Übung zu füllen. Der Dialog auf der vorherigen Seite sollte dazu eigentlich keine Fragen offen lassen.

2. Was fehlt denn da?

1. Namaste ______________ (meine Dame)!
2. Āp Smitā ______________ (und) Pradīp haiñ.
3. Elke jī, āp ______________ (Deutsche) haiñ?
4. ______________ (ich) svis hūñ.
5. Āp se milkar baṛī ______________ (Freude) huī.

Wer kann den nebenstehenden Dialog richtig ordnen? Kleiner Tipp: Sehr erfreut ist man, nachdem man sich kennen gelernt hat!

3. Vermischtes

1. Merā nām Helmut hai. Aur āp kā nām kyā hai?
2. Āp se milkar baṛī khushī huī, Pradīp jī.
3. Merā nām Pradīp hai.
4. Mujhe bhī.
5. Āp kā nām kyā hai?

Beachten Sie die richtige Aussprache von *j*, *ñ*, *ṭ* und die der behauchten Konsonanten. Das *v* klingt wie w in Möwe.

4. Sprechen Sie nach

1/9

1. mujhe bhī
2. baṛī khushī
3. austṛiyan
4. maiḍam
5. Iṇḍiyan
6. Ear Iṇḍiyā
7. Sharmā jī
8. āp jarman haiñ
9. maiñ svis hūñ
10. ham bhī hindustānī haiñ

Ein kleiner Einstieg in die Hindi-Schrift: Ein paar Wörter, die Sie während Ihres Flugs vielleicht schon entziffern können:
1. *Iṇḍiyā* (India)
2. *Ear Iṇḍiyā* (Air India)
3. *Iṇḍiyan Eyarlāiñs* (Indian Airlines)

5. Fliegen

1. इंडिया
2. एअर इंडिया
3. इंडियन एयरलाइंस

Nomen est omen

1

Seit der britischen Kolonialherrschaft (1856–1947) gilt in Indien das europäische Namensystem, d. h. auch jede/r Inder/in hat mindestens einen *diyā gayā nām* (Vorname) und einen *upnām* (Nachname). In einfachen Unterhaltungen reicht es, den/die Gesprächspartner/in mit dem Vornamen und einem angehängten *jī* (Herr, Frau) anzusprechen.

Man kann aber auch explizit nach dem *pūrā nām* (voller Name) fragen. Denn der *pūrā nām* verrät in vielen Fällen, woher jemand ursprünglich kommt, welcher Religion er angehört, und häufig sogar aus welcher Kaste er stammt.

In Indien, dem Land der Superlative mit seinen rund 1,43 Milliarden Menschen und der unglaublichen Zahl von 23 Amtssprachen, sind alle großen und kleinen Weltreligionen vertreten. Allein die Hindu-Bevölkerung teilt sich in unzählige Kasten und Unterkasten auf. Da ist es hilfreich, wenn schon der Name Hinweise gibt, mit wem man es zu tun hat.

Hindus tragen Nachnamen wie *Sharmā, Gupta, Patel, Prasad* oder *Rao*; Muslime heißen oft *Khan* oder *Shah* und Sikhs tragen immer die Beinamen *Singh* oder *Kaur*. Das Christentum kam durch die Portugiesen ins Land, daher findet man auch heute noch Nachnamen wie *D'Souza, da Cunha, Noronha* oder *Fernandes*. Ist es bei dieser Vielschichtigkeit nicht einleuchtend, dass man auf Hindi fragt: *Āp kā nām kyā hai?* (wörtlich: Was ist Ihr Name?).

Religionen
Hinduismus: 80 %
Islam: 14 %
Christentum: 2,5 %
Sikhismus: 2 %
Andere: 1,5 %

Verwirrend?
Mit der Zeit werden Sie ein Gefühl dafür bekommen, Ihre/n Gesprächspartner/in anhand seines/ihres Vor- und Nachnamens „einzuordnen".

Noch ein kleiner Tipp
Versuchen Sie, – notfalls mit Eselsbrücken – sich die fremden Vor- und Nachnamen schnell einzuprägen, denn mehrmaliges Nachfragen kann als Missachtung aufgefasst werden.

2

Wie geht es dir?

Hindi & Englisch
Ortsnamen sind häufig auf Englisch. Offiziell heißt der Internationale Flughafen *antar-rāshṭrīy havāī-aḍḍā* (zwischen-staatlich Luft-Platz).

Der Hindu-Gruß
Mit *Namaste!* begrüßen sich v. a. Hindus: Die Handflächen werden dabei wie zum Gebet vor der Brust zusammengeführt, dabei sieht man dem Gegenüber in die Augen.

Betonung
Betont werden immer die langen Vokale *ā, e, ī, o, ū*: *dhanyav**ā**d* (sprich: dhanja-w**aa**d). Bei zwei langen Vokalen wird der letzte betont: *bhā**ī*** (bhaa**ii**). Gibt es keinen langen Vokal, wird der erste kurze betont: ***R**avi* (**R**awi). Die Vokale *e* und *o* werden neutral oder meist lang gesprochen: *y**e**h **R**avi hai* (j**ee**h **R**awi hä), *phir mil**e**ñge*.

Gespannt betritt Michael mit Familie Sharmā nach den Einreiseformalitäten die Ankunftshalle des *Indira Gandhi International Airport* von Delhi. Michael ist überwältigt: unzählige Menschen, fremde Gerüche und all dieses lebendige Treiben! Doch in der Menge erkennt er schon seinen Kollegen Rāhul Prasad, der ihm fröhlich zuwinkt.
Rāhul, den indischen Koordinator des Bauprojekts, hat Michael bereits in Deutschland kennen gelernt. Seitdem hatten sie regen Chat- und Videotelefonkontakt. Michael freut sich über das Wiedersehen: *Namaste!* (Guten Tag!), grüßt er Rahul und führt traditionell seine beiden Handflächen vor der Brust zusammen. Da die beiden sich einige Zeit nicht gesehen haben, fragt Michael scherzhaft: *Yeh tum ho? Rāhul na?* (Bist du das? Rāhul, nicht wahr?). Lachend fragt Rāhul zurück: *Tumhārā hāl kyā hai?* (Wie geht es dir?).
Darauf kann er nur antworten: *Maiñ ṭhīk hūñ!* (Mir geht es gut!). Höflich stellt Michael seine Bekannten vor: *Ye Smitā aur Pradīp Sharmā haiñ* (Das sind Smita und Pradeep Sharma). Rāhul begrüßt die Eltern freundlich. *Yeh hamārā beṭā Ravi hai* (Das ist unser Sohn Ravi), ergänzt Frau Sharmā. Dann werden noch die Telefonnummern ausgetauscht: *Dhanyavād. Phir mileñge* (Danke. Auf Wiedersehen), verabschiedet man sich, und Michael fährt mit Rāhul in die Stadt.

Tumhārā hāl kyā hai?

1/10

yeh	diese/-r/-s; er, sie, es
tum	du, ihr
ho	bist, seid
na?	nicht wahr?
hī	nur, hier: tatsächlich
bhāī (m)	Bruder
kaise?	wie?
baṛhiyā	prima, ausgezeichnet
tumhārā	dein/-e, euer/-re
hāl (m)	Zustand
ṭhīk	gut
svāgat	willkommen
dhanyavād	danke
ye	diese, sie (Mehrzahl)

● Namaste.	Guten Tag.
■ Yeh tum ho? Rāhul na?	Bist du das? Rahul, nicht wahr?
● Hāñ, yeh maiñ hī hūñ. Aur yeh tum ho Michael bhāī?	Ja, ich bin es tatsächlich. Und bist du's, Bruder Michael?
■ Hāñ. Tum kaise ho Rāhul bhāī?	Ja. Wie geht es dir, Bruder Rahul?
● Baṛhiyā! Aur tumhārā hāl kyā hai?	Prima! Und wie läuft's bei dir?
■ Maiñ bhī ṭhīk hūñ.	Mir geht es auch gut.
● Svāgat!	Willkommen!
■ Dhanyavād Rāhul bhāī! Ye Smitā aur Pradīp Sharmā haiñ.	Danke, Rahul! Diese sind Smita und Pradeep Sharma!

2 Mal *yeh*:
1. Demonstrativpronomen (diese/-r/-s): ***Yeh** tum ho?* (wörtl.: **Dieser** du bist? = Bist du **das**?, Bist du'**s**?)
2. Personalpronomen (er, sie, es): ***Yeh** tumhārā bhāī hai.* (**Er** ist euer Bruder).

ye (diese, sie) in der Mehrzahl, gleiches Phänomen wie bei *yeh*: ***Ye** Smitā aur Pradīp haiñ* (**Diese/Sie** sind Smita und Pradeep = **Das** sind ...).

hī (nur) wird hier emphatisch benutzt.

4 Mal „Wie geht's?"
1. *Tum kaise ho?* (wörtl.: Du/Ihr wie bist/seid?)
2. *Tumhārā hāl kyā hai?* (wörtl.: Dein/Euer Zustand was ist?)
3. *Āp kaise haiñ?* (wörtl.: Sie/Ihr/ihr wie sind/seid?)
4. *Āp kā hāl kyā hai?* (wörtl.: Ihr/Euer/euer Zustand was ist?)

Anrede
1. ***āp*** (Sie, Ihr, ihr): Unbekannte, Ältere, Respektspersonen
2. ***tum*** (du, ihr): unter gleichaltrigen Freunden und Bekannten
3. ***bhāī*** (Bruder): sehr gute Freunde (= Kumpel)

1/11 **Hauchen Sie retroflex!**
Die Gaumenlaute *ḍ, ṛ, ṭ* können auch behaucht werden: *ḍh, ṛh, ṭh*: *ḍhol* (Trommel), *ḍhāī* (zweieinhalb), *ḍeṛh* (eineinhalb), *paṛhnā* (lesen, lernen), *ṭhaṇḍ* (Kälte), *ṭhīk* (gut). Die nach oben gerollte Zunge liegt am Gaumen und ein Luftstoß verlässt den Mund.

Übungen

Bei Begrüßungsfloskeln kann man ruhig etwas routiniert sein! Also, hören Sie gut zu und sprechen Sie dann nach!

1. Wie geht es dir?

1/12

1. Rāhul jī, āp kaise haiñ?
2. Pradīp jī, āp kaise haiñ?
3. Sunīl jī, āp kaise haiñ?
4. Ravi, tum kaise ho?
5. Michael, tum kaise ho?
6. Pradīp bhāī, tumhārā hāl kyā hai?

Übersetzen Sie und achten Sie auf den Satzbau. Der ist besonders bei den beiden Fragen nach dem Befinden, die übrigens gleichbedeutend sind, sehr unterschiedlich.

2. Mir geht es gut.

1. Bist du das, Rahul, nicht wahr?
2. Ja, ich bin es. Wie geht es dir?
3. Prima! Und wie läuft's bei dir?
4. Mir geht es auch gut, danke.
5. Willkommen!

Können Sie jeder Antwort eine Frage zuordnen? Immer nur eine Lösung macht Sinn: a oder b!

3. Welche Frage passt hier wohl?

1. Baṛhiyā!	a	☐ Āp hindustānī haiñ?
	b	☐ Tum kaise ho?
2. Hāñ, yeh maiñ hī hūñ.	a	☐ Āp Michael König haiñ, na?
	b	☐ Āp kā hāl kyā hai?
3. Maiñ ṭhīk hūñ.	a	☐ Tumhārā hāl kyā hai?
	b	☐ Tumhārā nām kyā hai?
4. Hāñ, ham ṭhīk haiñ.	a	☐ Āp kaise haiñ?
	b	☐ Tum ṭhīk ho, na?

Jetzt geht's anders herum: Wo steckt die richtige Antwort auf die Frage? Achten Sie dabei besonders auf die Personalpronomen.

4. Ordnen Sie zu.

1. Āp kā hāl kyā hai?	a	☐ Hāñ, ham ṭhīk haiñ.
2. Yeh tum ho Michael bhāī?	b	☐ Merā nām Rāhul hai.
3. Tumhārā nām kyā hai?	c	☐ Hāñ, yeh maiñ hī hūñ.
4. Āp kaise haiñ?	d	☐ Hām ṭhīk haiñ.
5. Āp ṭhīk haiñ, na?	e	☐ Baṛhiyā. Dhanyavād!

Üben Sie hier nochmals die richtige Aussprache der unbehauchten und behauchten retroflexen Konsonanten.

5. Nur ein Hauch

1/13

1. maiḍam
2. baṛī
3. austṛiyan
4. baṛhiyā
5. ṭhīk

Aur yeh kaun hai?

2 B

1/14

kā (m)	von, gehörig zu
dost (m)	Freund
kaun?	wer?
hamārā	unser
beṭā (m)	Sohn
phir	dann, wieder
mileñge	wir werden treffen
phir mileñge	Auf Wiedersehen, bis später
fon (m)	Telefon
nambar (m)	Nummer
Dillī	Delhi
meñ	in

■ Namaste, maiñ Michael kā dost hūñ.	Guten Tag, ich bin ein Freund von Michael.
● Namaste Rāhul jī.	Guten Tag, Herr Rahul.
■ Aur yeh kaun hai?	Und wer ist er?
● Yeh hamārā beṭā Ravi hai.	Er ist unser Sohn Ravi.
■ Namaste Ravi.	Guten Tag, Ravi.
● Rāhul aur Michael jī, Dillī meñ hamārā fon nambar yeh hai.	Herr Rahul und Herr Michael, in Delhi dies unsere Telefonnummer ist.
■ Ṭhīk hai! Dhanyavād!	Gut! Danke!
● Phir mileñge.	Auf Wiedersehen.
■ Phir mileñge.	Auf Wiedersehen.

Das Verb „sein“
maiñ ***hūñ*** (ich **bin**)
tum ***ho*** (du **bist**, ihr **seid**)
tū ***hai*** (du **bist** – nur unter sehr guten Freunden, Verwandten und Kindern)
yeh ***hai*** (er/sie/es **ist**)
ham ***haiñ*** (wir **sind**)
āp ***haiñ*** (Sie **sind**, Ihr/ihr **seid**)
ye ***haiñ*** (sie **sind**)

Besitz- und Abhängigkeitsverhältnisse: Besitzer + ***kā/kī***: *Maiñ* ***Michael kā dost*** *hūñ* (Ich bin **Michaels Freund**, wörtl.: Ich **Michael von Freund** bin).

Possessivpronomen
merā (mein/-e)
tumhārā (dein/-e, euer/-re)
terā (dein/-e – intim)
hamārā (unser/-e)
āp kā (Ihr/-e, euer/-re)
Die Pronomen stehen immer **vor** dem Besitz/Objekt: *Yeh* ***merā*** *dost hai* (Er ist **mein** Freund).

phir mileñge (wir werden wieder treffen = Auf Wiedersehen, bis später)

Anglizismus
fon nambar (Telefonnummer)

1/15 **Vokalkombinationen:**
au: zwischen au und o, wie Französisch au: *kaun?* (wer?), *aur* (und)
ai: wie ä in „Säge“: *vaisā* (so), *baiṭhnā* (sich setzen)
eh: verlängertes e mit leicht gehauchtem h: *yeh* (diese/-r/-s), *cehrā* (Gesicht).

Übungen

Ohne Telefonnummer kein Kontakt, – zudem üben Sie die Possessivpronomen. Sprechen Sie nach.

1. Telefonnummer dabei?

1/16

*Yeh **merā** fon nambar hai.*

1. merā
2. tumhārā
3. terā
4. hamārā
5. āp kā

Und noch einmal eine Übung zu den besitzanzeigenden Fürwörtern. Bilden Sie Sätze nach dem vorgegebenen Muster.

2. Wer ist das?

*Yeh **merā dost Michael** hai.*

1. merā – dost – Michael
2. tumhārā – bhāī – Sunīl
3. āp kā – beṭā – Thomas
4. Ravi kā – dost – Pradīp
5. hamārā – bhāī – Suresh

Versuchen Sie die Lücken in dieser Übung zu füllen. Schwerpunkt ist die Konjugation des Verbs „sein" – auf Hindi *honā*.

3. Was fehlt hier bloß?

1. Namaste, āp kaise ______________ (sind)?
2. Tum Smitā ______________ (bist), na?
3. Ye Elke aur Sushmā ______________ (sind).
4. Maiñ Ravi kā dost ______________ (bin).
5. Yeh kaun ______________ (ist)?

Versuchen Sie bei diesen zehn Begriffen die Vokalkombinationen herauszuhören und sie möglichst genau nachzusprechen.

4. Vokalkombinationen

1/17

1. kaun
2. aur
3. hai
4. kaise
5. maiñ
6. baṛhiyā
7. haiñ
8. huī
9. bhāī
10. kyā

Wer Delhi besucht, sollte auch den Namen der Stadt schreiben können:
1. *Dillī* (Delhi)
2. *Purānī Dillī* (Alt-Delhi)
3. *Na(y)ī Dillī* (Neu-Delhi)

5. Delhi

1. दिल्ली
2. पुरानी दिल्ली
3. नयी दिल्ली

Delhi – Spiegelbild Indiens

Delhi – auf Hindi *Dillī* –, durch seinen internationalen Flughafen für viele Reisende und Touristen das Tor zu Indien, ist wie so vieles im Land jenseits des Hindukusch immer gut für eine Erfahrung der Superlative. Mit fast 34 Millionen Einwohnern gilt die Metropolregion Delhi als größte Stadt des Landes.
Am zweitheiligsten Fluss Indiens, dem *Yamunā* (Yamuna) gelegen, unterteilt man Delhi gewöhnlich in die Alt- und Neustadt: *Purānī Dillī* (Altes Delhi) und *Naī Dillī* (Neues Delhi). Das quirlige Alt-Delhi ist jedoch gewissermaßen das Zentrum der Stadt. Es zählt zu den ältesten durchgängig bevölkerten Siedlungen der Erde.
Glaubt man dem indischen Heldenepos Mahābhārata, soll der Stamm der Pandawas bereits 1200 v. Chr. die Stadt gegründet haben. Danach folgten Hindu- und buddhistische Könige, das westindische Kriegervolk der Rajputen, diverse muslimische Herrscher, die Mongolen, die persisch-türkischen Moguln und schließlich die Briten. Nach der Unabhängigkeit Indiens im Jahre 1947 erklärte man Neu-Delhi zur Hauptstadt.
Wem die lebendige Metropole für den persönlichen Indienstart zu hektisch erscheinen mag, sollte sich nicht beirren lassen: Es lohnt sich Delhi zu erkunden und zu erleben, denn es bildet gewissermaßen das Sammelbecken der reichen indischen Geschichte und ist somit idealer Ausgangspunkt fast jeder Reise auf dem Subkontinent!

Neu-Delhi
1931 auf dem Reißbrett entworfenes Regierungsviertel, bis heute Sitz aller indischen Regierungsstellen.

Muslimisches Erbe
Von 1206–1803 stand Delhi überwiegend unter muslimischer Herrschaft. Die Spuren sind zahlreich: z. B. der Siegesturm *Kutub Minar,* das Rote Fort *Lāl Kilā* oder die Moschee *Jāmā Masjid.*

Standardhindi
Das heute in ganz Indien gesprochene und unterrichtete Standardhindi, das wir auch in diesem Buch vermitteln, basiert auf der so genannten *kharī bolī* (etablierte Sprache), der Umgangssprache Delhis und seiner Umgebung.

3

Willkommen!

Englisch in Indien
In internationalen Hotels, auf Banken, Postämtern, bei Behörden, am Flughafen oder an Fahrkartenschaltern wird gewöhnlich Englisch gesprochen. Die meisten, die eine Schule besucht haben, beherrschen zumindest rudimentär die Sprache der ehemaligen Kolonialherren. Doch indisches Englisch klingt für viele zunächst fremd, denn speziell bei der Aussprache sind die Einflüsse aus einheimischen Sprachen groß.

Aussprache
c: wie in **Tsch**ad: ***c****ābī* (**tsch**aabii = Schlüssel)
ch: behauchtes tsch wie in Pa**tschh**and: *ku****ch*** (kuts**chh** = etwas).
ṇ: retroflexes n, bei dem die Zunge am Gaumen klebt: *Sviṭzarlaiṇḍ* (= Schweiz).

Rāhul fährt Michael zum Hotel, in dem ihm seine Firma ein Zimmer reserviert hat. Während Rāhul den Wagen parkt, betritt Michael die Lobby und geht zur Rezeption, gefolgt von einem Hotelpagen mit seinem Gepäck.
Merī buking hai (Ich habe eine Reservierung), wendet sich Michael an die Rezeptionistin und reicht ihr seinen Ausweis: *Yeh merā pāsporṭ hai* (Dies ist mein Reisepass). In einem so großen internationalen Hotel könnte er ebenso gut Englisch sprechen, aber Michael weiß bereits, dass die Einheimischen jeden Versuch, Hindi zu benutzen, wohlwollend registrieren. Kein Wunder, dass die freundliche Frau ihm lächelnd erwidert: *Shābāsh! Āp kī hindī sacmuc acchī hai!* (Bravo! Ihr Hindi ist wirklich gut!).
Die Rezeptionistin reicht ihm den *cābī* (Schlüssel) und ruft dem Pagen zu: *Boy! Voh sāmān lenā!* (Page! Nimm das Gepäck dort!). Im 5. Stock angekommen, deutet der Page auf eine Tür: *Yeh āp kā kamrā hai, sāhab* (Dies ist Ihr Zimmer, mein Herr). Michaels Zimmer ist geräumig, mit Aussicht auf einen großen Park. Der Page fragt, bevor er das Zimmer verlässt: *Kuch aur cāhie sāhab?* (Möchten Sie noch etwas, mein Herr?). Nach dem langen Flug und dem Trubel am Flughafen hat Michael einen ganz trockenen Hals und so bestellt er: *Mujhe ek botal pānī cāhie* (Ich möchte eine Flasche Wasser). Die hat er sich wirklich verdient!

Merī buking hai

3 A

1/18

sāhab (m)	Herr
buking (w)	Reservierung
pāsporṭ (m)	Reisepass
kahāñ?	wo?
Jarmanī	Deutschland
shābāsh	bravo
kī (w), kā (m)	von, gehörig zu
hindī (w)	Hindi
sacmuc	wirklich
acchā	gut, in Ordnung, echt?, wirklich?
cābī (w)	Schlüssel
voh	jene/-r/-s; er, sie
sāmān (m)	Gepäck
lenā	nehmen, hier: nimm!

■ Namaste.	Guten Tag.
● Namaste sāhab.	Guten Tag, der Herr.
■ Merī buking hai. Yeh merā pāsporṭ hai.	Ich habe eine Reservierung. Dies ist mein Reisepass.
● Āp kahāñ se haiñ?	Woher sind Sie?
■ Maiñ Jarmanī se hūñ.	Ich bin aus Deutschland.
● Shābāsh! Āp kī hindī sacmuc acchī hai!	Bravo! Ihr Hindi ist wirklich gut!
■ Dhanyavād!	Danke.
● Yeh āp kī cābī hai. Boy! Voh sāmān lenā!	Dies ist Ihr Schlüssel. Page! Nimm jenes Gepäck!
■ Acchā.	In Ordnung.
● Āp kā svāgat hai sāhab!	Willkommen, der Herr!

haben: Häufig Possessivpronomen + *honā* (sein): ***Merī buking hai*** (wörtl.: **Meine** Reservierung **ist** = **Ich habe** eine Reservierung.)

kahāñ se? (wörtl.: wo aus/von = woher?)

Genus
In fast allen Wortarten gibt es zwei grammatische Geschlechter:
Substantive:
männlich/maskulin (m):
1. Männer: *dost* (Freund)
2. Konsonant: *sāmān* (Gepäck)
3. -*ā*: *beṭā* (Sohn)
weiblich/feminin (f):
1. Frauen: *maiḍam* (Dame)
2. -*ī*: *cābī* (Schlüssel)
Viele Ausnahmen!
Possessivpronomen:
(m) *merā dost* (mein Freund)
(f) *merī cābī* (mein Schlüssel)
Adjektive sind unveränderlich! Ausnahme: Adjektive auf -*ā*: *acchā/-ī/-e* (gut):
acchā dost (guter Freund)
acchī hindī (gutes Hindi)
Postpositionen
(m) *kā*: *āp kā sāmān* (Ihr Gepäck).
(f) *kī*: *Āp kī hindī acchī hai* (Ihr Hindi ist gut).

Dieses & jenes
yeh = er, sie; diese/-r/-s (hier)
voh = er, sie; jene/-r/-s (dort)
ve = sie, jene (Plural)
***Voh** sāmān lenā!* (wörtl.: Nehmen **jenes** Gepäck! = Nimm **jenes/das** Gepäck **dort**!)

sāhab (Herr) – etwas demütiger als *jī* oder *misṭar*. Nützlich ist außerdem der Satz *Āp kā svāgat hai!* (Seien Sie willkommen!)

3 A Übungen

Üben Sie hier bitte die Konstruktion für „haben": besitzanzeigende Fürwörter + *honā* (sein). Achten Sie zudem auf *kī* und *kā*. Und welche drei Begriffe stammen wohl aus dem Englischen?

1. Haben Sie … ?

1/19

*Āp **kī buking** hai sāhab?*

1. buking
2. pāsporṭ
3. sāmān
4. cābī
5. fon nambar

Übersetzen Sie diese Sätze. So werden Ihnen die neu gelernten Wörter und Strukturen bald in Fleisch und Blut übergehen.

2. Wo ist mein Schlüssel?

1. Guten Tag, mein Herr. Haben Sie eine Reservierung?
2. Ja, dies ist mein Reisepass.
3. In Ordnung. Willkommen, der Herr!
4. Wo ist mein Schlüssel?
5. Page, nimm das Gepäck dort!

Können Sie jedem Hauptwort das jeweilige Adjektiv mit der richtigen Endung zuordnen? Unterscheiden Sie auch zwischen *kī* und *kā*.

3. Männlein oder Weiblein?

1/20

*Āp **kī hindī** sacmuc **acchī** hai!*

1. hindī – acchā
2. dost – baṛhiyā
3. beṭā – baṛā
4. cābī – baṛā

Ordnen Sie hier jeweils die beiden passenden Sätze einander zu! Die Ländernamen *Austriyā* (Österreich) und *Sviṭzarlaiṇḍ* (Schweiz) kommen aus dem Englischen.

4. Ordnen Sie zu.

1. Tum kahāñ se ho?
2. Yeh āp kī cābī hai.
3. Tumhārī buking hai, na?
4. Āp kahāñ se haiñ sāhab?
5. Yeh āp kā pāsporṭ hai, na?

a ☐ Hāñ, yeh sacmuc merā hai.
b ☐ Maiñ Austriyā se hūñ.
c ☐ Ṭhik hai, dhanyavād!
d ☐ Hāñ, merī buking hai.
e ☐ Ham Sviṭzarlaiṇḍ se haiñ.

Üben Sie die richtige Anwendung der persönlichen Fürwörter und ihrer Endungen. Erinnern Sie sich? Die männliche Form endet auf *-ā*, die weibliche auf *-ī*.

5. Was fehlt denn hier?

1. Namaste, ______________ (mein) buking hai.
2. Yeh ______________ (dein) pāsporṭ hai, na?
3. ______________ (unser) cābī kahāñ hai?
4. ______________ (euer) beṭā kahāñ hai?
5. Voh ______________ (mein) dost hai.

Yeh āp kā kamrā hai, sāhab

1/21

kamrā (m)	Zimmer
udhar	dorthin
rakhnā	hinstellen, hinlegen
kuch	etwas
aur	(noch) mehr
cāhie	möchtend, wollend
mujhe cāhie	ich möchte/will
ek	eins; ein/-e
botal (w)	Flasche
pānī (m)	Wasser
khānā (m)	essen, Essen
milegā	es gibt, gibt es?
menyū (m)	Speisekarte
lānā	bringen

● Yeh āp kā kamrā hai, sāhab.	Dies ist Ihr Zimmer, der Herr.
■ Ṭhīk hai, merā sāmān udhar rakhnā.	Okay, stellen Sie mein Gepäck dorthin!
● Kuch aur cāhie sāhab?	Möchten Sie noch etwas, mein Herr?
■ Hāñ, mujhe ek botal pānī cāhie.	Ja, eine Flasche Wasser möchte ich.
● Acchā. Kuch aur?	Gut. Noch etwas?
■ Kuch khānā milegā?	Etwas zu essen gibt es?
● Hāñ jī.	Ja, mein Herr.
■ Menyū bhī lānā.	Bringen Sie auch die Speisekarte.
● Ṭhīk hai sāhab.	Gut, mein Herr.

2 Mal „gut"
1. *ṭhīk hai* (okay, gut), wird auch adverbial verwendet.
2. *acchā/-ī* (gut), bezieht sich oft auf ein Hauptwort.

Grundform des Verbs
Verbstamm + *-nā*:
*khā**nā*** (essen)
*lā**nā*** (bringen)
*le**nā*** (nehmen)
*rakh**nā*** (hinstellen)

Aufforderung
Kann durch die Grundform ausgedrückt werden:
*Sāmān udhar **rakhnā**!*
(**Stell/Stellt/Stellen Sie** das Gepäck dorthin!)

möchte/hätte gern ...
Dativ-/Akkusativpronomen ...
+ ***cāhie***:
Mujhe** ek kamrā **cāhie (**Ich möchte** ein Zimmer, wörtl.: Mir/Mich Zimmer möchtend).

Ganz leicht: Hauptwörter kennen keinen Artikel: *kamrā* = das/ein Zimmer. *Ek* (eins, ein/-e) kann jedoch als unbestimmter Artikel verwendet werden, wenn dies von Nöten ist: *ek kamrā* = ein Zimmer (und nicht zwei).

3 B

Übungen

Weiter geht's in unserer Reihe „Überlebenswichtige Redemuster". Üben Sie *Mujhe … cāhie.*

1. Was möchten Sie?

1/22

Mujhe ***ek botal pānī*** *cāhie.*

1. ek botal pānī
2. ek kamrā
3. kuch acchā khānā
4. menyū
5. merā sāmān

Und weil niemand außer Ihnen ein wenig Hindi kann, müssen Sie immer ran: „Frag doch mal, ob es … gibt!"

2. Gibt es … ?

1/23

Pānī *milegā?*

1. pānī
2. kuch khānā
3. menyū
4. kamrā

Übersetzen Sie die nebenstehenden Sätze ins Hindi!

3. Und wie heißt das auf Hindi?

1. Legen Sie meinen Reisepass dorthin.
2. Ist das mein Zimmer? Wo ist der Schlüssel?
3. Bringen Sie mir eine Flasche Wasser.
4. Möchten Sie auch etwas zu essen?
5. Ja, bringen Sie mir die Speisekarte.

Gerade erst in Indien angekommen, hungrig und noch ohne Zimmer? Kein Problem, hier die Wegweiser:
1. *hoṭal* (Hotel)
2. *borḍing hāūs* (Gästehaus, Fremdenheim)
3. *restoranṭ* (Restaurant)

4. Hotel

1. होटल
2. बोर्डिंग हाऊस
3. रेस्टौरंट

Nicht nur Hindi

3

Sprache – auf Hindi *bhāshā* – ist seit der Unabhängigkeit Indiens ein brisantes und heikles Thema. Mit 23 in der Verfassung festgeschriebenen Amtssprachen ist Indien zwar ein Paradies für Sprachwissenschaftler, aber auch ein Babel der Neuzeit. Die beiden einzigen überregionalen Landessprachen sind Hindi und *angrezī* (Englisch), die Sprache der ehemaligen Kolonialmacht. Dies mag zuerst erstaunen, doch hat das tiefer gehende politische Gründe. Die meisten in Indien gesprochenen Sprachen – auch das Hindi – gehören der indoarischen Sprachfamilie an und sind mit dem *Sañskrit* (Sanskrit) verwandt. Etwa 250 Millionen, v. a. im Süden des Landes, sprechen jedoch Sprachen, die der drawidischen Sprachfamilie angehören. Die Drawiden bezeichnen sich als die Ureinwohner des Subkontinents. Strikt lehnen sie die oftmals propagierte kulturelle Überlegenheit der sanskritgeprägten indoarischen Völker ab, damit auch das Hindi. Es gibt jedoch keine einheitliche, allen verständliche drawidische Sprache. Daher ist gerade der Süden Indiens ein Verfechter des Englischen.
In den letzten 150 Jahren hat die Sprache der britischen Krone alle neuindischen Sprachen stark beeinflusst. Kein Wunder also, dass Wörter wie *botal* (Flasche), *buking* (Reservierung), *menyū* (Speisekarte), *pāsporṭ* (Reisepass) oder die englischen Namen vieler Länder, Orte und Plätze heute zum festen Hindi-Wortschatz gehören.

Sanskrit
Die heilige Sprache der Hindus gilt als Basis aller indoarischen Sprachen. Es hat für Indien eine ähnliche Bedeutung wie Altgriechisch und Latein für die europäische Kultur.

Drawidische Sprachen
Telugu (83 Mio. Sprecher)
Tamil (75 Mio.)
Kannada (44 Mio.)
Malayalam (37 Mio.)
Tulu (2 Mio.) u. a.

Mischmasch
In Städten werden Hindi und Englisch oft vermischt. Gerade anfangs können Sie auch englische Hauptwörter in Ihr Hindi mit einfließen lassen.

4

Gefällt dir das Hotel?

Gastfreundschaft, auf Hindi *mehmānī* oder *mehmān-navāzī*, ist ein wichtiges Element der indischen Gesellschaft. Ob als Tourist oder Geschäftsreisender, man wird oft geradezu „fürstlich" bewirtet und umhätschelt.

Ausspache
z: wie stimmhaftes s in Ro**s**e: ***z**arūr* (**s**arur = natürlich)
s: ß oder ss wie in Spa**ß** oder Ka**ss**e: ***s**ab* (**ss**ab = alles)

Nicht nur für müde Knochen: *hoṭal* bezeichnet im Hindi nicht nur das Hotel, sondern sehr häufig auch das Restaurant. Nicht überall wo Hotel draufsteht, ist folglich auch ein Zimmer zu bekommen.

Michael packt gerade seinen Koffer aus, als es an der Zimmertür klopft. Es ist Rāhul. Für Michaels Freund gehört es selbstverständlich zum guten Ton, sich um das Wohlbefinden seines Gastes zu kümmern: *Bhāī, tumheñ yeh hoṭal pasand hai kyā?* (Bruder, gefällt dir dieses Hotel?), fragt er interessiert. Michael ist höchst zufrieden, auch mit dem Zimmer: *Kamrā baṛā, ārāmdeh aur sāf hai* (Das Zimmer ist groß, gemütlich und sauber).
Rāhul denkt aber schon weiter und fragt: *Kyā tumheñ hindustānī khānā pasand hai?* (Magst du indisches Essen?). Aber klar doch! Die Köstlichkeiten der indischen Küche haben Michael von Anfang an begeistert. Rāhul hakt gleich nach: *Ham āj shām ko ek hindustānī resṭoranṭ caleñ?* (Sollen wir heute Abend in ein indisches Restaurant gehen?). Michael freut sich schon und nimmt den Vorschlag gerne an.
Der Höflichkeit halber erkundigt sich Rāhul, ob Michael nicht bereits jetzt etwas essen möchte: *Abhī tumheñ bhūkh lagī hai?* (Hast du jetzt Hunger?). Nein, *abhī nahīñ* (jetzt gerade nicht), meint Michael. Also schlägt Rāhul vor: *To mujhe shām ko fon karnā* (Dann ruf mich doch am Abend an), und reicht ihm seine Telefonnummer: *Yeh merā nambar hai* (Dies ist meine Nummer). Michael bedankt sich: *Ṭhik hai, dhanyavād* (In Ordnung, danke), und so verbleiben die beiden Freunde vorerst: *Phir mileñge* (Bis später).

Sab ṭhīk hai

1/24

tumheñ	dir, dich, euch
hoṭal (m)	Hotel
pasand	gefallend, mögend
pasand honā	gefallen, mögen
zarūr	natürlich
bahut	sehr, viel
bilkul	völlig, total, genau
ārāmdeh	gemütlich, komfortabel
sāf	sauber
to	also, dann, doch, mal, so
sab	alles, alle
bolnā	sprechen, hier: sagen

■ Bhāī, tumheñ yeh hoṭal pasand hai kyā?	Bruder, gefällt dir dieses Hotel?
● Zarūr, mujhe bahut pasand hai.	Natürlich, es gefällt mir sehr.
■ Kamrā bhī acchā hai, na?	Das Zimmer ist auch in Ordnung, nicht wahr?
● Bilkul. Kamrā baṛā, ārāmdeh aur sāf hai.	Völlig. Das Zimmer ist groß, gemütlich und sauber.
■ To sab ṭhīk hai, na?	Also alles in Ordnung, oder?
● Hāñ, sab ṭhīk hai.	Ja, alles in Ordnung.
■ Bolo, kyā tumheñ hindustānī khānā pasand hai?	Sag, magst du indisches Essen?
● Hāñ, mujhe bahut pasand hai!	Ja, ich mag es sehr!
■ Acchā?	Echt?

Personalpronomen
Dativ = Akkusativ:
mujhe (mir; mich)
tumheñ (dir; dich, euch)
ise/use (ihm, ihr; ihn, sie)
hameñ (uns)
āpko (Ihnen; Sie)
inheñ/unheñ (ihnen; sie)

Man unterscheidet:
nah vom Sprecher:
yeh (er, sie, es; diese/-r/-s),
ise (ihr, ihm; ihn, sie)
inheñ (ihnen; sie)
fern vom Sprecher:
voh (er, sie, es; jene/-r/-s)
use (ihm, ihr; ihn, sie)
unheñ (ihnen; sie)

Gefallen & mögen
Personalpronomen (Dat./Akk.) + ***pasand*** (gefallend, mögend) + *hai/haiñ*: *Yeh kamrā* ***mujhe pasand hai*** (wörtl.: Dieses Zimmer mir gefallend ist = **Mir gefällt** dieses Zimmer).

Fragesätze
können – müssen aber nicht – mit ***kyā?*** (was?) vor oder hinter dem Gegenstand der Frage gebildet werden: *Tumheñ hoṭal pasand hai* ***kyā?*** (wörtl.: Dir das Hotel gefallend ist was? = Gefällt dir das Hotel?)

Echte Befehlsform
Verbstamm + *-o*: *bolnā* (sprechen) → *bolo!* (sprich!, sag!). Persönlichere Aufforderung als neutraler Infinitiv: *bolnā!* (sprich!, sag!).

Kritik an Indien, seiner Kultur – auch das Essen zählt dazu – sollte stets sehr zurückhaltend und mit viel Diplomatie ausgedrückt werden.

4 A

Übungen

Indien ist ein traumhaftes Reiseziel, und wenn es Ihnen irgendwo besonders gefällt, sollten Sie das Ihren Gesprächspartnern unbedingt mitteilen.

1. Wem's gefällt

1/25

*Hindustān **mujhe** pasand hai.*

1. mujhe
2. ise
3. use
4. hameñ
5. āpko

Übersetzen Sie diese Sätze. Statt *tumheñ* (dir, dich, euch) steht hier *āpko* (Ihnen, Sie) und statt *mujhe* (mir, mich) *hameñ* (uns).
Vorsicht, das Hindi hat keinen bestimmten Artikel!

2. Gefällt Ihnen das Zimmer?

1. Gefällt Ihnen das Zimmer?
2. Ja, es gefällt uns sehr.
3. Das Zimmer ist groß, gemütlich und sauber.
4. Dieses große Gepäck hier ist Ihres, nicht wahr?
5. Ja, das ist alles unseres!

Achten Sie auf die richtige Aussprache des stimmlosen *s* und des stimmhaften *z*. Erinnern Sie sich an die beiden Wörter *angrezī* (Englisch) und *mehmān-navāzī* (Gastfreundschaft)?

3. s und z sind das A und O!

1/26

1. zarūr
2. sab
3. angrezī
4. ise
5. sāmān
6. hindustānī
7. mehmān-navāzī
8. Austriyā
9. Svitzarlaiṇḍ
10. misṭar

Hier müssen Sie wieder die passenden Sätze verbinden! Erinnern Sie sich an *cāhie* (möchtend, wollend)?
Satz 5: *baig* (Tasche)

4. Was gehört zusammen?

1. Āpko yeh kamrā pasand hai?
2. Hoṭal sāf hai, kyā?
3. To sab ṭhīk hai, na?
4. Tumheñ yeh khānā cāhie?
5. Tumhārā baig baṛā hai?

a ☐ Hāñ bilkul bhāī.
b ☐ Hāñ, hoṭal sāf hai.
c ☐ Hāñ bahut baṛā hai.
d ☐ Hāñ, mujhe pasand hai.
e ☐ Hāñ, hameñ cāhie dhanyavād!

Achten Sie auf die persönlichen Fürwörter (im Dat./Akk.) und die Konstruktionen *mujhe pasand hai* (mir gefällt, ich mag) und *mujhe cāhie* (ich möchte).

5. Probleme mit Pronomen?

1. Kyā ________ (dir) hoṭal pasand hai?
2. ________ (mir) bahut pasand hai.
3. ________ (Ihnen) kyā cāhie?
4. ________ (uns) hindustānī khānā cāhie.
5. To ________ (euch) hindustānī khānā bhī pasand hai kyā?

Tumheñ bhūkh lagī hai?

4 B

▶ 1/27

āj	heute
shām (w)	Abend
ko	nach, zu
resṭoranṭ (m)	Restaurant
calnā	gehen
abhī	jetzt gerade, im Moment
bhūkh (w)	Hunger
lagī	(sie) fühlte
nahīñ	nicht, nein
fon karnā	anrufen
koī	irgendein/-e, manch ein/-e
bāt (w)	Gespräch, Sache, Wort
koī bāt nahīñ	nichts zu danken

● Ham āj shām ko ek hindustānī resṭoranṭ caleñ?	Sollen wir heute am Abend in ein indisches Restaurant gehen?
■ Hāñ!	Ja!
● Abhī tumheñ bhūkh lagī hai?	Hast du jetzt Hunger?
■ Abhī nahīñ.	Jetzt gerade nicht.
● To mujhe shām ko fon karnā. Yeh merā nambar hai.	Dann ruf mich doch am Abend an. Dies ist meine Nummer.
■ Ṭhik hai, dhanyavād.	In Ordnung, danke.
● Koī bāt nahīñ.	Nichts zu danken.
■ Phir mileñge.	Bis später.
● Phir mileñge.	Bis später.

Postposition *ko*
Tageszeiten + *ko* →
Zeitangaben:
shām (Abend) + *ko* =
shām ko (am Abend, abends)
rāt (Nacht) + *ko* =
rāt ko (in der Nacht, nachts)
Aber nicht räumlich: *ham **resṭoranṭ** caleñ?* (Sollen wir ins/in ein Restaurant gehen?)

sollen: Verbstamm + diverse Endungen:
calnā (gehen) →
*maiñ cal**ūñ*** (ich soll gehen)
*tum cal**o*** (du/ihr sollst/sollt gehen)
*yeh/voh cal**e*** (er/sie soll gehen)
*ham/āp/ye/ve cal**eñ*** (wir/Sie/sie sollen gehen)

Hunger & Durst
Personalpronomen (Dat./Akk.) + ***bhūkh lagī hai***:
*Mujhe **bhūkh lagī hai*** (wörtl.: mir Hunger fühlte ist = Ich habe Hunger).
Ebenso mit ***pyās*** (Durst):
*Hameñ **pyās lagī hai*** (Wir haben Durst).

ab (jetzt) + *hī* (nur) = *abhī* (jetzt gerade, im Moment)

Wie aus dem ff: ab und zu – v. a. umgangssprachlich – wird das behauchte *ph* als *f* gesprochen, z.B. *fir mileñge!* statt *phir mileñge!* (Bis später!).

calnā: gehen, auch: fahren, funktionieren

Auf *dhanyavād* (danke) antwortet man: *Koī bāt nahīñ* (Nichts zu danken, Keine Ursache).

4 B

Übungen

Und in was für ein Restaurant wollen Sie heute Abend gehen? Keine Sorge, denn auch kulinarisch wird es in Indien nie langweilig!
Aber vorher üben Sie doch bitte noch einige Adjektive.

1. Kohldampf?

1/28

*Āj shām ko ek **hindustānī** resṭoranṭ caleñ?*

1. hindustānī
2. jarman
3. acchā
4. ārāmdeh

Nochmals eine Übung zum Gebrauch der Personalpronomen (Dat./Akk.). Sie kennen ja bereits einige Anwendungen dazu.

2. Mir nichts, dir nichts!

1. Kyā ________ (Ihnen) hindustānī khānā pasand hai?
2. Hāñ, ________ (uns) bahut pasand hai.
3. Kyā ________ (dir) bhūkh lagī hai?
4. Nahīñ, ________ (mir) pyās lagī hai.
5. Boy! ________ (ihm) ek botal pānī lānā!
6. ________ (Ihnen) kuch aur cāhie?

Übersetzen Sie die nebenstehenden Sätze ins Deutsche! Schummeln ist erlaubt.

3. Und wie heißt das auf Deutsch?

1. Maiñ āj shām ko ek hindustānī resṭoranṭ calūñ?
2. Abhī āpko bhūkh lagī hai?
3. Abhī nahīñ. Hameñ pyās lagī hai.
4. To hameñ rāt ko fon karnā.
5. Ṭhik hai, dhanyavād.

Beachten Sie, dass es für „danke" zwei Begriffe gibt:
1. *kripayā* (bitte)
2. *dhanyavād* (danke)
3. *shukriyā* (danke)

4. Bitte & Danke

1. कृपया
2. धन्यवाद
3. शुक्रिया

Bitte & Danke

4

Seltsam: Man sagt in Indien nicht immer dann „Danke“, wenn wir es erwarten würden. Vielleicht, weil die Hindi-Ausdrücke für „danke“ eher künstlich geschaffene Pendants zum englischen *thank you* sind. Mit *thank you* danken Türsteher in großen Hotels den Gästen, wenn sie ihnen die Tür aufhalten, und bettelnde Kinder laufen laut *thank you!* rufend auf ihre „Opfer“ zu. Manch einer bedankt sich überschwänglich bei einem sturen Beamten, wenn der endlich die entsprechende Unterschrift leistet oder das Formular stempelt: *Thank you, thank you, thank you!!!*
„Bitte“ und „Danke“ sind häufig Grund für Missverständnisse. Beide Floskeln werden in Indien weitaus seltener gebraucht als in Europa. Man empfindet übertriebene verbale Höflichkeit als unnötig, gar als unecht oder aufgesetzt.
Wer z. B. gute Freunde oder Bekannte zum Essen in ein exklusives Restaurant einlädt, wartet oft vergeblich auf ein Dankeschön. Dies hat jedoch nichts mit Unhöflichkeit oder Gleichgültigkeit zu tun. Im Gegenteil, der Gebrauch eines simplen Wortes wird als unnötig empfunden, gar als demütige „Bezahlung“. Echte Dankbarkeit kommt dagegen von Herzen: Angemessen bedankt man sich u. a. durch ein Lächeln, eine freundliche Geste oder indem man seinem Gastgeber zu einem späteren Zeitpunkt die gleiche Ehre zukommen lässt.

„Bitte“
heißt auf Hindi *kripayā*, wird aber speziell in offiziellen Situationen, bei Ansprachen, Bekanntmachungen oder in der geschriebenen Sprache verwendet. Umgangssprachlich klingt es sehr förmlich, gar steif. Man hört eher *meharbānī karke* (Freundlichkeit machend).

„Danke“
Die beiden Ausdrücke *dhanyavād* und *shukriyā* sollten nur bei echten Hilfeleistungen gebraucht werden, nicht aber bei kleinen Freundschaftsdiensten oder in Alltagssituationen. Hierfür hört man eher das englische *thank you*.

T Test 1

Können Sie sich noch an alle Informationen zur Landeskunde erinnern? Na, dann machen Ihnen diese Fragen sicher keine Mühe. Zurückblättern erlaubt!

1. Welche Antwort stimmt?

1. Indien hat ... Amtssprachen.
   a ☐ 2
   b ☐ 10
   c ☐ 23

2. Mit Hindi haben Sie mehr als ... Gesprächspartner.
   a ☐ 6 Millionen
   b ☐ 60 Millionen
   c ☐ 600 Millionen

3. Die bevölkerungsreichste Stadt Indiens ist ...
   a ☐ Mumbai.
   b ☐ Delhi.
   c ☐ Kalkutta.

4. Englische Lehnwörter ...
   a ☐ gehören zum festen Wortschatz des Hindi.
   b ☐ werden in Indien nicht gerne gehört.
   c ☐ gibt es im Hindi aufgrund der Kolonialzeit überhaupt nicht.

5. Die Basis aller indoarischen Sprachen ist das ...
   a ☐ Plattdeutsche.
   b ☐ Hindi.
   c ☐ Sanskrit.

6. *Dhanyavād* und *shukriyā* heißen beide ...
   a ☐ Bitte.
   b ☐ Entschuldigung.
   c ☐ Danke.

Als Musterschüler haben Sie die letzten vier Lektionen sicherlich aufmerksam bearbeitet und lösen folglich diese Übung im Handumdrehen. Welche Antwort passt jeweils?

2. Fragen und Antworten

1. Āp kā nām kyā hai?	a ☐ Maiñ ṭhīk hūñ.
2. Āp hindustānī haiñ?	b ☐ Hāñ, maiñ Pradīp Sharmā hūñ.
3. Tum Pradīp Sharmā ho?	c ☐ Yeh merā dost hai.
4. Yeh tum ho, na?	d ☐ Maiñ Hindustān se hūñ.
5. Tum kaise ho?	e ☐ Merā nām Pradīp hai.
6. Yeh kaun hai?	f ☐ Hāñ, mujhe bhūkh lagī hai.
7. Āp kahāñ se haiñ?	g ☐ Nahīñ, maiñ jarman hūñ!
8. Tumheñ bhūkh lagī hai?	h ☐ Hāñ, yeh maiñ hī hūñ.

3. Was fehlt denn hier?

Setzen Sie bitte das jeweils richtige Wort ein. Kriegen Sie's alleine raus oder müssen Sie zu den Grammatikspalten zurückblättern? Vorsicht, denn Mogler kommen nicht in den Hindi-Himmel!

1. _____ hindustānī haiñ.
   a ☐ Maiñ
   b ☐ Ham
   c ☐ Tum

2. Mujhe _____ .
   a ☐ bhī
   b ☐ nām
   c ☐ jī

3. Tumhārā _____ kyā hai?
   a ☐ ho
   b ☐ aur
   c ☐ hāl

4. Merī _____ hai.
   a ☐ pāsporṭ
   b ☐ buking
   c ☐ sāmān

5. Mujhe kamrā _____ .
   a ☐ cāhie
   b ☐ bhī lānā
   c ☐ acchā

6. Tumheñ hoṭal _____ hai?
   a ☐ sāf
   b ☐ pasand
   c ☐ ārāmdeh

4. Wie sagt man auf Hindi?

Bis hierhin hat sicherlich alles gut geklappt, oder? Wenn Sie jetzt noch diese Sätze übersetzen können, dürfen Sie sich gleich auf die nächste Lektion stürzen.

1. Guten Tag.
2. Wie ist Ihr Name?
3. Mein Name ist ...
4. Wie geht es Ihnen?
5. Bitte.
6. Auf Wiedersehen.
7. Sehr erfreut, Sie kennen gelernt zu haben.
8. Mich auch.

5

Im Restaurant

Einladungen zum Essen sind auch in Indien üblich. Aber Vorsicht: Die meisten Religionsgruppen befolgen besondere Essensvorschriften. So verzichten Hindus auf Rindfleisch und viele sind sogar gänzlich Vegetarier, Muslime lehnen Schweinefleisch ab und gläubige Jainas leben vegan und essen nur Gemüse, das nicht in der Erde wächst!

***tandūr* (Tandur)**
ist der Name des traditionellen Lehmofens, in dem allerlei Fleischgerichte – allen voran das leicht scharfe *tandūrī murgī* (Tanduri-Hühnchen) – und knusprige Brote (*nān*) zubereitet werden.

Gemeinsam betreten Michael und Rāhul das Restaurant *Svarg* (Paradies) im Herzen Delhis. Rāhul wendet sich an den Oberkellner: *Hamko khālī mez cāhie* (Wir möchten einen freien Tisch). Noch sind viele Tische unbesetzt: *Āpko yeh mez pasand hai, kyā?* (Gefällt Ihnen dieser Tisch?), fragt der Kellner. Rāhul hat aber schon etwas gemütlicheres entdeckt: *Khiṛkī ke pās kī khālī hai?* (Ist der beim Fenster frei?).
Als sich beide in die Speisekarte vertiefen, erkundigt sich Rāhul fürsorglich bei Michael: *Tumko kuch hindustānī khānā patā hai, kyā?* (Kennst du irgendein indisches Gericht?). Michael schmunzelt, denn spätestens jetzt machen sich die häufigen Besuche in seinem indischen Lieblingsrestaurant in München bezahlt und so brilliert er: *Zarūr! Tandūrī murgī, dāl, ālū gobhī, cāval ...* (Natürlich! Tanduri-Hühnchen, Linsen, Kartoffel-Blumenkohl-Curry, Reis ...). Die einzige Einschränkung für ihn ist: *Mujhko sirf zyādā tīkhā khānā pasand nahīñ* (Ich mag nur zu scharfes Essen nicht). Rāhul kennt dieses Problem der Mitteleuropäer und so fragt er nach: *To tandūrī murgī zyādā tīkhī nahīñ hai, kyā?* (Und Tanduri-Hühnchen ist nicht zu scharf?). Michael beteuert: *Nahīñ, nahīñ* (Nein, nein), er weiß aber, dass Rāhul Hindu ist. Deshalb fragt er höflicherweise: *Lekin tum shākāhārī ho, na?* (Aber du bist doch Vegetarier, nicht wahr?). Rāhul stellt richtig: *Nahīñ. Maiñ shākāhārī nahīñ* (Nein. Ich bin kein Vegetarier). So steht einer Bestellung also nichts mehr im Wege!

Hamko khālī mez cāhie

1/29

namaskār	Guten Tag, Auf Wiedersehen
hamko	uns
khālī	frei, leer
mez (w)	Tisch
kitne?	wie viele?
log (m/Mz)	Leute, Personen
sirf	nur
do	zwei
dekhnā	schauen, sehen
khiṛkī (w)	Fenster, (Fahrkarten-) Schalter
ke pās	bei, in der Nähe von
baiṭhnā	sich setzen, sitzen
hamāre lie	für uns

● Namaskār.	Guten Abend.
■ Namaskār.	Guten Abend.
● Hamko khālī mez cāhie.	Wir möchten einen freien Tisch.
■ Āp kitne log haiñ?	Wie viele Personen sind Sie?
● Sirf do.	Nur zwei.
■ Dekhie! Āpko yeh mez pasand hai, kyā?	Schauen Sie! Gefällt Ihnen dieser Tisch?
● Nahīñ. Khiṛkī ke pās kī khālī hai?	Nein. Ist der beim Fenster frei?
■ Hāñ jī. Baiṭhie!	Ja, der Herr. Setzen Sie sich!
● Baiṭho Michael bhāī! Hamāre lie menyū lāie!	Setz dich, Bruder Michael! Bringen Sie für uns die Speisekarte!
■ Zarūr sāhab!	Natürlich, der Herr!

Gleichbedeutende Personalpronomen (Dat./Akk.) zu *mujhe, ise/use, hameñ* etc. sind:
mujhko (mir, mich)
isko/usko (ihm, ihr; ihn, sie)
hamko (uns)
tumko (dir; dich, euch)
inko/unko (ihnen, sie)
Isko und *inko* sind dem Sprecher nahe, *usko* und *unko* sind weiter weg.

Satzbau
1. Subjekt, 2. Objekt, 3. Verb:
Āpko – yeh mez – pasand hai (Ihnen – dieser Tisch – gefallend ist).

Höfliche Befehlsform
Verbstamm + *-ie*:
dekhnā (schauen) → *dekh**ie**!* (schauen Sie!),
lānā (bringen) → *lā**ie**!* (bringen Sie!).
„Bitte" ist dann nicht mehr notwendig!

Wann welche Form?
1. Anrede mit *āp* (Sie) → höfliche Befehlsform: *dekhie!* (schauen Sie!)
2. Anrede mit *tum* (du, ihr) → echte Befehlsform mit *-o*: *dekho*! (schau!, schaut!)

Alles zusammen: Genau wie *namaste* heißt auch *namaskār* Guten Morgen, Guten Tag, Guten Abend und Auf Wiedersehen.

5 A

Übungen

Bilden Sie mit den nebenstehenden Verben die höfliche Befehlsform auf *-ie* für die *āp*-Anrede.

1. Höflich, aber bestimmt

1/30

Baiṭhie!

1. baiṭhnā
2. dekhnā
3. lānā
4. bolnā
5. calnā
6. milnā

Ordnen Sie jeder Frage einen sinnvollen weiteren Satz zu.

2. Was gehört zusammen?

1. Tumheñ khālī mez cāhie?
2. Tum kitne log ho?
3. Restoraṇṭ meñ khālī mez hai?
4. Tumheñ yeh mez pasand hai?
5. Hoṭal meñ khālī kamrā hai?

a ☐ Nahīñ, voh bhī khālī hai?
b ☐ Ham sirf do log haiñ.
c ☐ Hāñ, yeh mez khālī hai.
d ☐ Hāñ, aur hamko menyū lāie!
e ☐ Hāñ zarūr, bahut haiñ.

Welche Antwort passt zu welcher Frage? Lassen Sie Ihre grauen Hirnzellen mal ordentlich arbeiten.

3. Frage und Antwort

1. Āpko kyā cāhie?
   a ☐ Hameñ khālī mez cāhie.
   b ☐ Dhanyavād sāhab!
2. Āp kitne log haiñ?
   a ☐ Hāñ jī, zarūr!
   b ☐ Sirf do log!
3. Āpko yeh mez pasand hai kyā?
   a ☐ Nahīñ.
   b ☐ Hamāre lie menyū lāie!
4. Voh khiṛkī ke pās bhī khālī hai?
   a ☐ Mujhe bahut pasand hai.
   b ☐ Hāñ jī. Baiṭhie!

Bitte auf Hindi! Versuchen Sie jeweils beide Formen der Personalpronomen (Dat./Akk.) zu benutzen. Einen Unterschied zwischen beiden Formen gibt es in der Anwendung bekanntlich nicht.

4. Ich möchte einen freien Tisch.

1. Ich möchte einen freien Tisch.
2. Wie viele Leute seid ihr?
3. Sie sind nur zwei Leute.
4. Gefällt dir jener Tisch dort?
5. Nein, ich möchte einen Tisch beim Fenster.

Bilden Sie die einfache Befehlsform auf *-o* für die *tum*-Anrede. Diese Übung kommt Ihnen bekannt vor? Kein Wunder!

5. Imperator

1/31

Baiṭho!

1. baiṭhnā
2. rakhnā
3. khānā
4. lenā
5. fon karnā

Veṭar!

1/32

patā	bekannt
patā honā	kennen, wissen
tandūrī	aus dem Tandur-Ofen
murgī (w)	Hühnchen
dāl (w)	Linsen, Linsengericht
ālū (m)	Kartoffel
gobhī (w)	Blumenkohl
cāval (m)	Reis
zyādā	zu (sehr), zu viel
tīkhā/-ī/-e	scharf
lekin	aber
shākāhārī	Vegetarier/-in, vegetarisch
veṭar (m)	Ober, Kellner
taiyār	bereit, fertig

● To bolo bhāī! Tumko kuch hindustānī khānā patā hai kyā?	Sag mal, Bruder! Kennst du irgendein indisches Gericht?
■ Zarūr! Tandūrī murgī, dāl, ālū gobhī, cāval ...	Natürlich! Tanduri-Hühnchen, Linsen, Kartoffel-Blumenkohl-Curry, Reis ...
● Shābāsh! Aur tumko sab pasand hai kyā?	Bravo! Und du magst alles?
■ Hāñ bilkul. Mujhko sirf zyādā tīkhā khānā pasand nahīñ.	Ja, absolut. Ich mag nur zu scharfes Essen nicht.
● Acchā? To tandūrī murgī zyādā tīkhī nahīñ hai kyā?	Ach so? Und Tanduri-Hühnchen ist nicht zu scharf?
■ Nahīñ, nahīñ. Lekin tum shākāhārī ho, na?	Nein, nein. Aber du bist doch Vegetarier, nicht wahr?
● Nahīñ. Maiñ shākāhārī nahīñ. Veṭar! Ham taiyār haiñ!	Nein. Ich bin kein Vegetarier. Herr Ober! Wir sind bereit!

etwas kennen
Gegenstand/Sache + *patā* (bekannt) + *honā* (sein): ***Mujhe*** *hindustānī khānā* ***patā hai*** (wörtl.: **Mir** indisches Essen **bekannt ist** = **Ich kenne** indisches Essen).

kuch (etwas) heißt hier „irgendein": *Tumko* ***kuch*** *hindustānī khānā patā hai?* (wörtl.: Kennst du **etwas** an indischem Essen?). Vergleichen Sie auch: *kuch bhī* (was auch immer).

2 Mal *zyādā*
1. *zyādā:* „zu viel": *Yeh* ***zyādā*** *hai* (Das ist **zu viel**).
2. *zyādā* + Adjektiv: „zu (sehr)": ***zyādā*** *tīkhā* (**zu** scharf).

Alleine heißt *acchā* (gut): Je nach Betonung auch „ach so?" oder „ja wirklich?"

Verneinung
Wird eine Aussage durch *nahīñ* (nicht) verneint, entfällt das Verb *honā* (sein) häufig: *Maiñ shākāhārī* ***nahīñ*** (wörtl.: Ich **nicht/kein** Vegetarier). Wird *honā* besonders betont, bleibt es: *Maiñ hindustānī nahīñ* ***hūñ*** (Ich **bin** kein Inder).

Smalltalk: *to* wird oft als Pausenfüller benutzt (also, dann, na ja, ...).

5 B

Übungen

Diese Übung ist einfach und nützlich. In Indien wird man Sie häufig fragen, ob Sie etwas bereits kennen. Also nur Mut!

1. Kennen Sie sich aus?

1/33

*Āpko **kuch hindustānī khānā** patā hai, kyā?*

1. kuch hindustānī khānā
2. Dillī meñ koī hoṭal
3. Jarmanī
4. kuch jarman khānā
5. Hindustān

Verneinen Sie die nebenstehenden Sätze. Beachten Sie nochmals, dass dabei das Verb *honā* (sein) wegfällt.

2. Verneinen Sie!

1. Hameñ hindustānī khānā patā hai.
2. Tum shākāhārī ho.
3. Yeh kamrā bahut sāf hai.
4. Maiñ jarmanī se hūñ.
5. Tumhārā nām Pradīp hai.
6. Ve pākistānī log haiñ.
7. Ham taiyār haiñ!

Satzbauanarchisten werden hier umerzogen. Ordnen Sie die einzelnen Satzteile zu korrekten Sätzen. Kleiner Tipp: SOV

3. Die richtige Reihenfolge bitte!

1. patā – tumheñ – khānā – hai – hindustānī
2. tīkhī – murgī – zyādā – tandūrī – hai
3. nahīñ – khānā – zyādā – mujhko – pasand – tīkhā
4. shākāhārī – nahīñ – dost – tumhārā – Pradīp

Die Speisekarten der meisten Restaurants in Indien sind auf Englisch.
1. *tandūrī murgī* (Tanduri Hühnchen)
2. *dāl* (Linsen)
3. *cāval* (Reis)

4. Bekannte Speisen

1. तंदूरी मुर्गी
2. दाल
3. चावल

Indische Küchen

5

Von nur einer indischen Küche zu sprechen wäre etwa so, als würde man alle Spezialitäten Europas unter einen Hut stecken. Jede Region Indiens hat ihre eigenen Zutaten und dementsprechend auch ihre eigenen Zubereitungsmethoden. Eine Sonderrolle – zumindest was den Bekanntheitsgrad im ganzen Land und auch international angeht – nehmen die als *pañjābī* (Pandschabi) und *muglaī* (Mughlai) bekannten Küchen Nordindiens ein. Es handelt sich dabei in erster Linie um deftig gewürzte Curry-Gerichte aus *sabzī* (Gemüse), deren Hindi-Namen meist nichts weiter als eine Auflistung der Zutaten sind. Dazu isst man *capātī* oder *roṭī* (weiche Fladenbrote) oder die im Tandur-Ofen gebackenen knusprigen *nān* (Naanbrote).
Cāval (Reis) wird in vielen Gegenden nicht so häufig als Beilage gereicht und wenn, eher zum Ende der Mahlzeit. Man beginnt mit Brot. Andernorts finden sich dafür spezielle Reisgerichte wie *biryānī* – mit Fleisch, Gemüse und Gewürzen zubereitet – oder das ursprünglich aus Zentralasien stammende *pulāo* – ein oft mit Obst oder Rosinen durchsetzter weich gekochter Reis.
Auch an Fleischgerichten hat speziell Nordindien einiges zu bieten, denn hier war der Einfluss der muslimischen Küchen Persiens und Afghanistans größer als im übrigen Land. Neben dem köstlichen *tandūrī murgī* (Hühnchen aus dem Tandur-Ofen), gibt es das *rogan josh* (rote Curry aus Hammel- oder Lammfleisch), *koftā* (Hackfleischbällchen) in einer köstlichen Sauce oder *kormā* (in Joghurt eingelegtes Lammfleisch) in einer deftigen Sauce.

Curry bezeichnet ragoutartige Eintopfgerichte aus diversen Gemüsesorten und Gewürzen. Jede Region Indiens hat ihre eigenen Currys. Das bei uns bekannte gelbe Currypulver findet sich in der indischen Küche nicht!

Gerichte werden einfach nach den Zutaten benannt. Dass es sich um ein Curry handelt, kann man sich nur denken, z. B. *ālū gobhī* (Kartoffel-Blumenkohl-**Curry**).

Gemüse
ālū: Kartoffel
bhaiñgan: Aubergine
bhinḍī: Okra
dāl: Linsen
gājar: Karotte
gobhī: Blumenkohl
maṭar: Erbsen
pālak: Spinat
pyāz: Zwiebel

6

Nicht zu viel Chili!

Gemeinschaftsmahl
In Indien bestellt der Gastgeber gewöhnlich für alle. Er achtet darauf, möglichst vielfältige Geschmacksrichtungen zu kombinieren. Die Gerichte werden in die Mitte des Tischs gestellt, jeder hat sein Tellerchen, und man nimmt sich, was einem schmeckt.

Aussprache
In *svādishṭ* (sprich: swaa**discht** = lecker) wurde das *sh* ursprünglich retroflex gesprochen. Im modernen Hindi jedoch wie ein sch in „Schule“. Ebenso: *bhā**sh**ā* (bhaa**sch**aa = Sprache).

Das ganze Restaurant ist in den Geruch exotischer Gewürze gehüllt und Michael ist schon äußerst gespannt, wie die regionale Küche im Original und vor Ort schmeckt. Rāhul ist der Gastgeber und daher übernimmt er die Bestellung: *Ek tandūrī murgī, ek ālū gobhī, ek pālak panīr aur ek dāl* (Ein Tanduri-Hühnchen, ein Kartoffel-Blumenkohl-Curry, ein Spinat-Käse-Curry und Linsen). Er bittet den Kellner außerdem: *Lekin zyādā mirc na ḍālie!* (Aber geben Sie nicht zu viel Chili hinein!).
Natürlich isst man Currys nicht ohne Beilagen: *Aur is ke sāṭh? Āpko roṭiyāñ cāhie yā nān?* (Und dazu? Wollen Sie Fladenbrote oder Naan?), fragt der Kellner die beiden. Rāhul ordert erst einmal Fladenbrote. *Aur pīne ke lie?* (Und zu trinken?), möchte der Kellner noch wissen. *Sirf ek botal pānī!* (Nur eine Flasche Wasser!), wünscht Rāhul, denn das passt zu den würzigen Gerichten am besten.
Nach den ersten Bissen erkundigt sich Rāhul bei seinem Gast: *Tumko masāledār khānā kaisā lagtā hai?* (Wie schmeckt dir gewürztes Essen?). Michael ist begeistert: *Bahut mazedār lagtā hai!* (Es schmeckt sehr köstlich!). Kein Wunder: *Yeh aslī hindustānī khānā hai* (Das ist echt indisches Essen), betont Rāhul, der gleich wissen möchte: *Sab se svādishṭ kaunsā hai?* (Welches ist am leckersten?). Da gibt es für Michael nur eine Antwort: *Sab svādishṭ hai!* (Alles ist lecker!).

Āpko kyā cāhie?

1/34

batānā	erzählen, hier: sagen
pālak (m) panīr (m)	Spinat-Käse-Curry
mirc (w)	Chili
na	nicht
ḍālnā	hineingeben, hineinwerfen
is ke sāth	dazu, damit, mit diesem
roṭiyāñ (w/Mz)	Fladenbrote, Rotis (Mehrzahl)
yā	oder
nān (w)	Weizenbrote
cār	vier
dījie!	geben Sie!
bād meñ	danach, später
pīnā	trinken
ke lie	für

■ Batāie sāhab. Āpko kyā cāhie?	Sagen Sie, mein Herr. Was wünschen Sie?
● Ek tandūrī murgī, ek ālū gobhī, ek pālak panīr aur ek dāl.	Ein Tanduri-Hühnchen, ein Kartoffel-Blumenkohl-Curry, ein Spinat-Käse-Curry und ein Linsengericht.
■ Acchā.	Okay.
● Lekin zyādā mirc na ḍālie!	Aber geben Sie nicht zu viel Chili hinein!
■ Ṭhīk hai. Aur is ke sāth? Āpko roṭiyāñ cāhie yā nān?	Gut. Und dazu? Wollen Sie Fladenbrote oder Naan?
● Hāñ, hameñ cār roṭiyāñ dījie!	Ja, geben Sie uns vier Fladenbrote!
■ Acchā. Kuch aur? Cāval?	Okay. Noch etwas? Reis?
● Hāñ, cāval. Lekin bād meñ.	Ja, Reis. Aber später.
■ Aur pīne ke lie?	Und zu trinken?
● Sirf ek botal pānī.	Nur eine Flasche Wasser.
■ Zarūr sāhab.	Natürlich, der Herr.

Beugung
Die Dativpronomen *is* (diesem/-r) bzw. *us* (jenem/-r) stehen, wenn darauf ein Verhältniswort wie *ke sāth* (mit) folgt: *is ke sāṭh* (dazu, damit, mit diesem). Dabei unterscheiden sie sich von den Demonstrativpronomen im Nominativ *yeh* (diese/-r/-s) oder *voh* (jene/-r/-s).

Infinitivgruppen
Infinitivendungen *-nā* + *kā* (von, männl.) oder *kī* (von, weibl.) → Infinitivendung *-ne*: *pī**nā*** (trinken) → *pī**ne** kā* (wörtl.: vom trinken = zu trinken).
kā/kī (von) zeigen Besitz- und Abhängigkeitsverhältnisse an. Auch *pīne ke lie* (für trinken = zu trinken).

Mehrzahl Substantive (w)
1. Endung auf *-ī* → Mehrzahl auf *-iyāñ*:
*roṭ**ī*** (Fladenbrot, Roti) → *roṭ**iyāñ*** (Fladenbrote, Rotis)
ek khiṛkī (ein Fenster) → *do khiṛk**iyāñ*** (zwei Fenster).
2. Endung auf anderen Buchstaben → Mehrzahl auf *-eñ*:
mez (Tisch) → *mez**eñ*** (Tische)
bāt (Gespräch, Sache) → *bāt**eñ*** (Gespräche, Sachen).

Unregelmäßiger Imperativ:
denā (geben) → *dījie!* (geben Sie!)

Verneinung
1. *na* (nicht) + höfliche Befehlsform (*-ie*): ***na** ḍālie!* (geben Sie **nicht** hinein!)
2. *mat* (nicht) + echte Befehlsform (*-o*): ***mat** bolo!* (sprich **nicht**!).

panīr = Frischkäse aus Kuhmilch, den man als Curry z. B. in Verbindung mit Spinat *(pālak panīr)* oder Erbsen *(maṭar panīr)* findet.

Übungen

Großer Bestellvorgang: Was für Köstlichkeiten soll man Ihnen geben? Als *lassī* bezeichnet man einen Joghurttrunk, der salzig, süß oder mit Fruchtgeschmack sein kann.

1. Wir nehmen alles!

1/35

Hameñ ***ek tandūrī murgī*** *dījie!*

1. ek tandūrī murgī
2. pālak panīr
3. ek dāl ke sāth nān
4. cār roṭiyāñ
5. ek botal pānī aur ek lassī

Welche Speisen soll der *veṭar* bringen? Der hat sein sprachliches Vorbild übrigens im englischen „waiter". Die Gerichte sind in Lektion 5 aufgeführt, falls es Probleme gibt. Vorsicht, Curry wird nicht ..., na?

2. Der Kellner hat viel zu tun.

Veṭar! Hamāre lie ***ek tandūrī murgī*** *lāie!*

1. ein Tanduri-Hühnchen
2. ein Lammfleisch-Curry
3. zwei Spinat-Käse-Currys
4. zwei Erbsen-Käse-Currys
5. vier Fladenbrote/Rotis

Setzen Sie die Hauptwörter und die Demonstrativpronomen (sofern vorhanden) in den Plural. *Sabzī* heißt Gemüsesorte.

3. Aus einem mach mehrere!

1/36

Hameñ ***ye bāteñ*** *pasand nahīñ.*

1. yeh bāt
2. yeh cābī
3. voh khiṛkī
4. roṭī
5. yeh mez
6. murgī aur sabzī

Wenn Sie mit der Übersetzung Schwierigkeiten haben, scheuen Sie sich nicht zurückzublättern.

4. Bitte auf Hindi!

1. Ich möchte ein Kartoffel-Blumenkohl-Curry.
2. Geben Sie bitte nicht zu viel Chili hinein!
3. Gut. Und dazu?
4. Bringen Sie vier Rotis und ein Tanduri-Hühnchen.
5. Und zu trinken?
6. Nur eine Flasche Wasser.

Setzen Sie die fehlenden Wörter in dieser Übung ein.

5. Sind Sie ein guter Lückenfüller?

1. Is ________ (mit) āpko kyā cāhie?
2. Tandūrī murgī meñ zyādā mirc ________ (nicht) ḍālie!
3. Veṭar! Hamko cār ______________ (Rotis) dījie!
4. Pīne ke lie ek lassī, aur ________ (essen) kā?
5. Bād meñ hamāre lie biryānī ________ (oder) pulāo lāo!

Sab svādishṭ hai

1/37

masāledār	gewürzt, herzhaft
kaisā?	wie?
lagnā	fühlen, hier: schmecken
mazedār	köstlich
aslī	echt
sab se	am meisten von allem/-n
svādishṭ	lecker
kaunsā/-ī/-e?	welche/-r/-s?
masālā (m)	Gewürz
kyoñ?	warum?
sahī	korrekt, richtig
bil (m)	Rechnung

■ Batāo bhāī! Tumko masāledār khānā kaisā lagtā hai?	Sag mal, Bruder! Wie schmeckt dir gewürztes Essen?
● Bahut mazedār lagtā hai!	Es schmeckt sehr köstlich!
■ Yeh aslī hindustānī khānā hai. Sab se svādishṭ kaunsā hai?	Das ist echt indisches Essen. Welches ist am leckersten?
● Mujhe patā nahīñ. Sab svādishṭ hai aur masāle zyādā tīkhe nahīñ.	Ich weiß es nicht. Alles ist lecker, und die Gewürze sind nicht zu scharf.
■ Tum aslī hindustānī ho, na?	Du bist ein echter Inder, nicht wahr?
● Kyoñ?	Warum?
■ Dekho bhāī. Tumhārī hindī bahut acchī hai, mirc zyādā tīkhī nahīñ aur tumheñ hamārā khānā acchā lagtā hai!	Schau, Bruder. Dein Hindi ist sehr gut, Chili ist dir nicht zu scharf und dir schmeckt unser Essen gut!
● Sahī bāt hai.	Das stimmt.
■ Hai na!? Veṭar! Bil lāie!	Nicht wahr!? Herr Ober! Bringen Sie die Rechnung!

Präsens
3. Person (m):
Verbstamm + ***tā*** + ***hai***:
*Kaisā lag**tā hai**?* (wörtl.: Wie er/sie/es fühlt ist? = Wie fühlt es sich an? = Wie schmeckt es?)

Superlativ
sab se (am meisten von allem) + Adjektiv: *svādishṭ* (lecker) → ***sab se** svādishṭ* (**am** lecker**sten**)

Mehrzahl Substantive (m)
1. Endung auf *-ā* → Mehrzahl auf *-e*:
*masāl**ā*** (Gewürz) → *masāl**e*** (Gewürze),
*ek kamr**ā*** (ein Zimmer) → *do kamr**e*** (zwei Zimmer)
2. Endung auf einen anderen Buchstaben: Einzahl = Mehrzahl:
ek bil (eine Rechnung) → *do bil* (zwei Rechnungen)

Scharf und weiblich
Das Hauptwort *mirc* (Chili) ist weiblich, daher: *mirc zyādā **tīkhī** nahīñ* (der Chili ist nicht zu **scharf**).
Pfeffer heißt *kālī mirc* (schwarzer Chili).

sahī bāt hai (wörtl.: korrekte Sache ist = das stimmt)

Nicht wahr?!
Häufige Antwort auf eine Feststellung:
Hai na! (Ist nicht! = Nicht wahr!, Gell!)

6 B

Übungen

Indien gilt zu Recht als Land der Superlative. Da schadet es nicht, die Superlativform der Adjektive zu beherrschen: Einfach *sab se* vor das jeweilige Adjektiv gesetzt und alles wird bestens.

1. Was schmeckt denn am besten?

1/38

*Rāhul **sab se** acchā dost hai.*

1. Rāhul acchā dost hai.
2. Yeh masālā svādishṭ hai.
3. Hamārā kamrā sāf hai.
4. Voh mirc sacmuc tīkhī hai.
5. Yeh khiṛkī baṛī hai.

In diesen Sätzen fehlt jeweils das Präsens des Verbs *lagnā* (fühlen, schmecken). Können Sie die richtige Form einsetzen? Achtung: weiblich *-tī* statt *-tā*.

2. Wie schmeckt Ihnen indisches Essen?

1. Āpko hindustānī khānā kaisā _______ hai?
2. Mujhe hindustānī khānā bahut acchā _______ hai!
3. Gobhī kaisī _______ hai.
4. Sab se baṛī roṭī acchī _______ hai, kyā?
5. Kyā tumheñ tīkhī mirc acchī _______ hai?

Oh ho, die Latte hängt hoch. Hier müssen Sie maskuline und feminine Gegenstände jeweils verdoppeln, dabei verändert sich nicht nur das Nomen. Die Mehrzahlbildung ist aber gar nicht sooo schwer.

3. Aus eins mach zwei

Ye do kamre haiñ.

1. Yeh ek kamrā hai.
2. Yeh ek masālā hai.
3. Voh ek roṭī hai.
4. Yeh ek khiṛkī hai.
5. Yeh ek mez hai.

Finden Sie ohne Hilfe heraus, was wohin gehört? Sonst dürfen Sie auch im Lösungsschlüssel ab S. 138 spicken.

4. Was gehört wohin?

sab se – patā – bāt – acchā – aslī

1. Tumko khānā _______ lagtā hai, kyā?
2. Aslī hindustānī khānā _______ svādishṭ hai!
3. Mujhe yeh kyoñ nahīñ _______?
4. Bhāī, kyā tum _______ hindustānī ho?
5. Hāñ hāñ! Sahī _______ hai!

Streifzug durch einen indischen Gewürzmarkt:
1. *hīng* (Asant/Teufelsdreck)
2. *ilāycī* (Kardamom)
3. *kesar* (Safran)
4. *zīrā* (Kumin)

5. Die wichtigsten Gewürze

1. हींग
2. इलायची
3. केसर
4. ज़ीरा

Gewürzparadies

6

Was macht das Besondere der indischen Küche aus? In erster Linie die unzähligen *masāle* (Gewürze). Viele dieser indischen Küchenkräuter und Heilpflanzen gelangten bereits im Mittelalter über die Seidenstraße nach Europa. So richtig in Schwung kam der Gewürzhandel allerdings erst ab 1498, als Vasco da Gama und andere portugiesische Seefahrer den Seeweg von Portugal um das Kap der Guten Hoffnung bis in die Häfen Goa, Calicut und Cochin an der Malabar genannten Westküste Indiens fanden.

Über diesen Handelsweg – die Gewürzroute – wurden Muskat, Nelken, schwarzer und roter Pfeffer oder Zimt eingeführt, die damals nicht nur zum Würzen von Speisen, sondern auch als Konservierungsstoffe und Arzneimittel unverzichtbar waren.

Später folgten Basilikum, Bockshornklee, frischer und getrockneter Ingwer, Kardamom, Koriander, Kumin, Kurkuma oder Gelbwurz, der auch heute noch äußerst teure Safran, sowie Senf, Tamarinde und unzählige andere.

All diese Ingredienzien gelten – neben vielen anderen – als mögliche Grundzutaten indischer Gewürzmischungen und Currys. Besonders gewöhnungsbedürftig für europäische Nasen ist das als Asant oder „Teufelsdreck“ bekannte *hīng*. Vorsicht also beim Schnuppern an fremden Pulvern! Wem das indische Essen anfangs zu gewürzintensiv schmeckt, der sollte dazu Reis und Fladenbrot essen und so seine Geschmacksnerven schonen.

***masāle* (Gewürze)**
tulsī: Basilikum
methī: Bockshornklee
mirc: Chili
laung: Gewürznelken
adrak: Ingwer
soṇṭh: getrockneter Ingwer
ilāycī: Kardamom
dhaniyā: Koriander
zīrā: Kumin
haldī: Kurkuma, Gelbwurz
jāyphal: Muskat
kālī mirc: schwarzer Pfeffer
lāl mirc: roter Pfeffer
kesar: Safran
sarsoñ: Senf
imlī: Tamarinde
dālcīnī: Zimt

***hīng* (Asant)**
Die Basis vieler Currys; hat magenfreundliche Eigenschaften und ist deshalb häufig in Bohnengerichten enthalten.

7

Meine Muttersprache

Sikh (Sikhs) sind Angehörige des Sikhismus, einer im 15. Jahrhundert, durch *Guru* (Meister, Lehrer) Nanak im Pandschab begründeten Religion. Sie wurde sowohl vom Hinduismus als auch vom Islam beeinflusst, distanziert sich jedoch von deren dominierenden religiösen Traditionen. Die schriftliche Basis des Sikhismus ist das heilige Buch *Guru Granth Sahib*. Sikh-Männer tragen meist Vollbart und Turban.

Indische Taxis
haben gewöhnlich ein Taxameter. Manche Fahrer wollen es aber nicht einschalten. Bestehen Sie immer darauf!

Am nächsten Morgen verlässt Michael das Hotel, denn er hat mit Rāhul einen Termin bei der indischen Partnerfirma. Vor dem Gebäude begrüßt ihn ein Hotelpage mit Vollbart und Turban. Michael entziffert Jogindar auf dessen Namensschild und ahnt aufgrund der Aufmachung, dass er vor einem Sikh steht. In seinem Hindi-Kurs hat er einiges über diese Religionsgruppe erfahren, deshalb begrüßt er ihn mit der unter Sikhs gebräuchlichen Floskel *Sat shrī akāl!* (Seien Sie gegrüßt!).
Jogindar freut sich über diese Geste und beginnt ein Gespräch: *Merī matribhāshā pañjābī hai* (Meine Muttersprache ist Pandschabi), erklärt er stolz, denn er kommt aus dem Pandschab, einer Region nordwestlich von Delhi. Michael möchte wissen, ob Jogindar auch Hindi spricht. Dieser erwidert: *Zarūr! Hindī Bhārat kī rāshṭrīy bhāshā hai* (Natürlich! Hindi ist die Nationalsprache Indiens). *Yeh bahut dilcasp hai!* (Das ist sehr interessant!), findet Michael und staunt, wie viele Menschen in Indien mehrsprachig sind.
Jogindar fragt: *Āpko kidhar jānā hai?* (Wohin müssen Sie gehen?). Michael zeigt ihm Rāhuls Visitenkarte: *Is pate par* (Zu dieser Adresse). Kein Problem, Jogindar rät jedoch: *Yeh yahāñ se kāfī dūr hai. Āpko ṭaiksī se jānā paṛegā* (Das ist ziemlich weit von hier. Sie sollten mit dem Taxi fahren). Nichts leichter als das: Jogindar winkt ein Taxi herbei und ermahnt den Fahrer, auch das Taxameter einzuschalten. Schon geht die Fahrt los.

Sat shrī akal jī!

7A

1/39

sat shrī akāl	seien Sie gegrüßt
vāhvāh	bravo
bhāshā (w)	Sprache
ānā	kommen, hier: bekannt sein, kennen
thoṛā/-ī/-e	bisschen, wenig
Pañjāb	Pandschab (Region im NW)
matribhāshā (w)	Muttersprache
pañjābī (w)	Pandschabi (Regionalsprache)
Bhārat	Indien (offiziell)
rāshṭrīy	national
dilcasp	interessant

● Good morning sir.	Guten Morgen, mein Herr.
■ Sat shrī akāl, Jogindar jī!	Seien Sie gegrüßt, Herr Jogindar!
● Vāhvāh! Āpko hamārī bhāshā ātī hai kyā?	Bravo! Sie können unsere Sprache?
■ Nahīñ, nahīñ. Mujhe sirf thoṛī hindī ātī hai.	Nein, nein. Ich kann nur ein bisschen Hindi.
● Maiñ Pañjāb se hūñ. Merī matribhāshā pañjābī hai.	Ich bin aus dem Pandschab. Meine Muttersprache ist Pandschabi.
■ Lekin āpko hindī bhī ātī hai?	Aber Sie können auch Hindi?
● Zarūr! Hindī Bhārat kī rāshṭrīy bhāshā hai.	Natürlich! Hindi ist Indiens Nationalsprache.
■ Yeh bahut dilcasp hai!	Das ist sehr interessant!

Sikhs begrüßen sich mit ***sat shrī akāl*** (wörtl.: fromme, zeitlose Essenz).

Präsens (w)
Verbstamm + ***tī*** + *honā* (sein): *Āpko hamārī bhāshā ā**tī** hai?* (wörtl.: Ihnen unsere Sprache kommt ist? = Ihnen unsere Sprache bekannt ist? = Sie sprechen/kennen/können unsere Sprache?). *Mujhe hindī ā**tī** hai* (Mir Hindi kommt ist = Ich kann Hindi).

Das Geschlecht des Objekts bestimmt die männl. oder weibl. Präsensform: ***hindī*** (w) → *Mujhe **hindī** ātī hai* (Ich kann Hindi).

Dadurch wird auch das männliche Besitzwörtchen *kā* (von) zum weiblichen *kī*: *Bhārat **kī** rāshṭrīy **bhāshā*** (wörtl.: Indien **von** nationale Sprache = Nationalsprache Indiens).

Komposita
bestehen oft aus Sanskritwörtern, z. B. einem Adjektiv und einem Substantiv: *rāshṭrīy bhāshā* (nationale Sprache = Nationalsprache).

2 Mal Indien: 1. *Bhārat:* etwas offizieller; **2.** *Hindustān:* eher geographisch als politisch.

7 A

Übungen

Sie sind auf dem besten Wege bereits mit wenig Hindi-Kenntnissen großen Eindruck zu machen. War doch gar nicht so schwer, oder? Dann können Sie sich ja an ein paar weitere Sprachen herantrauen.

1. Ich kann nur ein bisschen …

1/40

*Mujhe sirf thoṛī **hindī** ātī hai.*

1. hindī
2. pañjābī
3. nepālī
4. jarman
5. maraṭhī

Vorsicht: In 1. müssen Sie *kaunsā/-ī* (welche/-r/-s) einsetzen und dabei das Geschlecht von *bhāshā* (Sprache) beachten. Falls vergessen: *angrezī* (Englisch).

2. Was ist Ihre Muttersprache?

1. Was ist Ihre Muttersprache?
2. Meine Sprache ist Pandschabi.
3. Aber ich kann auch Hindi.
4. Kannst du Englisch?
5. Nein, meine Muttersprache ist Deutsch.

Irgendwas stimmt hier nicht. Versuchen Sie, die einzelnen Satzteile so zu ordnen, dass man Sie versteht!

3. Bringen Sie ein bisschen System ins Chaos!

1. kī – rāshṭrīy – hai – Bhārat – bhāshā – hindī
2. bhāshā – hai – Jarmanī – rāshṭrīy – jarman – kī
3. hai – bahut – yeh – dilcasp – sacmuc
4. ātī – hindī – sirf – hai – mujhe – thoṛī
5. pañjābī – kī – nahīñ – āp – matribhāshā

Ordnen Sie hier jeweils zwei passende Sätze einander zu!

4. Ordnen Sie zu!

1. Maiñ Pañjāb se hūñ.	a ☐ Hamārī matribhāshā hindī hai.
2. Ham Bhārat se haiñ.	b ☐ Mujhe jarman pasand hai.
3. Āpko jarman bhī ātī hai?	c ☐ Hindī bahut dilcasp hai!
4. Hindī kyā hai?	d ☐ Merī matribhāshā pañjābī hai.
5. Kyoñ āpko hindī ātī hai?	e ☐ Hindī Bhārat kī rāshṭrīy bhāshā hai.

Setzen Sie das richtige Verb ein. In der Klammer steht jeweils nur die Grundform. Vorsicht bei Satz 4: gefallen = *pasand honā*.

5. Verben, Verben, nochmals Verben

1. Tumko hindī ______________ (kommen) hai, kyā?
2. Pañjābī khānā bahut acchā ______________ (fühlen) hai!
3. Kripayā hindī yā jarman ______________ (sprechen)!
4. Āpko yeh bhāshā ______________ (gefallen), na?

Miṭar calāo!

1/41

kidhar?	wohin?
jānā	gehen, fahren
patā (m)	Adresse
par	auf, in
paṛegā	hier: müssen/-ten, sollen/-ten
yahāñ	hier
kāfī	ausreichend, ziemlich
dūr	fern, weit
ṭaiksī (w)	Taxi
mīṭar (m)	Taxameter
zarā	ein bisschen, hier: bitte
mere lie	für mich
bulānā	rufen
calānā	fahren, hier: einschalten

● Bolie sāhab! Āpko kidhar jānā hai?	Sagen Sie, mein Herr! Wohin müssen Sie gehen?
■ Mujhe is pate par jānā paṛegā. Dekhie!	Ich muss zu dieser Adresse fahren. Schauen Sie!
● Ṭhīk hai. Lekin yeh yahāñ se kāfī dūr hai. Āpko ṭaiksī se jānā paṛegā.	Okay. Aber das ist ziemlich weit von hier. Sie sollten mit dem Taxi fahren.
■ Acchā? Zarā mere lie ek mīṭar ṭaiksī bulāie!	Ach so? Rufen Sie mir bitte ein Taxi mit Taxameter!
● Zarūr. Bhāī! Sāhab ko is pate par jānā hai. Mīṭar calāo!	Natürlich. Hey! Der Herr muss zu dieser Adresse fahren. Schalte das Taxameter ein!
■ Shukriyā Jogindar jī.	Danke, Herr Jogindar.
● Koī bāt nahīñ. Phir mileñge.	Nichts zu danken. Bis später.
■ Phir mileñge.	Bis später.

müssen & sollen
1. Pronomen (Dat./Akk.) + Verb im Infinitiv + *honā* (sein):
Āpko jānā hai! **(Sie müssen/sollen gehen!)**
2. *ko* (zu) + Infinitiv + *honā* (sein): *Maiḍam* ***ko Dillī jānā hai*** (Die Dame **muss/soll nach Delhi fahren**).
3. *ko* (zu) + Infinitiv + *paṛegā* (wird fallen):
Sāhab ***ko jānā paṛegā*** (wörtl.: Der Herr zu fahren wird fallen = Der Herr **muss/soll fahren/gehen**).
Vgl. Hinweise zu „sollen!" auf S. 29.

kahāñ? (wo?) und *kidhar?* (wohin?) werden umgangssprachlich häufig vertauscht.

Aus *-ā* wird *-e*
Hauptwörter (m) + Verhältniswort: ***-ā*** → ***-e***: *patā* (Adresse) → *is pate* ***par*** (**zu** dieser Adresse).

Achtung!
se (aus, mit, von) bedeutet hier „mit":
ṭaiksī ***se*** (**mit** dem Taxi)
bas ***se*** (**mit** dem Bus)
gāṛī ***se*** (**mit** dem Auto).

zarā vor einer Befehlsform schwächt diese ab: ***Zarā*** *mere lie ek ṭaiksī bulāie!* (**Bitte** rufen Sie mir ein Taxi!)

Bhāī ist auch die Anrede für Männer in so genannten einfachen Berufen wie Taxifahrer, Kellner etc. Klingt aber nicht abwertend.

7 B

Übungen

Sagen Sie, wohin sie müssen/sollen. Und gut die Ohren spitzen, denn unterwegs ist man in Indien immer irgendwie.

1. Wohin musst du fahren? 1/42

*Mujhe **is pate par** jānā hai.*

1. is pate par
2. Purānī Dillī
3. ek pañjābī resṭoranṭ
4. havāī aḍḍe
5. mere hoṭal

Bilden Sie Sätze mit den Entsprechungen für „müssen" und „sollen". Vorsicht, nach Personennamen steht die Postposition *ko*!

2. Sollen wir müssen? 1/43

*Michael ko **ānā** paṛegā.*

1. ānā
2. is kamre meñ jānā
3. ṭaiksī se jānā
4. yeh khānā

Übersetzen Sie. Eigentlich ganz leicht, oder? Achtung bei Satz 3: *havāī aḍḍā* (Flughafen) ändert die Endung *-ā* in *-e*, weil danach ein Verhältniswort steht!

3. Und jetzt mal schnell auf Hindi!

1. Wohin müsst ihr fahren?
2. Zu jener Adresse, schauen Sie!
3. Das ist in der Nähe vom Flughafen, nicht wahr?
4. Das ist ziemlich weit von hier.
5. Ach so? Sollten wir mit dem Taxi fahren?

Können Sie jeder Frage eine astreine Antwort zuordnen? Nur eine ist jeweils richtig!

4. Nur eine Antwort ist richtig!

1. Āpko kidhar jānā hai?
   - a ☐ Mujhe patā nahīñ.
   - b ☐ Sahī bāt hai!
2. Yeh patā yahāñ se dūr hai?
   - a ☐ Acchā!
   - b ☐ Nahīñ, kāfī dūr nahīñ!
3. Āpko udhar jānā hai?
   - a ☐ Koī bāt nahīñ.
   - b ☐ Hāñ, zarā mīṭar calāie.
4. Bolo, yeh hoṭal kahāñ hai?
   - a ☐ Havāī aḍḍe ke pās.
   - b ☐ Zarūr! Sāhab ko jānā hai.

Hier vier indische Amtssprachen:
1. *Hindī* (Hindi)
2. *Marāṭhī* (Marathi)
3. *Nepālī* (Nepali)
4. *Sañskṛt* (Sanskrit)

5. Amtssprachen

1. हिन्दी
2. मराठी
3. नेपाली
4. संस्कृत

Wer spricht was in Indien?

Es gibt keine offizielle Zahl, sondern nur Schätzungen: 415 Sprachen sollen auf dem Subkontinent gesprochen werden – eine erstaunliche Vielfalt. In der indischen Verfassung sind – neben Hindi und Englisch – insgesamt 21 Sprachen offiziell als Amtssprachen anerkannt: Diese werden in elf verschiedenen Schriften geschrieben und haben jeweils mindestens eine Million Sprecher (außer Sanskrit). Fünfzehn gehören der indoarischen und die restlichen sieben drei anderen Sprachfamilien an.

Außer Hindi und Englisch sind diese Sprachen jedoch meist nur in einem Bundesstaat – selten in zwei – als Amts-, Bildungs- und Kultursprachen im Gebrauch. So z. B. das *pañjābī* (Pandschabi), das im Bundesstaat *pañjāb* (Pandschab) offiziellen Charakter hat. Jedoch lernen Schulkinder in fast allen Bundesstaaten – meist parallel zu ihrer Muttersprache – auch Hindi. Denn es ist die überregionale Nationalsprache und wird von den meisten Einwohnern Nord- und Zentralindiens mittlerweile zumindest verstanden. Hindi gilt faktisch in weiten Bevölkerungsteilen bereits als Alltagssprache, v. a. in den Großstädten, aber zunehmend auch auf dem Land. Es beherrscht den Geschäftsverkehr sowie die wichtigsten Unterhaltungsindustrien Kino und Fernsehen. Zudem beeindruckt beim umgangssprachlichen Hindi die enorme Flexibilität und Innovationskraft. Kein Wunder, dass es dadurch Trendsetter der Unterhaltungs- und Jugendsprache ist. Hindi ist in!

Amtsspachen

1. Indoarische: Assamesisch, Bengali, Dogri, Gudscharati, Hindi, Kashmiri, Konkani, Maithili, Marathi, Manipuri, Nepali, Oriya, Pandschabi, Sanskrit, Sindhi und Urdu.

2. Dravidische und sonstige: Bodo, Englisch, Kannada, Malayalam, Santali, Tamil und Telugu.

Indoarische Sprachen

Sprecher des Hindi verstehen zumindest rudimentär andere indoarische Sprachen (und umgekehrt), denn gerade Urdu, Pandschabi, Gudscharati, Marathi, Nepali und sonstige weisen im Wortschatz viele Ähnlichkeiten auf.

8

Ich bin Sekretärin

***sāṛī* (Sari)**
Ein bis zu neun Meter langes Tuch, das geradezu kunstvoll um den Körper gewickelt wird. Man findet modische und traditionelle *sāṛiyāñ* (Saris), wobei sich die traditionellen in Länge und Muster jeweils nach den einzelnen Regionen unterscheiden.

***Jaisalmer* (Jaisalmer)**
Stadt im Westen des Bundesstaates *Rājasthān* (Rajasthan) inmitten der Wüste *Thār Marusthal* (Thar). Vorwiegendes Baumaterial ist gelbbrauner Sandstein, weshalb sie auch „Goldene Stadt" genannt wird.

Pünktlich im Büro der indischen Partnerfirma angekommen, fängt Rāhul Michael kurz vor dem Meeting auf dem Gang ab: *Kyā khabar hai?* (Was gibt's für Neuigkeiten?), begrüßt er ihn locker. *Ṭhīk ṭhak!* (Alles in Butter!), kontert Michael und fragt zurück: *Aur tum sunāo! Kyā naī bāt hai?* (Und du, lass mal hören! Was gibt's Neues?). Doch Rāhul stellt nun die junge Frau vor, die elegant in einen *sāṛī* (Sari, großes buntes Tuch) gewickelt neben ihm steht: *Yeh merī sāthī Sushmā hai* (Das ist meine Kollegin Sushmā). Interessiert wendet sich Michael an Sushmā: *Āp kyā kām kartī haiñ?* (Was sind Sie von Beruf?). Sie ist Sekretärin und gut über die diversen Projekte der deutsch-indischen Zusammenarbeit informiert. Denn als Michael ihr erklärt, dass er Ingenieur ist, schlussfolgert sie sogleich: *Acchā, yānī āpko Jaisalmer jānā paṛegā, na?* (Aha, das heißt, dass Sie nach Jaisalmer fahren sollen, oder?). Richtig geraten, denn dort, im Bundestaat Rajasthan – knapp 800 Kilometer von Delhi entfernt –, liegt sein Einsatzort.
Michael hat scheinbar Glück: *Rājasthān sacmuc sundar pradesh hai* (Rajasthan ist ein wirklich schöner Bundesstaat), meint Sushmā: *Vahāñ kī paramparāeñ bahut dilcasp haiñ* (Dort sind die Bräuche sehr interessant). Und außerdem verstehen alle *rājasthānī log* (Rajasthanis) Hindi. Na dann kann ja nichts mehr schief gehen!

Kya khabar hai?

1/44

khabar (w)	Neuigkeit
sunānā	hören lassen, rezitieren
nayā/-(y)ī/-(y)e	neu
kuch nahīñ	nichts
sunnā	hören
sāthī (m/w)	Kollege/-in
kāryālay (m)	Büro
kām (m)	Arbeit
karnā	machen, tun
thoṛā-sā	ein bisschen, ein wenig
abhyās (m)	Praxis, Übung
zarūrat (w)	Notwendigkeit

● Hello Michael. Kyā khabar hai?	Hallo, Michael. Was gibt's für Neuigkeiten?
■ Ṭhīk ṭhak! Aur tum sunāo! Kyā naī bāt hai?	Alles in Butter! Und du, lass mal hören! Was gibt's Neues?
● Kuch nahīñ. Suno bhāī! Yeh merī sāthī Sushmā hai.	Nichts. Hör mal, Bruder! Das ist meine Kollegin Sushma.
■ Voh bhī tumhāre kāryālay meñ kām kartī hai?	Arbeitet sie auch in eurem Büro?
● Hāñ. Sushmā, ye Michael jī haiñ. Ye hindī bolte haiñ.	Ja. Sushma, das ist Herr Michael. Er spricht Hindi.
■ Sirf thoṛī-sī. Mujhe aur abhyās kī zarūrat hai.	Nur ein bisschen. Und ich brauche noch mehr Praxis.

kuch (etwas)
kuch nahīñ (nichts, wörtl.: etwas nicht)

kām karnā (wörtl.: Arbeit machen = arbeiten)

Hauptwort (m) + Präposition → Possessivpronomen endet auf ***-e***: *tumhāre kāryālay meñ* (in eurem Büro).

Präsens Plural (m/w)
Verbstamm + ***te/tī*** + ***haiñ/ho***.
Achtung: Plural gilt auch für **eine** Person:
*Āp hindī bol**te haiñ***
(Sie (m) sprechen Hindi).
*Tum hindī bol**te ho***
(Ihr (m) sprecht Hindi).
*Tum hindī bol**tī ho***
(Ihr (w) sprecht Hindi).

Pluralis Majestatis
Aus Höflichkeit spricht man von anwesenden Personen häufig im Plural: *ye/ve* (diese, sie): ***Ye** Michael jī **haiñ***
(**Diese/Sie** sind Herr Michael = **Das/Er** ist Herr Michael).

ein bisschen/wenig:
(m) *thoṛ**ā**-s**ā***
(w) *thoṛ**ī**-s**ī***

brauchen
Personalpronomen (Dat/Akk.) + Hauptwort + *kī zarūrat hai*:
Mujhe** abhyās **kī zarūrat hai
(**Ich brauche** Praxis).

Was gibt's Neues? 1. *Kyā khabar hai?* (wörtl.: Was Neuigkeit ist?) **2.** *Kyā naī bāt hai?* (Was neue/-s Wort/Sache ist?) **Antwort: 1.** *Ṭhīk!* (Gut!) **2.** Umgangssprachlich: *Ṭhīk ṭhak!* (Alles klar!/in Butter!/paletti!); *ṭhak* ist rein lautmalerisch und hat keine Bedeutung.

Übungen

Nö, um Brauchtum geht es hier nicht, sondern um die Konstruktion *Mujhe ... kī zarūrat hai* (Ich brauche ...). Übrigens: *bas* = Bus

1. Brauchtum

1/45

Mujhe ***abhyās*** *kī zarūrat hai.*

1. abhyās
2. baṛī bas
3. buking
4. fon
5. kām

Bilden Sie Sätze, wobei das Verb jeweils im Plural stehen muss, und zwar sowohl in der männlichen als auch in der weiblichen Form.
5.: *kām karnā* (Arbeit machen = arbeiten)

2. Plurale Satzbastelstunde

Āp hindī bolte/boltī haiñ.

1. āp – hindī – bolnā
2. tum – jarman – bolnā
3. ham – ye bāteñ – sunnā
4. ye – ṭaiksī se – jānā
5. vo – kām – karnā

Im Kombinieren sind Sie bereits Weltmeister. Also, wie gehen die Sätze richtig weiter?

3. Kombinationsvermögen?

1. Yeh merī sāthī hai,
2. Ham hindī bolte haiñ,
3. Mujhe sirf thoṛī-sī
4. Vo bhī āp ke kāryālay
5. Bhārat meñ

a ☐ kyā naī bāt hai?
b ☐ voh bhī yahāñ kām kartī hai?
c ☐ meñ kām karte haiñ!
d ☐ hindī ātī hai.
e ☐ lekin hameñ abhyās kī zarūrat hai.

Bitte übersetzen. Nochmals: Adjektive, Hauptwörter, aber auch Possessivpronomen ändern die Endung *-ā* in *-e*, wenn danach eine Postposition folgt.

4. „Brauchen" auf Hindi

1. Ich brauche ein Zimmer in einem Hotel.
2. Wir sprechen Hindi, aber wir brauchen Praxis.
3. Warum brauchst du ein Zimmer?
4. Sie brauchen ein Taxi mit Taxameter.
5. Du brauchst meine Adresse, nicht wahr?

Wir benötigen einen Profi auf dieser Satzbaustelle, um Ordnung zu schaffen! Sind Sie bereit?

5. Was ist denn hier passiert?

1. hai – meñ – kāryālay – voh – kartā – āp – kām – ke
2. suntā – maiñ – nahīñ – hūñ – kuch
3. boltā – hindī – hai – thoṛī – sī – Michael
4. abhyās – use – lekin – kī – hai – zarūrat
5. khabar – kyā – kāryālay – hai – meñ

maiñ eñjīniyar hūñ

1/46

sekreṭarī (m/w)	Sekretär/-in
eñjīniyar (m)	Ingenieur
yānī	das heißt
Jaisalmer	Jaisalmer (Stadt in Westindien)
Rājasthān	Rajasthan (ind. Bundesstaat)
sāt	sieben
āṭh	acht
haftā (m)	Woche
sundar	schön
pradesh (m)	Bundesstaat
vahāñ	dort
paramparā (w)	Tradition
rājasthānī	aus Rajasthan
samajhnā	verstehen

■ Sushmā, āp kyā kām kartī haiñ?	Sushma, was sind Sie von Beruf?
● Maiñ sekreṭarī hūñ, maiñ Rāhul ke sāth kām kartī hūñ.	Ich bin Sekretärin, ich arbeite mit Rahul.
■ Maiñ eñjīniyar hūñ.	Ich bin Ingenieur.
● Acchā, yānī āpko Jaisalmer jānā paṛegā, na?	Aha, das heißt, dass Sie nach Jaisalmer fahren sollen, oder?
■ Hāñ, mujhe sāt yā āṭh hafte Rājasthān meñ kām karnā hai.	Ja, ich muss sieben oder acht Wochen in Rajasthan arbeiten.
● Shābāsh! Rājasthān sacmuc sundar pradesh hai. Vahāñ kī paramparāeñ bahut dilcasp haiñ.	Bravo! Rajasthan ist ein wirklich schöner Bundesstaat. Dort sind die Traditionen sehr interessant!
■ Kyā rājasthānī log hindī samajhte haiñ?	Verstehen die Rajasthanis Hindi?
● Hāñ, vahāñ sab logoñ ko hindī ātī hai!	Ja, dort können alle Leute Hindi.

Präsens
Vor allem für anhaltende oder gewohnheitsbedingte Handlungen: *Āp kyā **kām kartī haiñ**?* (Was **arbeiten** Sie (w)? = Was **sind** Sie (w) **von Beruf**?)

Zahlen von 1–10 1/47

ek	1
do	2
tīn	3
cār	4
pāñc	5
che	6
sāt	7
āṭh	8
nau	9
das	10

Hauptwörter (w Plural)
Ausnahmen: Im Singular „maskuline" Endung auf **-ā**, im Plural trotzdem feminine Endung auf **-eñ**:
*bhāsh**ā*** (Sprache) → *bhāshā**eñ*** (Sprachen), *parampar**ā*** (Tradition) → *paramparā**eñ*** (Traditionen).

Einwohner
rājasthānī log (wörtl.: aus Rajasthan Menschen = Rajasthanis). Einwohner von Ländern/Regionen erhalten oft die unveränderliche Endung *-ī*: *pākistān**ī*** (der/die Pakistani)

Beugung
Nomen im Plural + Präposition → Nomenendung *-oñ*: *log* (Leute) → *sab log**oñ** **ko*** (**zu** allen Leuten).

karnā (machen) + weitere Begriffe wie *kām* (Arbeit) oder *fon* (Telefon) → Verben: *kām karnā* (arbeiten), *fon karnā* (telefonieren) ...

8 B

Übungen

Tum kyā kām karte ho? (Was bist du von Beruf?) wird man Sie in Indien immer wieder fragen. Üben Sie die möglichen Antworten. Eine Übersicht der Berufe gibt es auf Seite 57.

1. Was bist du von Beruf?

1/48

*Maiñ **sekreṭarī** hūñ.*

1. sekreṭarī
2. eñjīniyar
3. ḍākṭar
4. kisān
5. kalākār
6. vakīl
7. patrakār
8. chātra

Sie finden sicherlich mir nichts, dir nichts heraus, welches Wort in welche Lücke gehört?

2. Was gehört wohin?

paramparāeñ – samajhte – sekreṭarī – pasand – sundar

1. Maiñ is kāryālay meñ _____________ hūñ.
2. Ye aslī rājasthānī _____________ haiñ!
3. Rājasthān Bhārat kā sab se_____________ pradesh hai, kyā?
4. Bhāī, kyā tum hindī _____________ ho?
5. Sab logoñ ko hindustānī khānā _____________ nahīñ!

Na ja, noch nicht ganz. Der spendable Chef hat Ihnen einige Reisewochen in Indien genehmigt. Nebenbei können Sie ja noch was für die Firma erledigen. Wie lange müssen Sie in Indien arbeiten?

3. Outgesourced?

*Mujhe **sāt hafte** Bhārat meñ kām karnā hai.*

1. ek haftā
2. do hafte
3. tīn hafte
4. cār hafte
5. pāñc hafte
6. che hafte
7. sāt hafte
8. āṭh hafte
9. nau hafte
10. das hafte

Hier vier beliebte Touriziele mit Hindi als *rāshṭrīy-bhāshā* (Amtssprache):
1. *Himācal Pradesh* (Himachal Pradesh)
2. *Rājasthān* (Rajasthan)
3. *Uttar Pradesh* (Uttar Pradesh)
4. *Uttarākhaṇḍ* (Uttarakhand)

4. Wo wird mehrheitlich Hindi gesprochen?

1. हिमाचल प्रदेश
2. राजस्थान
3. उत्तर प्रदेश
4. उत्तराखण्ड

Geschäftlich in Indien

Seit einigen Jahren sind zunehmend europäische Firmen in Indien tätig. Das erstaunt nicht, denn das Land ist nach den USA, China, Deutschland und Japan die fünftgrößte Volkswirtschaft der Welt. Interessanterweise ist der Wachstumsmotor der indischen Wirtschaft nicht vorrangig die Industrie – als Werkbank für Billigware –, sondern der Export von Fachkräften. Diese sind begehrt, v. a. in Bereichen wie Ingenieurs-, Telekommunikations- und Bankwesen, aber auch in der Computertechnologie und der Forschung. Mancherorts geht schon die Angst vor Indien um, denn internationale Wirtschaftsexperten sehen im Land am Ganges bereits den zukünftigen Marktführer im Dienstleistungssektor.
Dies war nicht immer so. Nach der Unabhängigkeit im Jahre 1947 orientierten sich die indischen Gründungsväter an der Sowjetunion. Man glaubte an die sozialistische Planwirtschaft und Fünfjahrespläne, angereichert mit marktwirtschaftlichen Elementen. Hauptziel war es, die weit verbreitete Armut zu überwinden und ein gleichmäßiges Wachstum für alle Bürger zu schaffen. Erst im Jahre 1991 setzte ein radikales Umdenken in der Wirtschaftspolitik ein, was zu einer steten Liberalisierung des Marktes führte.
Industrie und Landwirtschaft wurden grundlegend umstrukturiert. Die Regierungen öffneten das Land für ausländische Investitionen, setzten Arbeitsmarktreformen und ein umfassendes Infrastrukturprogramm durch und legten damit den Grundstein für den heutigen Erfolg.

Berufe
vakīl: Anwalt
mahilā vakīl: Anwältin
mazdūr/mazdūrin: Arbeiter/in
ḍākṭar: Arzt, Ärztin
kisān: Bauer
mahilā kisān: Bäuerin
afsar: Beamter/Beamtin
foṭogrāfer: Fotograf/in
vyāpārī /vyāpāriṇī: Geschäftsmann/-frau
eñjīniyar: Ingenieur/in
patrakār: Journalist
mahilā patrakār: Journalistin
nars: Krankenschwester
kalākār: Künstler
mahilā kalākār: Künstlerin
adhyāpak/adhyāpikā: Lehrer/in
shikshak/shikshikā: Lehrer/in
chātr: Schüler, Student
chātrā: Schülerin, Studentin
vidyārthi /vidyārthinī: Student/in

We are the Champions!
Computer und IT: *HCL, Infosys, Satyam Computer Services, Wipro.*
Stahl: *Arcelor-Mittal* (weltweit größter Stahlproduzent, über 125.000 Angestellte).
Auto- und Maschinenbau: *Tata Motors Limited.*
Mischkonzern: *Reliance Industries* (105 Milliarden US-Dollar Jahresumsatz).

T Test 2

Nach Ihrem akribischen Studium der Landeskundetexte werden Ihnen hier sicherlich einige Antworten falsch vorkommen. Nur eine stimmt jeweils, finden Sie die?

1. Welche Antwort stimmt?

1. *tandūr* heißt ...
   a ☐ die beliebteste indische Automarke.
   b ☐ der traditionelle Lehmofen.
   c ☐ ein Kaiser der Ming-Dynastie.

2. Als *mughlaī* bezeichnet man eine Küche, ...
   a ☐ die für Westeuropäer ungenießbar ist.
   b ☐ in der nur mit Holz geheizt wird.
   c ☐ die heute in aller Welt als „typisch indisch" gilt.

3. Die indische Küche basiert in erster Linie auf ...
   a ☐ den unzähligen Gewürzen.
   b ☐ rohem Fisch und Seetang.
   c ☐ Schweinefleisch, Sauerkraut und Kartoffeln.

4. Ein *sāṛī* ist ein ...
   a ☐ Einwohner der zentralasiatischen Republik Saristan.
   b ☐ langes Tuch, das um den Körper gewickelt wird.
   c ☐ bissiges Raubtier, das nur in Indien vorkommt.

5. Die Stadt *Jaisalmer* in *Rājasthān* wird auch ... genannt.
   a ☐ die silberne Stadt
   b ☐ die goldene Stadt
   c ☐ die bronzene Stadt

6. Indien ist die ... Volkswirtschaft der Welt.
   a ☐ größte
   b ☐ zweitgrößte
   c ☐ fünftgrößte

Das berühmte Topf-und-Deckel-Spiel sollte Ihnen nun wirklich keine Schwierigkeiten mehr machen. Nur Mut!

2. Fragen und Antworten

1. Āp kitne log haiñ?	a ☐ Hameñ tandūrī murgī cāhie.
2. Yeh mez khālī hai?	b ☐ Mujhe sirf thoṛī hindī ātī hai.
3. Tum shākāhārī ho, na?	c ☐ Sahī bāt hai!
4. Āpko kyā cāhie?	d ☐ Maiñ vakīl hūñ.
5. Tum aslī hindustānī ho, na?	e ☐ Sirf do.
6. Kyā āpko hindī ātī hai?	f ☐ Is pate par.
7. Āpko kidhar jānā hai?	g ☐ Nahīñ, maiñ shākāhārī nahīñ!
8. Āp kyā kām kartī haiñ?	h ☐ Hāñ, yeh mez khālī hai.

3. Was fehlt denn hier?

Ob Sie auf Grammatik stehen oder nicht, an dieser Übung führt kein Weg vorbei! Aber gemach, gemach: Ist halb so schwer, wie's auf den ersten Blick erscheinen mag.

1. Hamāre lie ________ lāie!
   a ☐ menyū
   b ☐ khālī
   c ☐ sirf

2. Mirc zyādā ________ nahīñ hai, kyā?
   a ☐ tīkhā
   b ☐ tīkhe
   c ☐ tīkhī

3. Hameñ cār ________ dījie!
   a ☐ svādishṭ
   b ☐ roṭiyāñ
   c ☐ masālā

4. Tumko hamārā khānā acchā ________ hai.
   a ☐ khātā
   b ☐ lagtā
   c ☐ ātā

5. Sāt ________ ākāl.
   a ☐ acchā
   b ☐ dilcasp
   c ☐ shrī

6. Kyā naī ________ hai?
   a ☐ bāt
   b ☐ sāf
   c ☐ kām

4. Auf Hindi bitte!

Ihre Hindi-Kenntnisse machen riesige Fortschritte. Wenn Sie jetzt noch diese Sätze übersetzen können, dann nichts wie weiter zur 9. Lektion!

1. Wir möchten einen freien Tisch.
2. Bringen Sie uns ... !
3. Geben Sie nicht zu viel Chili hinein!
4. Und zu trinken eine Flasche Wasser.
5. Meine Muttersprache ist Deutsch.
6. Was gibt's für Neuigkeiten?
7. Ich brauche noch mehr Praxis.
8. Bravo!

9

Zum Chowri-Basar

***rikshā* (Rikscha)**
Auto-Rikscha: Kleines, durch einen Scooter angetriebenes Dreirad mit Platz für zwei Passagiere.
Fahrrad-Rikschas gibt es noch in einigen Städten Rajasthans und in Kalkutta. Dort existieren sogar noch von Menschen gezogene Rikschas.

In einigen Gegenden ist es für Rikscha-Fahrer schwer, neue Kundschaft zu bekommen. Deshalb fahren sie dorthin nicht gerne zum offiziellen Preis. Das „kaputte Taxameter" ist hierfür oft eine diplomatische Umschreibung.

Am nächsten Tag hat Michael keinen Termin. Also möchte er die freie Zeit nutzen, um ein paar Mitbringsel und Souvenirs für sich, Freunde und Verwandte zu kaufen. Sein Ziel ist der *Cāvṛī Bāzār* (Chowri-Basar), laut Reiseführer Delhis größter und sehenswertester Markt. Messing- und Kupferartikel, aber auch Ornamente, Textilien, Devotionalien oder Schnitzereien findet man hier.
Beim Verlassen des Hotels fragt er den Pagen, wie man am besten zum Chowri-Basar gelangt. Dieser rät ihm, eine *rikshā* (Rikscha) zu nehmen. Gesagt, getan. Michael lässt sich eine Rikscha rufen: *Maiñ Cāvṛī Bāzār jānā cāhtā hūñ* (Ich möchte zum Chowri-Basar fahren), sagt er dem Fahrer, *yeh Jāmā Masjid se nazdīk hai* (das ist in der Nähe der Jama Masjid).
Der Fahrer willigt ein, jedoch fügt er hinzu: *Bad kismatī se mīṭar kharāb hai, caltā nahīñ* (Leider ist das Taxameter kaputt, es funktioniert nicht). Sein Angebot lautet: *Sirf sau rupaye lagte haiñ* (Das kostet nur 100 Rupien). Wie bitte? Soll sich Michael in einer fremden Stadt auf so etwas einlassen? Er erwidert lässig: *Āp mujhe ullū to na banāie?! Yeh zyādā hai!* (Betrügen Sie mich aber nicht?! Das ist zu viel!). Nichts zu machen! Der Fahrer besteht auf seinen Preis. Na gut: *Calegā! Lekin lambe rāste se na jāie!* (In Ordnung! Aber fahren Sie keinen langen Weg!), erklärt sich Michael bereit und steigt ein.

Zarā mīṭar calāie!

▶ 1/49

bāzār (m)	Basar, Markt
cāhnā	möchten, wollen
se nazdīk	in der Nähe von
masjid (w)	Moschee
kapṛā (m)	Kleidung, Stoff
becnā	verkaufen
vālā (m)	Besitzer, Eigentümer
bad	schlecht
kismat (w)	Schicksal
bad kismatī se	leider
kharāb	kaputt, schlecht

● Namaskār sāhab. Āpko kahāñ jānā hai?	Guten Tag, der Herr. Wohin müssen Sie fahren?
■ Maiñ Cāvṛī Bāzār jānā cāhtā hūñ. Yeh Jāmā Masjid se nazdīk hai.	Ich möchte auf dem Chowri-Basar fahren. Das ist in der Nähe der Jama Masjid.
● Baiṭhie sāhab!	Setzen Sie sich, mein Herr!
■ Cāvṛī Bāzār meñ kapṛe becne-vāle bhī haiñ, kyā?	Gibt es am Chowri-Basar auch Kleidungsverkäufer?
● Zarūr sāhab! Vahāñ sab kuch milegā!	Natürlich, mein Herr! Dort gibt es wirklich alles!
■ Ṭhīk hai, to udhar caleñ! Zarā mīṭar calāie!	Gut, also lassen Sie uns dorthin fahren! Schalten Sie bitte das Taxameter ein!
● Sāhab, bad kismatī se mīṭar kharāb hai, caltā nahīñ.	Mein Herr, leider ist das Taxameter kaputt, es funktioniert nicht.

möchten
Verb (Grundform) + *cāhnā* (möchten, wollen) + *honā* (sein): *Maiñ Cāvṛī Bāzār **jānā cāhtā hūñ*** (Ich **möchte** zum Chowri-Basar **fahren**).

Hinten statt vorne
Präpositionen werden immer nachgestellt, sind also **Postpositionen**. Die wichtigsten:
se (aus, mit, von)
ko (nach, zu)
meñ (in)
par/pe (auf, in)
tak (bis)

Personifizierung
Verb mit Endung *-ne* + ***-vālā/-ī/-e/-iyāñ***:
becnā (verkaufen) →
(m) *bec**ne-vālā*** (der/ein Verkäufer)
(w) *bec**ne-vālī*** (die/eine Verkäuferin)
(Mz, m) *bec**ne-vāle*** (die/- Verkäufer)
(Mz, w) *bec**ne-vāliyāñ*** (die/- Verkäuferinnen)

sab kuch (alles etwas = wirklich alles, alles Mögliche)

(ham) caleñ (wir sollen gehen/fahren), auch als Aufforderung: Lassen Sie uns gehen/fahren!

bad kismatī se (schlecht schicksalig von = leider)

Verneinung
nahīñ (nicht) + Präsens-Verbform: *Mīṭar caltā **nahīñ*** (Das Taxameter funktioniert **nicht**).

Rikscha- oder Taxifahrer kennen nicht alle Straßen – am besten immer einen markanten Ort in der Nähe angeben.

9 A

Übungen

Sie sagen dem Rikschafahrer, wohin Sie in Delhi möchten. Übrigens: *cāhtā* gilt für Männer, *cāhtī* für Frauen. Viele sehenswerte Orte, Plätze und Gebäude haben häufig englische Namen.

1. Ich möchte zum ... fahren!

1/50

Maiñ ***Cāvṛī Bāzār*** *jānā cāhtā hūñ.*

1. Cāvṛī Bāzār
2. The Taj Palace Hotel
3. Jāmā Masjid
4. Connaught Place
5. Lāl Kilā
6. Kashmiri Gate

Der Verkehr in Delhi mag Ihnen zu schaffen machen. Behalten Sie trotzdem einen kühlen Kopf. Die nebenstehende Übung hilft Ihnen vielleicht dabei.

2. Was gehört zusammen?

1. Āpko kahāñ jānā hai?
2. Yeh kahāñ hai?
3. Vahāñ kyā milegā?
4. Zarā mīṭar calāie!
5. Mīṭar caltā hai kyā?

a ☐ Cāvṛī Bāzār se nazdīk hai.
b ☐ Zarūr sāhab!
c ☐ Nahīñ, mīṭar kharāb hai.
d ☐ Mujhe Jāmā Masjid jānā hai.
e ☐ Vahāñ sab kuch milegā!

Verneinen Sie bitte diese Sätze und denken Sie daran, dass die Formen von *honā* (sein) bei der Verneinung entfallen.
Nahīñ steht vor oder nach dem Partizip.

3. Bloß nicht immer so positiv!

1/51

Tum kām ***nahīñ*** *karte.*

1. Tum kām karte ho.
2. Ham hindī bolte haiñ.
3. Mīṭar caltā hai.
4. Maiñ Dillī jānā cāhtī hūñ.
5. Voh hindī samajhtā hai.

Wenn Sie diese Sätze übersetzen können, dürfte Ihnen eine Rikschafahrt auf eigene Faust kein Problem mehr machen!

4. Mit der Rikscha unterwegs

1. Wir möchten zum Chowri-Basar fahren.
2. Das ist in der Nähe der Jama Masjid.
3. Aber das ist ziemlich weit von hier.
4. Gibt es dort auch Kleidungsverkäufer?
5. Schalten Sie bitte das Taxameter ein!

Oh je! Unser Drucker hat die Personalpronomen nicht ausgespuckt. Aber Sie haben die ja noch parat. Beim 1. und 4. Satz gehen sogar mehrere Varianten.

5. Guck mal, wer da spricht!

1. ________ Dillī jānā cāhte haiñ.
2. ________ mazedār khānā cāhte ho.
3. ________ sirf thoṛī-sī hindī boltā hūñ.
4. ________ ek pañjābī resṭoranṭ jānā cāhtī hai.
5. ________ Cāvṛī Bāzār meñ kapṛe bectī ho.

Na ghabrāie!

1/52

dusrā/-ī/-e	anderer, zweite/-r/-s
rikshā (m)	Rikscha
sau	hundert
rupayā (m)	Rupie (indische Währung)
ullū banānā	betrügen, verulken
kirāyā (m)	Fahrpreis
calegā	in Ordnung
lambā/-ī/-e	lang
rāstā (m)	Weg
ghabrānā	sich Sorgen machen
sīdhā	geradeaus
bas!	das reicht!
ruknā	anhalten

■ Kyā?! Mīṭar caltā nahīñ? To maiñ dusrā rikshā letā hūñ!	Was?! Das Taxameter funktioniert nicht? Dann nehme ich eine andere Rikscha!
● Nahīñ sāhab! Sirf sau rupaye lagte haiñ.	Nein, mein Herr! Das kostet nur 100 Rupien.
■ Āp mujhe ullū to na banāie, na!? Yeh zyādā hai!	Betrügen Sie mich aber nicht!? Das ist zu viel!
● Nahīñ, nahīñ! Yeh kirāyā zyādā nahīñ.	Nein, nein! Dieser Preis ist nicht zu viel!
■ Calegā! Lekin lambe rāste se na jāie!	In Ordnung! Aber fahren Sie keinen langen Weg!
● Na ghabrāie! Ham yahāñ se sīdhā lete haiñ.	Keine Sorge! Wir fahren von hier geradeaus!
…	…
■ Bas bas! Yahāñ rukie!	Das reicht! Halten Sie hier!

Hunderterzahlen
Zahlen 1–9 + *sau* (hundert):
100 *(ek) sau*
200 *do sau*
300 *tīn sau* usw.
1000 *ek hazār*

Indische Währung
rupayā (Rupie), Plural regelmäßig: *rupaye* (Rupien)

2 Mal „machen“
1. *karnā* (im Sinne von „tun“)
2. *banānā* (im Sinne von „zubereiten“)

„Fahren Sie!“
wird meist durch *lenā!* (nehmen) umschrieben: *Sīdhā lenā!* (Fahren Sie geradeaus!).

Richtungsangaben
sīdhā (geradeaus)
bāyeñ (nach links)
dāyeñ (nach rechts)
muṛnā (abbiegen)

„Das reicht!“
wird oft durch ein doppeltes *bas!* ausgedrückt: *bas bas!*

Fühlen kostet nix! Das Verb *lagnā* (fühlen) kann auch kosten heißen: *Ek sau rupaye **lagte haiñ*** (Es **kostet** 100 Rupien).

Eule oder Ziege: *ullū banānā* (zur Eule machen = betrügen, verulken). Statt *ullū* (Eule) kann man auch *bakrā* (Ziege) sagen.

9 B

Übungen

Spielen Sie einen gerissenen Rikschafahrer und verhandeln Sie beinhart! Überzeugen Sie durch Ihren sicheren Gebrauch der Zahlen! Eintausend heißt *(ek) hazār*!

1. Es kostet nur 100 Rupien

1/53

Sirf ***(ek) sau*** *rupaye lagte hai!*

1. 100
2. 200
3. 300
4. 400
5. 500
6. 600
7. 700
8. 800
9. 900
10. 1000

In dieser Lektion haben Sie ein paar Redewendungen und praktische Sätze kennen gelernt. Ordnen Sie die Hindi-Entsprechungen den deutschen Sätzen zu.

2. Wo steckt die Eule?

1. Betrüg mich nicht!
2. Dieser Fahrpreis ist zu viel.
3. Fahr keinen langen Weg!
4. Wir nehmen eine andere Rikscha!
5. Ich fahre geradeaus.
6. 100 Rupien sind zu viel!

a ☐ Ham dusrā rikshā lete haiñ!
b ☐ Mujhe ullū mat banāo!
c ☐ (Ek) sau rupaye zyādā hai.
d ☐ Yeh kirāyā zyādā hai.
e ☐ Lambe rāste se mat jāo!
f ☐ Maiñ sīdhā letā hūñ.

Können Sie diese Sätze ins Hindi übersetzen? Der letzte Dialog sollte Ihnen dabei behilflich sein.

3. Taxameter geht nicht?

1. Was?! Das Taxameter funktioniert nicht?
2. Dann nehmen wir eine andere Rikscha!
3. Betrügen Sie mich aber nicht?!
4. Dieser Preis ist zu viel!
5. Das reicht! Halten Sie hier!

Beherrschen Sie schon die Richtungsangaben? Entscheiden Sie sich für eine der beiden Hindi-Wahlmöglichkeiten. Falls Sie die Orientierung verlieren, lassen Sie sich einfach zur Randspalte auf S. 63 zurückfahren.

4. Wohin fahren wir?

1. Biegen Sie rechts ab!
   a ☐ Bāyeñ muṛie!
   b ☐ Dāyeñ muṛie!
2. Halten Sie hier!
   a ☐ Yahāñ rukie!
   b ☐ Yahāñ se sīdhā lenā!
3. Fahren Sie geradeaus!
   a ☐ Sīdhe na jāiye!
   b ☐ Sīdhā lenā!
4. Biegen Sie links ab!
   a ☐ Dāyeñ muṛie!
   b ☐ Bāyeñ muṛie!

Hier vier häufig benutzte Verkehrsmittel:
1. *rikshā* (Rikscha)
2. *ṭaiksī* (Tsaxi)
3. *bas* (Bus)
4. *relgāṛī* (Zug)

5. Fahrzeuge

1. रिक्शा
2. टैक्सी
3. बस
4. रेलगाड़ी

Unterwegs

In Indien unterwegs – ein echtes Abenteuer! Wer sich zum Beispiel zu Fuß auf den Weg durch die Altstadt einer Metropole wie Delhi, Mumbai (vormals Bombay) oder Kalkutta (offiziell Kolkata) macht, braucht Kondition und gute Nerven: enge Gassen, Unmengen an Menschen und der überall herrschende Trubel zehren einfach an den Kräften. Aber man muss ja nicht zwangsläufig per pedes unterwegs sein.

Weit verbreitet in den meisten indischen Großstädten sind Taxis und Motorrikschas, die mittlerweile fast alle ein Taxameter haben. Der Vorteil der kleinen und wendigen Rikschas ist, dass man meist recht zügig durch den zähen Verkehr kommt und in der Regel auch immer bis fast unmittelbar zum angepeilten Ziel gelangt. Wer sich in den grundsätzlich offenen Rikschas weniger dem Smog aussetzen möchte, der muss auf andere Verkehrsmittel umsteigen. Eine billigere Alternative zu Taxis und Rikschas sind die jedoch oft hoffnungslos überfüllten Nahverkehrsbusse sowie in immer mehr Städten auch U-Bahnen. Im Überlandverkehr kann man auf das gut ausgebaute Zug- und Flugnetz zurückgreifen. Vielerorts werden aber auch Reisebusse eingesetzt, die allerdings nur bei kürzeren Strecken zu empfehlen sind: Die Straßenverhältnisse sind vielerorts nicht ungefährlich, weshalb Nachtfahrten besser vermieden werden sollten. Mittlerweile verkehren auch bequeme *laksharī-* oder *ḍilaks kocis* (Luxus-, Deluxe-, Komfortbusse) auf den gängigen Touristenrouten.

Verkehrsmittel
gāṛī (Auto)
ṭaiksī (Taxi)
bas (Bus)
sāikil (Fahrrad)
rikshā (Rikscha)
moṭarsāikil (Motorrad)
relgāṛī (Zug)
nāv (Boot)

U-Bahn: Eine *metro* bzw. *subway* gibt in zahlreichen indischen Städten, darunter Delhi, Mumbai, Kolkata, Bengaluru, Hyderabad, Ahmedabad und Chennai.

S-Bahn: *Suburbans* oder *local trains* (Vorstadtzüge) fahren ebenfalls in vielen Großstädten.

Im Bus
Tickets kauft man im Bus beim Fahrkartenverkäufer. Dafür sollte man sein Fahrtziel kennen.

10

Kann ich Ihnen helfen?

***kapṛe* (Kleidung)**
kapṛā (Stoff)
kurtā (traditionelles Baumwollhemd)
kamīz (Hemd)
shalvār kamīz (traditionelles Gewand aus Hemd und Hose)
sāṛī (Sari)
patlūn (Hose)
dhotī (Dhoti = langes Lendentuch)
lungī (Lungi = kurzes Lendentuch)
barsātī (Regenmantel)
moze (Socken)
cappal (Sandalen)
jūte (Schuhe)
pagṛī (Turban)
dupaṭṭā (Halstuch, Schal)
dastāne (Handschuhe)
rūmāl (Taschentuch)

khādī (handgewebte Baumwollkleidung) wurde während der indischen Unabhängigkeitsbestrebungen zum Freiheitssymbol, als Mahatma Gandhi zum Boykott britischer Importtextilien aufrief.

Hitze und Gedränge – uff, Michael ist eigentlich jetzt schon geschafft! Doch das üppige Angebot des Chowri-Basars lockt ihn zu bleiben: schön gearbeitete Kunstartikel, bunte Stoffe, der Duft von Garküchen und frischen Tees und natürlich der exotische Trubel. Vor lauter Eindrücken vergisst er beinahe, was er eigentlich kaufen wollte: ein echtes, handgewebtes indisches Baumwollhemd.
Er betritt einen Laden: *Āp mujhe yeh kurtā dikhā sakte haiñ?* (Können Sie mir dieses Baumwollhemd zeigen?), bittet er den Verkäufer und fragt weiter: *Dusre rangoñ meñ bhī milegā?* (Gibt es das auch in anderen Farben?). Aber klar doch: *Lāl, kālā, pīlā, safed. Sab rang haiñ!* (Rot, schwarz, gelb, weiß. Es gibt alle Farben!), antwortet der freundliche Herr.
Michael entscheidet sich für ein weißes Exemplar, probiert es an und betrachtet sich im Spiegel. Der Verkäufer versteht sein Handwerk und die Kunst der Komplimente: *Ekdam pakkā! Āp aslī hindustānī ke jaise dikhte haiñ* (Wirklich toll! Sie sehen wie ein echter Inder aus), meint er halb im Scherz.
Ehrlich wahr? Na, wenn das so ist, stellt sich nur noch die Frage nach dem Preis: *Is kī kīmat kyā hai?* (Was kostet es?), möchte Michael wissen. *Sirf āṭh sau pacās rupaye* (Nur 850 Rupien), erwidert der Verkäufer. Michael weiß, dass er jetzt verhandeln muss, schließlich ist er auf einem Basar: *Kyā che sau tīs calegā?* (Sind 630 auch in Ordnung?). Ja, das geht in Ordnung. Vielleicht ist ja doch was dran, an dem Kompliment …

Andar āie!

1/54

andar	herein, drinnen
madad (w)	Hilfe
saknā	können
kurtā (m)	Baumwollhemd
dikhānā	zeigen
rang (m)	Farbe
lāl	rot
kālā/-ī/-e	schwarz
pīlā/-ī/-e	gelb
safed	weiß
minaṭ (m)	Minute, Moment, Augenblick
lījie!	nehmen Sie!

● Andar āie, andar āie! Maiñ āpkī madad kar saktā hūñ sāhab?	Kommen Sie herein, kommen Sie herein! Kann ich Ihnen helfen, mein Herr?
■ Āp mujhe yeh kurtā dikhā sakte haiñ?	Können Sie mir dieses Baumwollhemd zeigen?
● Zarūr sāhab!	Natürlich, mein Herr!
■ Dusre rangoñ meñ bhī milegā?	Gibt es das auch in anderen Farben?
● Hāñ jī! Dekhie! Lāl, kālā, pīlā, safed. Sab rang haiñ!	Ja, mein Herr! Schauen Sie! Rot, schwarz, gelb, weiß. Es gibt alle Farben!
■ Zarā mujhe safed-vālā dikhāie!	Zeigen Sie mir bitte das weiße!
● Ek minaṭ sāhab, yeh lījie!	Einen Moment, der Herr, hier, nehmen Sie!

Jemandem helfen
Possessivpronomen (w) + *madad* (Hilfe) + *karnā* (machen, tun):
*Maiñ **āpkī madad kartā** hūñ* (Ich **helfe Ihnen**).

„können"
Verbstamm + *saknā* + *honā*:
*Āp mujhe yeh **dikhā sakte** haiñ?* (**Können** Sie mir das **zeigen**?)

Mehr *vālā/-ī/-e*
Das Wörtchen *vālā/-ī/-e* (Besitzer, Eigentümer) kann auch an Adjektive angehängt werden und verweist so auf ein vorher genanntes Nomen: *safed kurtā* (das/ein weiße/-s Baumwollhemd) → *safed-vālā* (das weiße), gemeint ist das Hemd).

Unregelmäßig
lenā (nehmen) → höfliche Befehlsform: *Lījie!* (Nehmen Sie!)

Satzbau komplexer Sätze
Subjekt – Objekt – Zeitangabe – Ortsangabe – 2. Objekt – Verb: *Tum – mujhe – āj – bāzār meñ – ek sundar kurtā dikhāo* (Du - mir – heute – Basar in – ein schönes Baumwollhemd – zeig! – Zeig mir heute im Basar ein schönes Baumwollhemd!)

1/55 Farben: *rangīn* (bunt), *bhūrā* (braun), *harā* (grün), *nīlā* (blau), *nārangī* (orange)

Übungen

Ihr Koffer ist auf dem Flug verloren gegangen? Also müssen Sie sich neu einkleiden und brauchen nun dringend diesen Satz: „Können Sie mir ... zeigen?“ Die Kleidungsstücke gibt's übrigens auf S. 66.

1. Qual der Wahl

1/56

*Āp mujhe **yeh kālā kurtā** dikhā sakte haiñ?*

1. yeh kālā kurtā
2. yeh lāl kamīz
3. ek pīlī patlūn
4. ye rangīn sāṛiyāñ
5. voh harī pagṛī

Ersetzen Sie bitte die Hauptwörter durch *-vālā*, *-vāle* oder *-vālī* bzw. *-vāliyāñ*, je nach Geschlecht.
Vorsicht: *nārangī* (orange) ist unveränderlich!

2. Platzhalter gesucht!

1/57

*Zarā mujhe safed-**vālā** dikhāie!*

1. safed kurtā
2. nārangī dupaṭṭā
3. nīle kapṛe
4. lāl lungiyāñ
5. bhūrī cappal

Nicht nur beim Shoppen sind die Farben unerlässlich.
Hier müssen nur die Hindi-Entsprechungen eingesetzt werden.

3. Auf die Farbe kommt es an!

1. Merā kurtā _______ (weiß) hai.
2. Sab se sundar rang _______ (gelb) hai!
3. Yeh kapṛā _______ (blau) nahīñ.
4. Maṭar aur pālak _______ (grün) haiñ.
5. _______ (braun)-vālā kahāñ hai?

Versuchen Sie, für jede Frage die passende Antwort zu finden! Erinnern Sie sich an die Übersetzung von „sollen“?

4. Kombinieren erlaubt!

1. Āpko kyā dikhāūñ?
2. Ham udhar kaise caleñ?
3. Isko bhūrā-vālā pasand hai?
4. Kaunse rangoñ meñ milegā?
5. Sab rang haiñ, kyā?

a ☐ Hāñ jī, lāl, safed, kālā.
b ☐ Sirf safed meñ milegā.
c ☐ Zarā mujhe yeh kurtā dikhāie!
d ☐ Tum rikshā le sakte ho.
e ☐ Nahīñ, isko lāl-vālā pasand hai!

Sind Sie in der Lage, diese Wörter wieder zu verständlichen Sätzen zusammenzufädeln? Die Satzbauanleitung findet sich auf der vorherigen Seite.

5. Satzbau gefällig?

1. bhī – rangoñ – meñ – milegā – dusre
2. kar – haiñ – āpkī – sāhab – sakte – ham – madad
3. āj – in – ko – sāth – kareñ – shām – kyā – ham – ke
4. mazedār – hūñ – khānā – meñ – khātā – maiñ – resṭoranṭ
5. ek – sundar – sāṛī – āj – mujhe – hai – dikhānā – cāhtā – voh

Itnā mahangā hai?

1/58

ekdam	ganz, plötzlich, hier: wirklich
pakkā	gekocht, hier: toll, genau
ke jaise	wie, so wie
dikhnā	aussehen
kīmat (w)	Preis
paisā (m)	Geld, Münze
pacās	fünfzig
itnā	so sehr, so viel
mahangā/-ī/-e	teuer
sastā/-ī/-e	billig
tīs	dreißig

■ To kaisā lagtā hai?	Und wie sieht es aus?
● Ekdam pakkā! Āp aslī hindustānī ke jaise dikhte haiñ.	Wirklich toll! Sie sehen wie ein echter Inder aus.
■ Is kī kīmat kyā hai?	Was kostet es?
● Āp ke lie sirf āṭh sau pacās rupaye.	Für Sie nur 850 Rupien.
■ Kyā?! Itnā mahangā hai?!	Was?! So teuer ist es?!
● Nahīñ sāhab! Yeh acchī kīmat hai! Mahangā nahīñ, sastā hai!	Nein, mein Herr! Das ist ein guter Preis! Das ist nicht teuer, es ist billig!
■ Mere lie zyādā hai! Kyā che sau tīs calegā?	Für mich ist es zu viel! Sind 630 auch in Ordnung?
● Ṭhīk hai sāhab, calegā!	Okay, mein Herr, das geht in Ordnung!
■ Shukriyā! Yeh lījie!	Danke! Hier nehmen Sie.

Umgangssprache
Viele Begriffe wie *ekdam* (ganz) oder *pakkā*, auch: *pakā* (gekocht) haben in der Alltagssprache mehrere Bedeutungen!

lagnā (fühlen) heißt auch „aussehen, wirken": *Kaisā lagtā hai?* (Wie sieht er/es aus?, Wie wirkt es?)

Postpositionen
beinhalten häufig das Wörtchen *ke*:
ke jaise (so wie)
ke lie (für)
ke pās (bei)
ke sāth (mit)
In Verbindung mit Personen – außer *āp* – fällt *ke* weg und es werden die Possessivpronomen (m./Pl.) gebraucht: *mere lie* (für mich), aber: *āp* ***ke*** *lie* (für Sie)

Die Zehnerzahlen 1/59

das	10
bīs	20
tīs	30
cālīs	40
pacās	50
sāṭh	60
sattar	70
assī	80
nabbe	90

„sein" und „ihr"
Ob *kā* oder *kī* hängt vom Geschlecht des Nomens ab:
is/us kā (ihr/-e, sein/-e),
is/us kī (ihr/-e, sein/-e),
in/un kā (Plural: seine, ihre),
in/un kī (Plural: seine, ihre):
is kī *kīmat* (**sein/ihr** Preis)

kosten *Is kī kīmat kyā hai?* (Er/Sie von Preis was ist = Was kostet es?) Man könnte auch fragen: *Kitnā lagtā hai?* (Wie viel kostet es?) *Yeh acchī kīmat hai!* (Das ist ein guter Preis!)

Übungen

Der herzensgute Verkäufer ruiniert sich zwar, aber Sie sind ihm so sympathisch, dass es für Sie nur ein paar Rupien kostet.

1. Schmeichelpreise

1/60

*Sirf **nau sau das** rupaye lagte haiñ.*

1. 910
2. 820
3. 730
4. 640
5. 550
6. 460
7. 370
8. 280
9. 190
10. 660

Setzen Sie bitte die Postpositionen in die nebenstehenden Sätze ein. Ist sicher kein Problem, oder?

2. Was passt wohin?

ke sāth – ke lie – mere lie – ke jaise – ke pās

1. Khiṛkī _______ baiṭhie!
2. Tum aslī hindustānī _______ dikhte ho.
3. Ham in _______ kidhar jāeñ?
4. Is _______ sirf tīn sau cālīs rupaye.
5. _______ zyādā hai! Yeh to sastā nahīñ.

Können Sie diese Sätze ins Hindi übersetzen? Der B-Dialog sollte Ihnen dabei behilflich sein.

3. Auf Hindi

1. Wie sieht mein Baumwollhemd aus?
2. Wirklich toll, aber das schwarze gefällt uns auch.
3. Aber der Preis ist nicht gut. 640 Rupien sind zu teuer!
4. Sind 520 Rupien auch in Ordnung?
5. Natürlich, mein Herr. Geben Sie mir bitte das Geld!

Hier sind die Wörter aus dem letzten Dialog ganz schön durcheinander gepurzelt. Können Sie wieder Ordnung ins Chaos bringen?

4. Satzpuzzle

1. dikhte – haiñ – hindustānī – jaise – āp – ke – aslī
2. kurte – hai – kī – is – kīmat – kyā
3. cār – lie – ke – nabbe – sirf – rupaye – āp – sau
4. mahangā – yeh – kyoñ – hai – itnā – kapṛā
5. to – sastā – lie – mere – nahīñ – yeh

0, 1, 2, 3, 4, 5, 6, 7, 8, 9, 10, 11 …
Alle weiteren Zahlen werden aus diesen Ziffern zusammengesetzt!

5. Ziffern

0:	०	4:	४	8:	८
1:	१	5:	५	9:	९
2:	२	6:	६	10:	१०
3:	३	7:	७	11:	११

Die Kunst des Handelns

Nur wenige Länder weltweit sind so reich mit Rohstoffen und Handelsgütern bestückt wie Indien. Und die Bewohner des Subkontinents haben schon früh gelernt, dieses Angebot gewinnbringend zu nutzen. Kein Wunder, dass man dadurch häufig den Eindruck bekommt, sie wären die geborenen Händler.
Bei Taxi- und Rikschafahrern, auf Märkten und Basaren, in einigen Geschäften, teilweise auch in Hotels ist die Frage nach einem Preisnachlass üblich. Dabei hat das Handeln für die Einheimischen sehr oft eine sportliche Komponente: eine Art Spiel, bei dem beide Verhandlungspartner den besten gemeinsamen Nenner erzielen wollen. Obwohl es für die Preisfindung keine allgemein gültigen Verhaltensregeln gibt, sollte man vor allem nie die Geduld verlieren und stets freundlich, ja sogar humorvoll bleiben. Um einen guten Nachlass zu erzielen, braucht es seine Zeit – da helfen Verbissenheit oder Eile nicht weiter! Wer Hindi spricht, befindet sich bereits in einer privilegierten Position: Man zeigt damit an, dass man womöglich die Preise kennt und weiß, wie viel etwas kosten darf. Allerdings ist Indien kein Eldorado für Schnäppchenjäger oder „Geiz ist geil"-Fetischisten. Wirklich günstig sind lediglich die einheimischen Waren wie Schmuck, Kleidung, Werkzeuge, Räucherstäbchen u. Ä. Im Gegensatz hierzu sind aus dem Ausland eingeführte Produkte aufgrund der teilweise recht hohen Importzölle relativ teuer. Insbesondere Elektronikartikel kosten ein Vielfaches dessen, was in anderen asiatischen Ländern verlangt wird.

Ein hoher Anfangspreis ist keine Bösartigkeit des Verkäufers, sondern eher ein erstes Angebot. Damit sondiert er, mit wem er es zu tun hat.

Handeln macht Spaß!
Wer erst einmal auf den Geschmack des Handelns gekommen ist, kann meist nicht mehr davon lassen. Vorsicht also, wenn Sie wieder zu Hause bei „Tante Emma" um die Ecke einkaufen!

Feilscher-ABC
Āp kīmat kam kareñ? (Können Sie es billiger machen?)
Mere pās bahut paisā nahīñ! (Ich habe nicht viel Geld!)
Are, maiñ to lakhpati nahīñ hūñ! (He, ich bin doch kein Millionär!)

11

Ein sehr schönes Land

Öffnungszeiten
Büros und Ämter: montags bis freitags ganztags, am Samstag halbtags. Geschäfte haben ab und zu auch an Sonntagen offen.

Zu Gast
Als Gast bei einer indischen Familie? Das ist eine Ehre für die Eingeladenen und ein Ereignis für die Gastgeber.

Knigge
- möglichst pünktlich sein
- Gastgeschenk: Süßspeisen, Obst oder persönliche Mitbringsel aus Europa
- Blumen sind eher unüblich
- Alkoholika können geradezu beleidigend sein, vor allem für Muslime, aber auch für Hindus, Jainas oder Sikhs

Der Sonntag ist auch in Indien großteils ein arbeitsfreier Tag und somit hat Michael erneut Zeit für sich. Am Vortag hat er Familie Sharmā angerufen und er wurde prompt für heute Nachmittag zu ihnen nach Hause eingeladen.
Pünktlich steht er vor dem Haus, da kommt ihm schon Pradeep Sharmā entgegen: *Tashrīf lāie Michael jī!* (Treten Sie ein, Herr Michael!), bittet er seinen Gast, *andar āiegā!* (kommen Sie doch herein!). Auch Smitā Sharmā empfängt ihn freundlich: *Bhārat kī yatrā kaisī hai?* (Und wie ist Ihre Reise durch Indien?), möchten die beiden als erstes wissen. Er kann sich nicht beschweren: *Ekdam acchī* (Wirklich gut), antwortet Michael, *Bhārat hakīkat meñ bahut sundar desh hai* (Indien ist wirklich ein sehr schönes Land).
Sie setzen sich im Wohnzimmer auf ein gemütliches Sofa und kommen ins Plaudern: *Lekin Dillī meñ bahut garmī hai, na?* (Aber es ist sehr heiß in Delhi, nicht wahr?), meint Pradeep verständnisvoll. *Hāñ, sahī bāt hai!* (Ja, das stimmt!), gibt Michael zu, aber immer noch besser als der kalte Münchner Winter, denkt er sich. Neugierig schaut er sich um und entdeckt ein vielköpfiges Familienfoto: *Āp ke parivār meñ kitne log haiñ?* (Wie viele Personen sind in Ihrer Familie?), fragt er. Smitās Antwort überrascht ihn dann aber doch: *Āṭh* (Acht). So viele?, staunt Michael. Sie erklärt ihm: *Bhāratīy parivār meñ āmtaur par bahut-sāre log haiñ* (In einer indischen Familie gibt es gewöhnlich sehr viele Personen). Na, das kann noch interessant werden, freut sich Michael.

Tashrīf lāie!

11 A

2/1

tashrīf (w)	Ehre, Respekt
yātrā (w)	Reise
hakīkat (w)	Wahrheit
desh (m)	Land
garam	heiß, warm
mausam (m)	Wetter
har	jeder/-s
mushkil	schwierig
garmī (w)	Sommer, Hitze
barsāt (w)	Monsun, Regenzeit
hameshā	immer
bārish (w)	Regen

● Tashrīf lāie Michael jī! Andar āiegā!	Treten Sie ein, Herr Michael! Kommen Sie doch herein!
■ Namaskār Smitā jī! Āp kaise haiñ Pradīp jī?	Guten Tag, Frau Smita! Wie geht es, Herr Pradeep?
● Ham ṭhīk haiñ! Bhārat kī yātrā kaisī hai?	Uns geht es gut! Und wie ist Ihre Reise durch Indien?
■ Ekdam acchī. Bhārat hakīkat meñ bahut sundar desh hai.	Wirklich gut. Indien ist wirklich ein sehr schönes Land.
● Lekin Dillī meñ bahut garmī hai, na?	Aber es ist sehr heiß in Delhi, nicht wahr?
■ Hāñ, sahī bāt hai!	Ja, das stimmt!
● Yahāñ har mausam meñ mushkil hai.	Hier ist das Wetter immer schwierig.
■ Kyoñ?	Warum?
● Garmī meñ bahut garam hotā hai aur barsāt meñ hameshā bārish hotī hai.	Im Sommer ist es sehr heiß und im Monsun regnet es immer.

Höfliche Aufforderung:
Imperativform auf *-ie* + ***-gā:*** *ānā* (kommen) → *āie**gā**!* (kommen Sie bitte!): *Andar āie**gā**!* (Kommen Sie doch herein!)

hakīkat meñ (in Wahrheit = wirklich)

heiß & kalt
garam (heiß, warm)
ṭhaṇḍā (kalt, kühl)

einfach & schwierig
āsān (einfach, leicht) *mushkil* (schwierig)

Vollform von *honā*
honā (sein) kennt neben *hūñ, hai, ho* und *haiñ* auch die Vollform auf *hotā, hote* und *hotī*, die nur bei andauernden, immer wiederkehrenden Zuständen gebraucht wird: *Garmī meñ zyādā garam **hotā** hai* (Im Sommer **ist** es zu heiß).

bārish honā (Regen sein = regnen) wird als Vollform verwendet: *bārish hotī hai* (es regnet).

Ehrlich höflich: Ausdrücke mit *tashrīf* (Ehre, Respekt) sind sehr höflich: *Tashrīf lāie!* (Ehre bringen Sie! = Treten Sie ein!) und *Tashrīf rakhie!* (Ehre stellen Sie hin! = Nehmen Sie Platz!).

Übungen

Im Umgang mit Fremden macht sich Höflichkeit besonders gut. Bilden Sie die höfliche Befehlsform, also einfach *-iegā* statt *-nā*.

1. Bitte höflich!

2/2

*Namaskār jī, **tashrīf lāiegā**!*

1. tashrīf lānā
2. andar ānā
3. baiṭhnā
4. tashrīf rakhnā
5. idhar dekhnā

Setzen Sie in die Lücken die richtige Form von *honā* (sein) ein.

2. Kurz- oder Vollform?

1. Merī yātrā bahut dilcasp ________ .
2. Garmī meñ hameshā bahut garam ________.
3. Tumhārā desh bahut sundar ________ .
4. Āj mausam kaisā ________ ?
5. Barsāt meñ hameshā bārish ________ .

Nur fünf Sätze – dafür sind diese nicht ganz simpel. Versuchen Sie es einfach. Ob Sie richtig liegen, verrät der Lösungsschlüssel.

3. Bitte auf Hindi!

1. Kommen Sie doch herein und nehmen Sie Platz!
2. Wie ist eure Reise in Indien?
3. Euer Land ist wirklich sehr schön.
4. Aber jetzt ist es hier sehr heiß.
5. Im Monsun regnet es immer.

Schauen Sie sich die Fragen genau an, dann dürfte die Übung ganz leicht sein.

4. Welche Antwort passt?

1. Bhārat kī yātrā kaisī hai?	a ☐	Ekdam acchī.
2. Abhī mausam kaisā hai?	b ☐	Nahīñ, hindī āsān hai!
3. Garmī meñ kyā hotā hai?	c ☐	Barsāt meñ bārish hotī hai.
4. Barsāt meñ kyā hotā hai?	d ☐	Abhī garam hai.
5. Hindī mushkil hai, kyā?	e ☐	Garmī meñ zyādā garam hotā hai.

Es mag ein Erbe der ehemaligen britischen Kolonialherren sein, dass man auch in Indien gern übers Wetter redet. Gut, wenn man gewappnet ist.
ṭhanḍ = Kälte

5. Das leidige Wetter

2/3

*Dillī meñ **bahut garmī** hai.*

1. zyādā garmī
2. zyādā ṭhanḍ
3. bārish hotī hai
4. bārish nahīñ hotī

Beṭa, beṭī, mātā, pitā ...

2/4

parivār (m)	Familie
ghar (m)	Haus
mātā-pitā (m/Mz)	Eltern
donoñ	beide
baccā/-e (m)	Kind/-er
rahnā	bleiben, wohnen, leben
bhāratīy (m/w)	indisch, Inder/-in
āmtaur par	gewöhnlich, normalerweise
bahut-sāre	sehr viele
beṭī (w)	Tochter
mātā (w)	Mutter
pitā (m)	Vater

■ Āp ke parivār meñ kitne log haiñ?	Wie viele Personen sind in Ihrer Familie?
● Āṭh.	Acht.
■ Acchā? Aur ve kaun haiñ?	Wirklich? Und wer sind die?
● Is ghar meñ Pradīp ke mātā-pitā, ham donoñ aur hamāre cār bacce rahte haiñ.	In diesem Haus leben Pradeeps Eltern, wir zwei und unsere vier Kinder.
■ Itne log haiñ ek ghar meñ?	So viele Leute in einem Haus?
● Hāñ, bhāratīy parivār meñ āmtaur par bahut-sāre log haiñ: beṭā, beṭī, mātā, pitā ...	Ja, in einer indischen Familie gibt es gewöhnlich sehr viele Personen: den Sohn, die Tochter, die Mutter, den Vater ...
■ Acchā?	Wirklich?

Beugung
Nicht vergessen: *-ā* wird zu *-e*, wenn danach ein Verhältniswort steht: *Āp **ke** parivār meñ* (In Ihrer Familie).

Eltern
mātā (Mutter) + *pitā* (Vater) = *mātā-pitā* (Eltern)

āmtaur par (normal-Weise auf = gewöhnlich, normalerweise)

Verstärkung
kann durch Partikel wie *-sāre* (sehr) oder *-hī* (zu) ausgedrückt werden: *bahut* (sehr, viel) → *bahut-**sāre** log* (**sehr viele** Leute), *bahut-**hī** log* (zu viele Leute).

Satzbau
Sollen einzelne Satzteile betont werden, stehen diese am Satzbeginn: ***Itne log haiñ** ek ghar meñ?* (**So viele Leute** in einem Haus?)

Synonyme: *Bhārat* = *Hindustān* (Indien) und *bhāratīy* = *hindustānī* (indisch, Inder/-in); *bhāratīy* ist unveränderlich!

11 B

Übungen

Sie zeigen Fotos Ihrer Großfamilie: Achten Sie auf die jeweilige Form von *yeh* oder *ye* bzw. *haiñ* oder *hai*! Übrigens: Vom eigenen Vater spricht man höflich im Plural: *mere pitā* (mein Vater).

1. Wer ist denn das?

2/5

*Dekhie, **ye mere mātā-pitā haiñ.***

1. mere mātā-pitā
2. hamāre cār bacce
3. hamārī beṭī
4. mere pitā jī
5. merī mātā jī
6. merā bhāī

Setzen Sie die Wörter in die freien Stellen im Text ein. Geht doch leicht, oder?

2. Was gehört wohin?

rahte – āmtaur par – parivār – kaun – bacce

1. Tumhāre _______ meñ kitne log haiñ?
2. Is ghar meñ mere mātā-pitā _______ haiñ.
3. Tumhāre _______ kahāñ rahte haiñ?
4. Bhāratīy parivār meñ _______ bahut-sāre log hote haiñ.
5. Us ghar meñ _______ rahtā hai?

Finden Sie die Satzpaare? Nur nichts überstürzen, lesen Sie die Sätze lieber einmal zu viel als einmal zu wenig.

3. Partnersuche

1. Ye kaun haiñ?
2. Ye kahāñ rahte haiñ?
3. Is parivār meñ kitne log haiñ?
4. Tum yahāñ rahte ho, kyā?
5. Āp kī beṭī kahāñ rahtī hai?

a ☐ Bahut-sāre.
b ☐ Nahīñ, voh hamārā ghar hai.
c ☐ Us ke bhāī ke sāth.
d ☐ Ye mere mātā-pitā haiñ.
e ☐ Ye bhī is ghar meñ rahte haiñ.

Bei Großeltern, Onkeln und Tanten wird unterschieden, ob väterlicherseits (v.) oder mütterlicherseits (m.):
1. *mātā* (Mutter)
2. *pitā* (Vater)
3. *dādā* (Großvater, v.)
4. *dādī* (Großmutter v.)
5. *nānā* (Großvater m.)
6. *nānī* (Großmutter m.)

4. Stammbaum

1. माता
2. पिता
3. दादा
4. दादी
5. नाना
6. नानी

Familienleben in Südasien

11

Die Familie ist die Grundlage der traditionellen indischen Gesellschaft. In Indien, aber auch in den anderen Ländern Südasiens, lebt man in und mit Großfamilien. Man versteht sich selbst immer als Teil einer Sippe. Individualismus im westeuropäischen Sinne oder gar Unabhängigkeit von der Familie ist äußerst selten, vielerorts geradezu undenkbar.
Die Blutsverwandtschaft gilt als heilig. Jedes Familienmitglied soll sich so verhalten, dass es nicht nur das eigene, sondern auch das Ansehen der restlichen Verwandten schützt und bewahrt. Oberhaupt der Familie ist der Vater, denn er repräsentiert sie nach außen hin und ist im weitesten Sinne für die Aufrechterhaltung der Familienehre verantwortlich. Gesellschaftliche Fauxpas eines einzelnen Familienmitglieds fallen zwar auf die ganze Sippe zurück, besonders aber auf den Vater, der die Verfehlungen begleichen muss.
Da indische Familien grundsätzlich viel größer sind als europäische, wird im Hindi klar definiert, um welche Verwandtschaftsbeziehung es sich handelt: Es wird sprachlich durch eigene Bezeichnungen unterschieden, ob Großeltern, aber auch Onkel und Tanten väterlicherseits oder mütterlicherseits sind – ein paar zusätzliche Vokabeln, die man parat haben sollte.

Bucklige Verwandtschaft
patnī: Ehefrau
pati: Ehemann
dulhan: Braut
dūlhā: Bräutigam
bhāī: Bruder
bahin: Schwester
*sālā**/*sālī*: Bruder/Schwester der Ehefrau
bhābhī: Ehefrau des Bruders
sās: Schwiegermutter
sasur: Schwiegervater
bahū: Schwiegertochter
dāmād: Schwiegersohn
māmā/māmī : Onkel/Tante (m.)
cācā/cācī: Onkel/Tante (v.)
beṭī: Tochter
beṭā: Sohn
potā/potī: Enkel/-in (vom Sohn)
nātī/nātin: Enkel/-in (von der Tochter)

* Vorsicht, der Ausdruck *sālā* kann auch als Schimpfwort aufgefasst werden!

12

Sehr interessant

Nationalgetränk
cāy (schwarzer Tee) wird meist mit *cīnī* (Zucker) und *dūdh* (Milch) aufgekocht und heißt dann *dūdh-vālī cāy* (Milch-Besitzer Tee = Milchtee). Oft werden ihm auch noch Gewürze hinzugefügt; dann nennt man ihn *masālā cāy* (Gewürz Tee = Gewürztee).

Das *Lāl Kilā* (Rotes Fort) ist eine Festungs- und Palastanlage in Delhi, die zwischen 1639 und 1648 für den Mogulkaiser Shah Jahan erbaut wurde. Auf dem Höhepunkt seiner Macht im 17. Jahrhundert umfasste das muslimische Mogulreich fast das gesamte heutige Indien, Pakistan und weite Teile Afghanistans.

Michael und die Sharmās sitzen im Wohnzimmer und trinken *masālā cāy* (gewürzter Schwarztee). Da geht die Tür auf und ihr Sohn Ravi kommt herein. *Tujhe maiñ yād hūñ, na?* (Du erinnerst dich an mich, nicht wahr?), begrüßt Michael den Jungen. Natürlich erinnert sich Ravi an ihre erste Begegnung im Flugzeug. Jetzt, da Michael weiß, wie groß die Familie Sharmā ist, fragt er: *Terī umar kyā hai?* (Wie alt bist du?). Ravi antwortet: *Maiñ bārah sāl kā hūñ* (Ich bin 12 Jahre alt). Für sein Alter hat er ein ungewöhnliches Hobby: *Bhāratīy itihās* (Indische Geschichte). Er schlägt Michael vor, gemeinsam das *Lāl Kilā* (das Rote Fort) in Delhis Altstadt zu besichtigen. *Bahut acchā khayāl hai!* (Das ist eine sehr gute Idee!), findet Michael.
Und so machen sich die beiden auf den Weg. Am Roten Fort angekommen, bemerkt Ravi stolz: *Mere lie Lāl Kilā uttar Bhārat kā sab se sundar kilā hai* (Für mich ist das Rote Fort die schönste Burg Nordindiens). Michael erstaunt es, dass das Bauwerk orientalisch wirkt und er fragt seinen jungen Fremdenführer: *Is kī vāstukalā musalmānoñ kī hai, na?* (Seine Architektur ist von den Muslimen, nicht wahr?). Ravi kennt sich wirklich gut aus: *Tīn sau sāl se pahle Dillī musalmān sāmrājya kī rājdhānī thī* (Vor 300 Jahren war Delhi die Hauptstadt des Reiches der Muslime). Ach so! *Yeh dilcasp bāt hai!* (Das ist interessant!), murmelt Michael und stellt mal wieder fest, wie wenig man doch von der Welt weiß.

Terā shauk kyā hai?

2/6

rahā	blieb
tū	du (umgangssprachlich)
tujhe	dich, dir (umgangssprachlich)
yād (w)	Erinnerung
terā/-ī	dein/-e (umgangssprachlich)
umar (w)	Alter
bārah	zwölf
sāl (m)	Jahr
shauk (m)	Hobby, Interesse
itihās (m)	Geschichte (historisch)
imārat (w)	Gebäude
kilā (m)	Burg, Fort, Schloss
khayāl (m)	Idee, Meinung

■ Hello Ravi! Tū kahāñ se ā rahā hai?	Hallo, Ravi! Wo kommst du gerade her?
● Mere kamre se.	Aus meinem Zimmer.
■ Tujhe maiñ yād hūñ, na?	Du erinnerst dich an mich, nicht wahr?
● Hañ jī!	Ja, mein Herr!
■ Terī umar kyā hai?	Wie alt bist du?
● Maiñ bārah sāl kā hūñ.	Ich bin zwölf Jahre alt.
■ Terā shauk kyā hai?	Was ist dein Hobby?
● Bhāratīy itihās.	Die indische Geschichte.
■ To bol, sab se dilcasp imārat kaunsī hai Dillī meñ?	Dann sag mal, welches ist das interessanteste Gebäude in Delhi?
● Lāl Kilā. Udhar caleñ, kyā?	Das Rote Fort. Sollen wir dorthin fahren?
■ Hāñ, bahut acchā khayāl hai!	Ja, das ist eine sehr gute Idee!

Die **Verlaufsform** drückt aus, dass man gerade etwas tut: Verbstamm + *rahā* (blieb) + *honā* (sein): *Hamārā beṭā **ā rahā hai*** **(Da kommt gerade** unser Sohn).
*rah**ā*** verändert sich nach Zahl und Geschlecht zu *rah**e*** (m Pl.) und *rah**ī*** (w Sg./Pl.): *Hamār**ī** beṭ**ī** ā rah**ī** hai* (Da kommt gerade unsere Tochter).

sich erinnern
Fürwörter (Akk./Dat.) + Fürwort (Nom.) + *yād* (Erinnerung) + *honā* (sein): *Āpko ham yād haiñ?* (Ihnen wir Erinnerung sind? = Erinnern Sie sich an uns?)

Die Zahlen 11-19 2/7

gyārah	11
bārah	12
terah	13
caudah	14
pandrah	15
solah	16
sattrah	17
aṭhārah	18
unnīs	19

mere khayāl meñ (meine Meinung in = meiner Meinung nach)

Befehlsform = Verbstamm: *To bol!* (Dann sag mal!)

Vertrautes du (selten – nur für Kinder!): *tū* (du), *tujhe/-ko* (dich, dir) und *terā/-e/-ī* (dein/-e) + Verb in 2. Person Sg.: *Tū kyā kartā/-tī hai?* (Was machst du?)

12 A

Übungen

Terī/Tumhārī umar kyā hai?
(Wie alt bist du?)
Indische Familien sind oft groß, hier treffen wir eine mit 10 Kindern, die alle unterschiedlich alt sind! Tja, und jährlich grüßte der Storch ...

1. Kinderreich

2/8

Maiñ ***das*** *sāl kā hūñ.*

1. 10
2. 11
3. 12
4. 13
5. 14
6. 15
7. 16
8. 17
9. 18
10. 19

Hier ist höchste Konzentration gefragt: Wandeln Sie die Satzverben in die Verlaufsform um. Können Sie die neu gebildeten Sätze auch übersetzen?

2. Seien Sie im Hier und Jetzt!

2/9

Hamārā beṭā Ravi ***ā rahā hai****.*

1. Hamārā beṭā Ravi ātā hai.
2. Tum kyā khāte ho?
3. Ham yahāñ kām karte haiñ.
4. Maiñ sab kuch samajhtī hūñ.
5. Āp kaunsī bhāshā bolte haiñ?

Sicher fällt es Ihnen leicht, diese Sätze zu übersetzen.

3. Wie heißt das auf Hindi?

1. Da kommt gerade Ihr Vater.
2. Erinnern Sie sich an ihn?
3. Wie alt ist er?
4. Er ist 70 Jahre alt.
5. Sein Hobby ist die indische Geschichte.
6. Das ist sehr interessant!

Auf jeden Topf passt ein Deckel und zu jeder Frage eine Antwort, aber eben immer nur eine der beiden möglichen.

4. Topf und Deckel

1. Tumko maiñ yād hūñ, na?
   a ☐ Hāñ jī, zarūr!
   b ☐ Bhāratīy itihās.
2. Tumhārī umar kyā hai?
   a ☐ Nahīñ, yeh merī mātā jī hai!
   b ☐ Maiñ cālīs sāl kā hūñ.
3. Tumhārā shauk kyā hai?
   a ☐ Hāñ bilkul. Dhanyavād!
   b ☐ Bhāratīy bhāshāeñ.
4. Yeh kaunsī imārat hai?
   a ☐ Yeh Lāl Kilā hai.
   b ☐ Udhar caleñ!

Mujhe kuch batā de!

2/10

ke bāre meñ	über, in Bezug auf
uttar (m)	Norden
vāstukalā (w)	Architektur
musalmān (m/w)	Muslim/-in, muslimisch
se pahle	vor (zeitlich)
sāmrājya (m)	Reich
rājdhānī (w)	Hauptstadt
thā/-ī/-e	war
pyās (w)	Durst
ṭhaṇḍā/-ī/-e	kalt, kühl
lassī (w)	Lassi (Joghurttrunk)
biknā	verkauft werden

■ Ravi, mujhe Lāl Kile ke bāre meñ kuch batā de!	Ravi, erzähl mir etwas über das Rote Fort!
● Mere lie Lāl Kilā uttar Bhārat kā sab se sundar kilā hai.	Für mich ist das Rote Fort die schönste Burg Nordindiens.
■ Is kī vāstukalā musalmānoñ kī hai, na?	Ihre Architektur ist von den Muslimen, nicht wahr?
● Hāñ bilkul. Tīn sau sāl se pahle Dillī musalmān sāmrājya kī rājdhānī thī.	Ja, genau. Vor 300 Jahren war Delhi die Hauptstadt des Reiches der Muslime.
■ Yeh dilcasp bāt hai! Lekin abhī mujhe pyās lag rahī hai.	Das ist interessant! Aber jetzt gerade bin ich durstig.
● Hāñ, mujhe bhī. Udhar caleñ! Vahāñ ṭhaṇḍī lassī bik rahī hai.	Ja, ich auch. Lassen Sie uns dorthin gehen! Dort wird gerade kaltes Lassi verkauft.

Zusammengesetzte Verben
Verbstamm Verb 1 + Befehlsform Verb 2:
batā (erzählen) + *de!* (von *denā* = geben) → *batā de!* (erzählen gib! = erzähl!). Umgangssprachlich oft statt der einfachen Befehlsform.

vor und nach
zeitlich:
se pahle (vor)
ke bād (nach)
räumlich:
ke sāmne (vor)
ke pīche (nach, hinter)
Diese Postpositionen stehen immer hinter dem Bezugswort.

Vergangenheit von
honā (sein)
thā (m Sg.)
thī (w Sg.)
the (m Pl.)
thīñ (w Pl.)
Maiñ vahāñ ***thā***
(Ich **war** dort).

pyās (Durst):
Mujhe pyās lagī hai (Ich habe Durst).
Verlaufsform: *Mujhe pyās* ***lag rahī hai*** (Ich **bin gerade** durstig).

Yeh dilcasp bāt hai! (Das ist eine interessante Rede/Sache! = Das ist interessant!)

2/11 **Himmelsrichtungen:**
uttar (Norden), *dakshīṇ* (Süden), *pashcim* (Westen), *pūrva* (Osten)

12 B Übungen

Setzen Sie die Sätze mit *honā* (sein) in die Vergangenheit. Aber Achtung, denn meist gibt es zwei mögliche Formen, je nachdem, ob das Subjekt männlich oder weiblich ist.

1. War gar nicht so schwer, oder?

▶ 2/12

Ham Dillī meñ ***the****.*

1. Ham Dillī meñ haiñ.
2. Maiñ vahāñ hūñ.
3. Voh eñjīniyar hai.
4. Tum Lāl Kile meñ ho?
5. Ve kāryālay meñ haiñ.

Ein paar umgangssprachliche Aufforderungen gefällig? Dann üben Sie doch die zusammengesetzten Verben. In Klammern steht, wie Sie Ihr Gegenüber ansprechen.

2. Erzähl mir was!

Mujhe ***kuch batā de****!*

1. (tū) kuch batānā – denā
2. (tum) sāmān rakhnā – denā
3. (āp) kuch becnā – denā
4. (tum) khānā de – denā
5. (tū) kuch kharīdnā – lenā

Hier sind mal wieder einige Wörter aus Dialog 12 B gehörig durcheinander gekommen. Bitte bringen Sie wieder Ordnung ins Chaos.

3. Wörterpuzzle

1. sāmrājya – thī – kī – Dillī – kā – rājdhānī – musalmānoñ
2. meñ – pahle – the – Dillī – sāl – tīn – se – ham
3. lāl – hameñ – batā – ke – dījie – bāre – meñ – kuch – kile – zarā
4. bik – vahāñ – hai – lassī – rahī – ṭhaṇḍī
5. vāstukalā – is – musalmānoñ – kī – hai– kī – kile

Und wieder ist Ihr Übersetzungstalent gefragt. Der Dialog 12 B dürfte dazu keine Fragen offen lassen. Spicken erlaubt!

4. Eine geht noch

1. Für mich ist dies das schönste Hotel Nordindiens.
2. Vor 300 Jahren war hier ein Reich der Muslime.
3. Delhi ist unsere schöne Hauptstadt.
4. Lassen Sie uns dorthin gehen! Dort gibt es kaltes Lassi.
5. Verstauen Sie das Gepäck!

Wichtige Sehenswürdigkeiten Delhis

1. *Lāl Kilā* (Rotes Fort)
2. *Jāmā Masjid* (Jama Masjid)
3. *Kutub Mīnār* (Qutub Minar)
4. *Humāyūñ kā Makbarā* (Humayuns Mausoleum)

5. Sehenswürdigkeiten

1. लाल किला
2. जामा मसजिद
3. क़ुतुब मीनार
4. हुमायूँ का मकबरा

Ein weites Feld

12

Die Geschichte Indiens ist ein Buch mit unzähligen Kapiteln: Bereits 2500 v. Chr. bestand die Industal-Zivilisation, eine der ältesten Hochkulturen. Berühmte Ausgrabungen findet man im nordwestlichen Industal – heute Pakistan. Die vedische Zeit (1500 bis 500 v. Chr.) legte die Grundlagen der heutigen Kultur Indiens: Ab dem 6. Jahrhundert v. Chr. entstanden die heiligen Texte der Upanishaden, Basis für die drei indischen Religionen Hinduismus, Buddhismus und Jainismus, die bis heute die maßgeblichen Geistesströmungen des Landes bilden.
Im 4. Jahrhundert v. Chr. wuchs dann mit der Maurya-Dynastie das erste indische Großreich heran. Unter König Ashoka beherrschte es fast den gesamten Subkontinent. Die folgenden hinduistischen und buddhistischen Reiche verloren jedoch an Stärke, sodass ab dem 8. Jahrhundert arabische und persische Eroberer ihre Macht immer mehr ausbauten. Seit dem 16. Jahrhundert herrschte für 200 Jahre das islamische Mogulreich in Nordindien. Aus dieser Zeit stammen viele berühmte Bauwerke wie das Rote Fort und die Jama Masjid in Delhi und der *Tāj Mahal* (Taj Mahal) in Agra.
Ab 1756 begann die britische Ostindien-Kompanie, von ihren Hafenstützpunkten in Kalkutta, Madras und Bombay aus weite Teile Indiens zu unterwerfen. Nach der Niederschlagung des Sepoy-Aufstandes 1858 wurde Indien sogar der direkten Kontrolle Großbritanniens unterstellt. Der – meist gewaltfreie – Widerstand gegen die Kolonialherrschaft der Briten führte 1947 zur Unabhängigkeit Indiens. Als „Väter" der Unabhängigkeit gelten v. a. Mahatma Gandhi und Jawaharlal Nehru.

Wichtige Daten vor Christus:
- ab 2500: Induskultur
- ab 1500: Einwanderung der Arier, Beginn des religiös-kulturellen Systems des Hinduismus, erste vedische Texte
- ab ca. 400: Maurya-Dynastie, Blütezeit unter König Ashoka

nach Christus:
- ab ca. 400: verschiedene Königreiche der Graeko-Baktrier, Saken (Skythen), Parther und schließlich der Guptas
- ab ca. 800: Einmarsch der ersten Muslime
- ab ca. 1200: Sultanat von Delhi, Beginn der muslimischen Herrschaft
- 1498: Vasco da Gama entdeckt den Seeweg nach Indien
- ab 1525: Mogulreich
- ab 1756: Briten unterjochen Indien, britische Kolonie
- 1857–1947: Freiheitskampf gegen die Briten
- 1947: Unabhängigkeit

T Test 3

Themen wie Unterwegssein, Einkaufen, Einladungen oder Baudenkmäler machen Ihnen nun sprachlich keine größeren Probleme mehr, nicht wahr? Wenn Sie diese Fragen beantworten können, sind Ihre Indienkenntnisse schon ganz ordentlich!

1. Welche Antwort stimmt?

1. Der *Cāvṛī Bāzār* ist ...
   a ☐ ein berühmter indischer Roman.
   b ☐ der Name einer 1-Rupie-Supermarkt-Kette.
   c ☐ einer der sehenswertesten Märkte Delhis.

2. Als *khādī* bezeichnet man ...
   a ☐ handgewebte Baumwollkleidung.
   b ☐ einen leckeren Joghurttrunk.
   c ☐ das indische Verfassungsgericht.

3. Wer handelt, sollte ...
   a ☐ niemals Hindi sprechen.
   b ☐ nie Geduld und Humor verlieren.
   c ☐ kein Bargeld bei sich führen.

4. Als Gastgeschenke empfehlen sich ...
   a ☐ Blut- und Leberwürste aus Deutschland.
   b ☐ Süßspeisen, Obst oder Persönliches.
   c ☐ Alkoholika in rauen Mengen.

5. Das Nationalgetränk Indiens ist ...
   a ☐ Weißbier.
   b ☐ schwarzer Tee.
   c ☐ *lassī*.

6. Der *Tāj Mahal* wurde von den ... erbaut.
   a ☐ Mogulen
   b ☐ Maharadschas
   c ☐ Mahalisten

Im richtigen Moment die richtige Antwort auf die richtige Frage zu haben, kann einem schon manchmal zu schaffen machen! Vielleicht hilft diese Übung weiter?

2. Fragen und Antworten

1. Āp kidhar jānā cāhte haiñ?	a ☐ Zarūr! Sab rang haiñ.
2. Kyoñ mīṭar nahīñ calāte?	b ☐ Maiñ tīs sāl kā hūñ.
3. Dusrā rang bhī milegā?	c ☐ Bhāratīy bhāshāeñ!
4. Is kī kīmat kyā hai?	d ☐ Maiñ Dillī jānā cāhtā hūñ.
5. Dillī meñ bahut garmī hai?	e ☐ Sirf tīn sau rupaye.
6. Is ghar meñ kaun rahte haiñ?	f ☐ Mere mātā-pitā jī.
7. Āp kā shauk kyā hai?	g ☐ Nahīñ, bārish hotī hai!
8. Tumhārī umar kyā hai?	h ☐ Mīṭar kharāb hai.

3. Was fehlt denn hier?

Hier wird das volle Programm von Ihnen verlangt: Postpositionen, Verneinung, Beugung, Verlaufsform etc. Aber keine Sorge: Die notwendigen Randspalteninfos dürfen durchaus nochmals gelesen werden.

1. Yeh Jāmā Masjid ... hai.
   a ☐ ke lie
   b ☐ ke sāth
   c ☐ se nazdīk

2. Bad kismatī se mīṭar caltā ______ .
   a ☐ na
   b ☐ mat
   c ☐ nahīñ

3. Maiñ ______ madad kar rahā hūñ!
   a ☐ āpkī
   b ☐ āpkā
   c ☐ āpke

4. Mere ______ yeh kīmat zyādā hai!
   a ☐ pās
   b ☐ lie
   c ☐ jaise

5. Āp hindī bol ______ haiñ, na?
   a ☐ rahe
   b ☐ rahā
   c ☐ rahnā

6. Mujhe pyās ______ rahī hai.
   a ☐ lag
   b ☐ khā
   c ☐ yād

4. Und jetzt noch schnell auf Hindi!

Langsam, aber sicher meistern Sie die wichtigsten Situationen des Alltags. Na, wenn das nichts ist! Zur Sicherheit gibt's hier als Wiederholung die wichtigsten Sätze und Redewendungen der letzten vier Lektionen.

1. Hier gibt es alles!
2. Dieser Fahrpreis ist zu viel!
3. Er ist dabei, dich zu betrügen.
4. Können Sie mir helfen?
5. Rot, schwarz, gelb, weiß. Es gibt alle Farben.
6. Kommen Sie herein!
7. Einen Moment, der Herr.
8. Das ist eine sehr gute Idee!

13

Fahrkarten

Der **Bahnhof Delhis** ist eines der großen Drehkreuze der staatlichen Eisenbahngesellschaft *Bhāratīy Rel* bzw. *Indian Railways.*

Fahrkarten gelten immer nur für einen bestimmten Tag, einen bestimmten Zug und einen festen Sitzplatz. Gibt es keinen Platz mehr, darf man auch nicht mitfahren. Also rechtzeitig reservieren!

Zugkategorien
Es gibt Express-, Mail- und Passenger-Trains (Express-Trains sind die schnellsten). Die 1. und 2. Klasse können noch unterteilt sein in Schlafwagen (sleeper-class) und Sitzwagen (chair und seat-class). Außerdem gibt es Wagen mit und ohne Klimaanlage (air-con).

„Gute Reise!“
Āp kī yātrā mangalmay ho!
oder
Safar mubārak ho!

Rāhul hat zwar angeboten, das Zugticket nach Rajasthan über die Firma zu besorgen, aber Michael bestand darauf es selbst zu kaufen. So betritt Michael den Bahnhof Delhis und steuert zunächst die Information an: *Maiñ ṭikaṭ kahāñ le saktā hūñ?* (Wo kann ich eine Fahrkarte kaufen?), erkundigt er sich. Die Dame fragt zurück: *Kis relgāṛī ke lie?* (Für was für einen Zug?). Er möchte nach Jaisalmer, aber warum möchte sie als Erstes den Zug wissen, wundert sich Michael. Kann ich mit einer Fahrkarte nicht jeden x-beliebigen Zug nehmen? Die hilfsbereite Dame schaut in die fragenden Augen des Indienneulings: *Udhar ṭikaṭ-ghar hai* (Dort ist das Fahrkartenbüro), erwidert sie lächelnd, *khiṛkī nambar pāñc meñ āp kā ṭikaṭ milegā* (am Schalter Nummer fünf gibt es Ihre Fahrkarte).
Der Schalter Nummer fünf ist aber gerade geschlossen, Michael muss also eine halbe Stunde warten – nicht schlimm, so kann er das Treiben an diesem riesigen Bahnhof beobachten. Als das Fahrkartenbüro öffnet, wendet sich Michael an die Mitarbeiterin: *Mujhe parsoñ Jaisalmer jānā hai* (Ich muss übermorgen nach Jaisalmer). Zwar ist der erste Zug bereits ausgebucht, doch im zweiten – dem *rājdhānī express* (Hauptstadt-Express) – sind noch reichlich Plätze frei: *Mujhe rājdhānī express ke lie ek taraf kā ṭikaṭ cāhie* (Ich möchte eine Hinfahrkarte für den Hauptstadt-Express), ordert Michael. Kein Problem! *Āp kī yātrā mangalmay ho!* (Gute Reise!)

Abhī khiṛkī band hai

2/13

ṭikaṭ (m/w)	Fahrkarte
kis?	was?, wer?
relgāṛī (w)	Zug
ṭikaṭ-ghar (m)	Fahrkartenbüro
sāṛhe	plus eine halbe Stunde
baje	geschlagen
band	geschlossen
khulnā	öffnen
ādhā	halb
ghaṇṭā (m)	Stunde
matlab	das heißt; Bedeutung

■ Zarā batāie maiḍam! Maiñ ṭikaṭ kahāñ le saktā hūñ?	Verzeihung, meine Dame! Wo kann ich eine Fahrkarte kaufen?
● Kis relgāṛī ke lie? Āpko kahāñ jānā hai?	Für was (für einen) Zug? Wohin fahren Sie?
■ Mujhe Jaisalmer jānā hai.	Ich muss nach Jaisalmer fahren.
● Dekhie, udhar ṭikaṭ-ghar hai. Khiṛkī nambar pāñc meñ āp kā ṭikaṭ milegā.	Schauen Sie, dort ist das Fahrkartenbüro. Am Schalter Nummer fünf gibt es Ihre Fahrkarte.
■ Ṭhīk hai.	Gut.
● Lekin abhī sāṛhe gyārah baje haiñ. Khiṛkī band hai.	Aber jetzt ist es halb zwölf. Der Schalter ist geschlossen.
■ Kitne baje khultī hai?	Um wie viel Uhr öffnet er?
● Ādhe ghaṇṭe ke bād.	In einer halben Stunde.
■ Matlab bārah baje, hai na?	Das heißt um zwölf Uhr, nicht wahr?
● Hāñ jī.	Ja.
■ Dhanyavād.	Danke.
● Koī bāt nahīñ.	Nichts zu danken.

3 Mal Verzeihung
1. *Zarā batāie!* (Sagen Sie bitte!)
2. *Zarā kahie!* (Sagen Sie bitte!)
3. *Zarā sunie!* (Hören Sie bitte!)

lenā (nehmen), hier: kaufen

kis? (was?, wer?) steht statt *kyā?* und *kaun?*, wenn nach dem zugehörigen Hauptwort eine Postposition wie *ke lie* (für) folgt: ***Kis*** *relgāṛī* ***ke lie****?* (**Was Zug** für? = Für was für einen Zug?)

Uhrzeit
Vergangenheitsformen von *bajnā* (schlagen):
bajā (Sg.)/*baje* (Pl.):
Kitne ***baje*** *haiñ?* (Wie viele geschlagen sind? = Wie spät ist es?)
Ek ***bajā*** *hai* (Es ist ein Uhr).
Do ***baje*** ***haiñ*** (Es **ist** zwei Uhr), etc.
Halb und Viertel:
– *sāṛhe* (plus eine halbe Stunde = halb)
– *savā* (plus eine Viertelstunde = Viertel nach)
– *paune* (weniger eine Viertelstunde = Viertel vor)
Darauf folgt die Stundenzahl:
Abhī sāṛhe ***gyārah*** *baje haiñ* (Jetzt plus-halb **elf** geschlagen sind = Es ist jetzt halb zwölf).

Zu oder offen? *band honā* (geschlossen sein) und *khulnā* (öffnen).

13 A

Übungen

Hier geht es um die offizielle Zeitansage im Radio oder am Bahnhof. Übrigens gibt man in Indien die Zeit nur im 12-Stunden-Rhythmus an, mit Zusätzen wie „morgens“ oder „nachts“.

1. Beim nächsten Gongschlag

2/14

Sāt *baje haiñ.*

1. 7:00
2. 8:00
3. 9:00
4. 10:00
5. 12:00

Kitne baje haiñ? (Wie spät ist es?) Antworten Sie: *Abhī ... baje haiñ.* Zur Erinnerung: *sāṛhe* heißt – anders als im Deutschen – plus halb.

2. Zeitansage

1. Jetzt ist es halb zwölf.
2. Jetzt ist es Viertel vor drei.
3. Jetzt ist es Viertel nach sieben.
4. Jetzt ist es halb acht.
5. Jetzt ist es Viertel vor fünf.
6. Jetzt ist es Viertel nach zehn.

Auf jeden Topf passt ein Deckel und zu jeder Frage eine Antwort, aber eben immer nur eine der beiden möglichen.

3. Topf und Deckel

1. Ṭikaṭ-ghar kahāñ hai?
   a ☐ Hāñ jī, bilkul!
   b ☐ Vahāñ hai, is khiṛkī ke pās.
2. Kis relgāṛī ke lie?
   a ☐ Nahīñ, abhī band hai!
   b ☐ Dillī jāne-vālī relgāṛī ke lie.
3. Kitne baje khultī hai?
   a ☐ Ādhe ghaṇṭe ke bād.
   b ☐ Koī bāt nahīñ.
4. Abhī kitne baje haiñ?
   a ☐ Paune nau baje haiñ!
   b ☐ Bad kismatī se khiṛkī band hai.

Übersetzen Sie bitte, damit Sie auch die richtige Fahrkarte bekommen. Das ist gar nicht so schwer, wenn Sie den letzten Dialog drauf haben.

4. Fahrkarten

1. Verzeihung! Wo kann ich eine Fahrkarte kaufen?
2. Wir müssen nach Jaisalmer fahren.
3. Am Schalter Nummer fünf gibt es Ihre Fahrkarte.
4. Aber er öffnet in einer Stunde.
5. Um wie viel Uhr ist er geschlossen?
6. Das heißt um 9:45 Uhr ist er geschlossen, nicht wahr?

Deutsche Präpositionen und Hindi-Postpositionen stimmen nicht eins zu eins überein. Wissen Sie, wie's in diesen Sätzen geht?

5. In, von und auf

1. Tum Dillī ________ ho, na?
2. Āp kā dost kahāñ ________ ā rahe haiñ?
3. Zarā is pate ________ calo!
4. Khiṛkī nambar pāñc ______ ṭikaṭ milegā.
5. Mujhe is kamre ________ jānā hai.

Savere sāt baje

2/15

parsoñ	übermorgen, vorgestern
savere	morgens
jagah (w)	Platz
aglā/-ī/-e	nächste/-r/-s
express (w)	Express
rāt ko	nachts
pahuñcnā	ankommen
taraf (w)	Richtung
pahlā/-ī/-e	erste/-r/-s
dusrā/-ī/-e	zweite/-r/-s
darjā (m)	Klasse
pleṭfārm (m)	Bahnsteig

■ Namaskār jī. Mujhe parsoñ Jaisalmer jānā hai.	Guten Tag. Ich muss übermorgen nach Jaisalmer.
● Kitne baje?	Um wie viel Uhr?
■ Savere sāt baje.	Morgens um 7 Uhr.
● Savere sāṛhe sāt baje relgāṛī hai, lekin bad kismatī se jagah nahīñ.	Morgens gibt es um halb acht einen Zug, aber leider gibt es keinen Platz (mehr).
■ Aur bād meñ? Aglī relgāṛī kitne baje hai?	Und danach? Um wie viel Uhr gibt es den nächsten Zug?
● Nau baje rājdhānī express jātī hai. Rāt ko savā cār baje pahuñctī hai.	Um 9:00 Uhr fährt der Hauptstadt-Express ab. Er kommt nachts um Viertel nach vier Uhr an.
■ Ṭhīk hai, mujhe rājdhānī express ke lie ek taraf kā ṭikaṭ cāhie.	Gut, ich möchte eine Hinfahrkarte für den Hauptstadt-Express.
● Pahle yā dusre darje kā?	Erster oder zweiter Klasse?
■ Pahle darje kā.	Erster Klasse.
● Yeh lījie! Tīn sau pacās rupaye. Relgāṛī pleṭfārm nambar aṭhārah se jātī hai.	Hier, nehmen Sie! 350 Rupien. Der Zug fährt von Bahnsteig 18 ab.

Tageszeiten
Morgen: *saverā* oder *subah*
Mittag: *dopahar*
Nachmittag: *tīsrā pahar*
Abend: *shām*
Nacht: *rāt*

Adverbien
morgens: *savere, subah*
abends: *shām ko*
nachts: *rāt ko*

Wann?
āj (heute)
kal (morgen, gestern)
parsoñ (übermorgen, vorgestern)
Zusammenhang und Verbform bestimmen, welcher Tag gemeint ist.

2 Mal „es gibt"
1. *milegā* (es gibt)
2. *hai/-ñ* (ist, sind): *Savere relgāṛī* ***hai*** (Morgens **gibt es** einen Zug).

Gegensatz
aglā/-ī (nächste/-r/-s)
pichlā/-ī (letzte/-r/-s)

Hin und Rück
ek taraf kā ṭikaṭ (eine-Richtung-Ticket = Hinfahrkarte)
do taraf kā ṭikaṭ (Zwei-Richtung-Ticket = Hin- und Rückfahrkarte)

Ordnungszahlen 2/16
pehlā/-ī: erste/-r/-s
dūsrā/-ī: zweite/-r/-s
tīsrā/-ī: dritte/-r/-s
cauthā/-ī: vierte/-r/-s
pāñcvāñ/-ī: fünfte/-r/-s
chaṭhā/-ī: sechste/-r/-s
sātvāñ/-ī: siebte/-r/-s
āṭhvāñ/-ī: achte/-r/-s
navāñ/-ī: neunte/-r/-s
dasvāñ/-ī: zehnte/-r/-s

13 B

Übungen

Relgāṛī kitne baje hai? Diese Frage wird man auf einer Reise durch Indien öfters stellen. Umso besser, wenn man da auch die Antwort versteht.

1. Um wie viel Uhr?

2/17

Savā cār *baje.*

1. 4:15
2. 9:30
3. 10:45
4. 3:00
5. 11:15

Setzen Sie bitte die adverbial gebrauchten Tageszeiten ein, so wie sie in den Klammern stehen.

2. Zu jeder Tageszeit

1. Āpko parsoñ _______ (morgens) kidhar jānā hai?
2. Maiñ āj _______ (nachts) Dillī jāne-vālā hūñ.
3. Yeh relgāṛī _______ (abends) savā cār baje pahuñctī hai.
4. Rājdhānī express _______ (morgens) kitne baje pahuñctī hai?
5. _______ (morgens) savā sāt baje.

Sind Sie schon Satzbauarchitekt? Können Sie diese Wörter aus Dialog 13 B zu richtigen Sätzen zusammenbauen?

3. Satzarchitektur

1. hai – sāt – baje – sāṛhe – pahuñctī – savere
2. se – hai – solah – relgāṛī – pleṭfārm – jātī – nambar
3. darje – cāhie – yā – ṭikaṭ – āpko – dusre – pahle – kā
4. dījie – lie – hamko – zarā – ke – express – do – ṭikaṭ – rājdhānī
5. bad – nahīñ – express – jagah – kismatī – ke – rājdhānī – lie – se

Na, hoffentlich nicht! Übersetzen Sie, das hilft! Vorsicht bei Punkt 5, die Zeit wird im 12-Stunden-Rhythmus angegeben.

4. Verstehe nur Bahnhof

1. Wir müssen morgen nach Jaisalmer.
2. Morgen gibt es keinen Platz, aber übermorgen.
3. Gut, ich möchte für übermorgen ein Hinfahrticket 1. Klasse.
4. Um wie viel Uhr kommt der Zug an?
5. Abends um 19:30 Uhr.
6. Der Zug fährt von Bahnsteig 19 ab.

Wegweiser am Bahnhof:
1. *sṭeshan* (Bahnhof)
2. *ṭikaṭ-ghar* (Fahrkartenbüro)
3. *pleṭfārm* (Bahnsteig)
4. *āgman* (Ankunft)
5. *prasthān* (Abfahrt)

5. Am Bahnhof

1. स्टेशन
2. टिकट-घर
3. प्लेटफार्म
4. आगमन
5. प्रस्थान

Indian Railways

13

Der Markt der Billigfluggesellschaften boomt und das Straßennetz wird immer besser ausgebaut. Trotzdem ist eine Fahrt mit der Bahn immer noch ein Erlebnis der Extraklasse, das man sich nicht entgehen lassen sollte. Hat man erst mal das Ticket, begibt man sich zum Waggon. Dort findet sich an der Tür ein Zettel mit den Namen der Personen, für die ein Platz reserviert wurde. Die Abteile sind nicht groß, aber geräumig genug, um einige angenehme Stunden zu verbringen und mit den Mitreisenden zu plaudern. Essen und Trinken kauft man im Zug bei Bahnangestellten oder an Haltepunkten bei fliegenden Händlern, die das Gewünschte durch die oftmals aus Sicherheitsgründen vergitterten Fenster reichen.
Die seit 1951 bestehende Eisenbahngesellschaft *Bhāratīy Rel* bzw. *Indian Railways* hat das absolute Monopol auf dem landesweiten Personen- und Güterverkehr per Schiene. Leider ist das Bahnnetz vielerorts desolat und eine seit Jahren geplante Modernisierung geht nur schleppend voran. Hauptprobleme sind die ungleichmäßig erschlossenen Regionen des Landes, oftmals veraltete Technik, vier verschiedene Spurweiten sowie ein immer noch geringer Elektrifizierungsgrad. Kein Wunder, dass bei Bahnreisen die Relation zwischen zurückgelegten Kilometern und Fahrzeit deutlich von europäischen Standards abweicht: Braucht man in Deutschland für 100 Bahnkilometer im Schnitt eine Stunde, beträgt z. B. die Fahrzeit für die 800 Kilometer von Delhi nach Jaisalmer je nach Zug bis zu 19 Stunden – auch so ein indischer Superlativ!

Indiens **erster Zug** verkehrte am 16. April 1853 zwischen Mumbai und dem Vorort Thane. Knapp 40 Jahre später verband die Eisenbahn bereits alle wichtigen Landesteile miteinander.

Indian Railways
- Insgesamt fast 69.000 Gleiskilometer.
- Pro Jahr werden mehr als acht Milliarden Passagiere und fast 1.450 Millionen Tonnen Fracht transportiert.
- Der Fuhrpark besteht aus 14.800 Lokomotiven und 300.000 Waggons.
- Einer der größten Arbeitgeber weltweit: 1,23 Millionen Angestellte!

14

Im Zug

Muslime
Vollbart tragen viele gläubige Muslime – allerdings auch Hindus und v. a. Sikhs.

shalvār kamīz (traditionelle Kleidung muslimischer Männer): langes, bis über das Knie reichendes Hemd und eine Art Pluderhose.

Hindi und Urdu entwickelten sich beide aus dem Hindustani. Grammatik und Aussprache sind weitgehend identisch, deshalb versteht man sich in Alltagssituationen problemlos.

Rachenlaute
Viele Wörter mit *kh* sind arabisch-persischen Ursprungs und werden im Urdu wie das „ch" in „Krach" ausgesprochen, z. B. *khushī* (sprich **ch**uschii = Freude) oder *khayāl* (sprich **ch**ajaal = Idee, Meinung).

Endlich ist es soweit! Michael steigt in den Zug nach Jaisalmer und sucht seinen Sitzplatz. Oh, da sitzt ja schon jemand! *Sunie sāhab!* (Verzeihung, mein Herr!), wendet sich Michal freundlich an den bärtigen Herrn, der ein langes, bis über die Knie reichendes Hemd trägt: *Mujhe aisā lagtā hai ki yeh merī sīṭ hai* (Mir scheint, dass dies mein Sitzplatz ist). Der Herr studiert Michaels Fahrkarte und erwidert: *Mere khayāl meñ voh āp kī sīṭ hai, mere pās* (Meiner Meinung nach ist jener Ihr Sitzplatz, neben mir). Sehr gut, denkt Michael und verstaut sein Gepäck.
Der Herr hat eine Zeitung in arabischer Schrift dabei, vielleicht ein Moslem?: *Āp kā dharma kyā hai?* (Was ist Ihre Religion?), fragt Michael, *āp to hindū nahīñ, na?* (Sie sind doch kein Hindu, nicht wahr?). Richtig geraten! *Nahīñ, maiñ musalmān hūñ* (Nein, ich bin Moslem). Michael hat bereits gelesen, dass viele in Indien dem Islam angehören und die meisten von ihnen eine Sprache namens Urdu sprechen. Stimmt! *Lekin hindī aur urdū bahut alag nahīñ* (Aber Hindi und Urdu sind nicht sehr verschieden), erklärt sein Mitreisender. *Acchā?* (Ach so?), Michael erfährt, dass es nur wenige Unterschiede im Vokabular gibt und Urdu in der arabischen Schrift geschrieben wird. So schnell beherrscht man also eine weitere Sprache, scherzt Michael: *To hakīkat meñ, maiñ hindī aur urdū bolne-vālā hūñ* (Also in Wahrheit spreche ich Hindi und Urdu), – und so falsch liegt er damit gar nicht.

Yeh merī sīṭ hai

2/18

aisā	so
ki	dass
sīṭ (w)	Sitz, Sitzplatz
apnā	eigener
ke ūpar	über
sṭeshan (m)	Station, Bahnhof
utareñge	Sie werden aussteigen
utarnā	aussteigen
tak	bis
vakt (m)	Zeit
vakt par	pünktlich
der (w)	Verspätung
hogī	sie wird sein

■ Sunie sāhab! Mujhe aisā lagtā hai ki yeh merī sīṭ hai.	Verzeihung, mein Herr! Mir scheint, dass dies mein Sitzplatz ist.
● Zarā āp mujhe apnā ṭikaṭ dikhā dījiegā!	Zeigen Sie mir bitte mal Ihre Fahrkarte!
■ Yeh dekhie!	Hier, schauen Sie!
● Mere khayāl meñ voh āp kī sīṭ hai, mere pās.	Meiner Meinung nach ist jener Ihr Sitzplatz, neben mir.
■ Acchā.	Ach so.
● Āp apnā sāmān sīṭ ke ūpar rakh dījiegā!	Legen Sie Ihr Gepäck doch über den Sitz!
■ Ṭhik hai. Āp kaunse sṭeshan par utareñge?	Gut. An welcher Station werden Sie aussteigen?
● Jaypur meñ. Aur āp kidhar jā rahe haiñ?	In Jaipur. Und wohin fahren Sie gerade?
■ Jaisalmer tak. Relgāṛī vakt par hai, kyā?	Bis Jaisalmer. Ist der Zug pünktlich?
● Nahīñ, yahāñ par das minaṭ kī der hogī.	Nein, hier wird es eine Verspätung von zehn Minuten geben.

2 Mal „es scheint" ...:
1. *Mujhe aisā **lagtā** hai ...* (Mir so fühlt ist ... = Es scheint mir ...).
2. *Aisā lagtā hai ki ...* (Es scheint, dass ...).

Eigen: *apnā* meist statt Wiederholung des Pronomens: *Mujhe **apnā** ṭikaṭ do!* (Gib mir **(mein) eigenes** Ticket!)

Besitzanzeigendes Fürwort + Postposition – oder Hauptwort/Name + *ke* + Postposition: *mere* (meine) + (***ke***) *pās* (bei) → ***mere** pās* (bei **mir** = hier: **neben** mir).

Postpositionen mit *ke*
ke lie (für)
ke sāth (mit)
ke bīc meñ (zwischen)
ke ūpar (über)
ke pīche (hinter, nach)
ke pās (bei, in der Nähe von)

Statt *meñ* (in) umgangssprachlich oft *par* (auf),
yahāñ par (hier)
vahāñ par (dort)
kahāñ par (wo)

Zukunft
Verbstamm + Zukunftsendungen:
*maiñ utar**ūñgā/-ī*** (ich werde aussteigen)
*tum utar**oge/-ī*** (du/ihr wirst/werdet aussteigen)
*tū/yeh/voh utar**egā/-ī*** (du/er/sie wirst/wird aussteigen)
*ham/āp/ye/ve utar**eñge/-ī*** (wir/Sie/sie werden aussteigen)

Auch in indischen Zügen oft relativ: *vakt par* (Zeit auf = pünktlich).

14 A

Übungen

Für den Fall, dass Sie doch auf morgen verschieben müssen: Wandeln Sie die Verben im Präsens bitte in Futurformen um. *āj* heißt bekanntlich „heute“.

1. Was man heute kann besorgen ...

2/19

Maiñ āj kām ***karūñgī****.*

1. Maiñ āj kām kartī hūñ.
2. Mujhe kal Dillī jānā hai.
3. Ham kyā khāte haiñ?
4. Āp yahāñ par utarte haiñ?
5. Voh rāt ko yahāñ par pahuñctī hai.

Setzen Sie in die Lücken die richtigen Formen des Futurs ein.

2. Was wird sein?

1. Maiñ kyā ________ (khānā)?
2. Tum apnā kamrā ________ (dikhānā).
3. Kal kyā ________ (honā)?
4. Ham parsoñ tumheñ fon ________ (karnā)?
5. Āp mujhe sab kuch ________ (batānā), na?

Nein, nicht in Schwaben, in Indien sind Sie unterwegs. Daher könnten Ihnen bei einer Bahnfahrt diese Sätze auf Hindi behilflich sein.

3. Schwäb'sche Eisenbahn

1. Mir scheint, dass dies mein Sitzplatz ist.
2. Zeigen Sie mir bitte mal Ihre Fahrkarte!
3. Meiner Meinung nach ist dies Ihr Gepäck.
4. Mutter, an welcher Station werden wir aussteigen?
5. Der Zug ist nicht pünktlich.
6. Es wird eine Verspätung von fünf Minuten geben.

Schauen Sie sich die einzelnen Satzteile genau an, dann sollte die Zuordnung keine Probleme bereiten.

4. Pärchenbildung

1. Mujhe aisā lagtā hai	a ☐ utarenge?
2. Hamāre khayāl meñ	b ☐ ki yeh merī sīṭ hai.
3. Kyā āp bhī yahāñ par	c ☐ kī der hogī.
4. Nahīñ, yahāñ par do minaṭ	d ☐ vakt par nahīñ.
5. Matlab relgāṛī	e ☐ yeh hamārī sīṭ hai.

Welche Postposition gehört wohin? Erkennen Sie bei den schon bekannten Ausdrücken *calegā* und *paṛegā* das Futur?

5. Lückenlos zufrieden!

pās – ke ūpar – tak – sāth – par

1. Merā sāmān sīṭ ________ rakhie!
2. Calegā sāhab! Mere ________ baiṭhie!
3. Mujhko vahāñ ________ jānā paṛegā.
4. Ham Jaisalmer ________ jā rahe haiñ.
5. Calo, hamāre ________ āo!

Āp kā dharma kyā hai?

2/20

dharma (m)	Religion
hindū	Hindu, hinduistisch
urdū (w)	Urdu (nordindische Sprache)
alag	verschieden
fark (m)	Unterschied
shabd (m)	Wort, Wörter
Devanāgarī	Devanagari (Hindi-Schrift)
lipī (w)	Schrift
likhnā	schreiben
Nastalīk	Nastaliq (Urdu-Schrift)
kā istemāl karnā	benutzen, gebrauchen

■ Sunie jī, āp kā dharma kyā hai? Āp to hindū nahīñ, na?	Verzeihen Sie, mein Herr, was ist Ihre Religion? Sie sind doch kein Hindu, nicht wahr?
● Nahīñ, maiñ musalmān hūñ.	Nein, ich bin Muslim.
■ Acchā, to āp kī bhāshā urdū hai?	Ach so, dann ist Ihre Sprache Urdu?
● Hāñ bilkul. Lekin hindī aur urdū bahut alag nahīñ.	Ja, genau. Aber Hindi und Urdu sind nicht sehr verschieden.
■ Matlab baṛā fark nahīñ, kyā?	Das heißt, es gibt keinen großen Unterschied?
● Nahīñ jī, donoñ bhāshāoñ meñ shabd sirf thoṛe-se alag haiñ.	Nein, mein Herr, zwischen beiden Sprachen sind die Wörter nur ein bisschen verschieden.
■ Acchā?	Ach so?
● Aur hindī Devanāgarī lipī meñ likhte haiñ lekin urdū meñ Nastalīk lipī kā istemāl kartī hai.	Und Hindi schreibt man in der Devanagari-Schrift, aber Urdu benutzt die Nastaliq-Schrift.
■ To hakīkat meñ, maiñ hindī aur urdū bolne-vālā hūñ.	Also, in Wahrheit spreche ich Hindi und Urdu.
● Hāñ jī. Sahī bāt hai!	Ja, mein Herr. Das stimmt!

Beachten Sie:
bhāshāoñ (**den** Sprachen) als gebeugte Form von *bhāshāeñ* (**die/-**Sprachen).

Das unpersönliche **man** wird durch Verben im Plural umschrieben:
(ve) likhte haiñ ((sie) schreiben = **man** schreibt).

benutzen/gebrauchen:
kā istemāl karnā (von Gebrauch machen):
*Urdū Nastalīk lipī **kā istemāl kartī** hai* (Urdu **benutzt** die Nastaliq-Schrift).

Die Konstruktion mit ***-vālā*** ersetzt häufig die Präsensform, besonders wenn die Zeit für die Aussage keine Rolle spielt:
*Maiñ hindī aur urdū bolne-**vālā** hūñ* (Ich spreche Hindi und Urdu).

Devanāgarī
Aus dem Sanskrit entlehnte Hindi-Schrift.
Nastalīk
Leicht abgewandelte Version der arabischen Schrift.

Übungen

Āp kā dharma kyā hai? ist die übliche Frage nach der Glaubensrichtung. Christ/-in heißt *īsāī* oder *krishciyan*, Jude/Jüdin *yahūdī*, Buddhist/-in *bauddh*, und Satz 10 sagt man, wenn man nicht religiös ist.

1. Was ist Ihre Religion?

▶ 2/21

*Maiñ **hindū** hūñ.*

1. hindū
2. musalmān
3. īsāī
4. krishciyan
5. proṭesṭeṇṭ
6. kaitholik
7. yahūdī
8. sikh
9. bauddh
10. nāstik

Wandeln Sie die Verben in die Konstruktion mit *-vālā/-ī/-e* um, aber Vorsicht, denn *-vālā/-ī/-e* kann sich je nach Genus und Numerus verändern!

2. Verwandlungskünstler gesucht!

▶ 2/22

*Maiñ urdū **bolne-vālī** hūñ.*

1. Maiñ urdū **boltī** hūñ.
2. Voh yeh shabd nahīñ **likhtā**.
3. Ham Devanāgarī lipī meñ **likhte** haiñ.
4. Tum Nastalīk lipī kā **istemāl karte** ho.
5. Āp yeh bhāshā **samajhte** haiñ, kyā?

Angeregtes Geplauder über Gott und die Sprache. Reden Sie mit und übersetzen Sie diese Sätze ins Hindi.

3. Neugierige unter sich

1. Verzeihen Sie, was ist Ihre Religion?
2. Sie sind doch kein Muslim, nicht wahr?
3. Sind Hindi und Urdu sehr verschieden?
4. Ja, in Bezug auf die Schrift sind beide sehr verschieden.
5. Aber in Bezug auf die Wörter gibt es keinen großen Unterschied.

Nein, hier geht es nicht um eine Million, sondern um die sinnvolle Antwort. Demnächst könnten Sie sich ja mal als Indienspezialist beim TV bewerben ...

4. Millionenfrage

1. Āp kā dharma kyā hai?
2. To āp kī bhāshā kaunsī hai?
3. Donoñ meñ fark hai?
4. Āp to hindū nahīñ, na?
5. Āp urdū bolne-vāle haiñ?

a ☐ Nahīñ, maiñ musalmān hūñ.
b ☐ Hāñ, shabd alag haiñ.
c ☐ Merī bhāshā urdū hai.
d ☐ Maiñ hindū hūñ.
e ☐ Nahīñ, mujhe hindī ātī hai.

Kleiner Ausschnitt aus der indischen Sprachenvielfalt:
1. *hindī* (Hindi)
2. *urdū* (Urdu)
3. *pañjābī* (Pandschabi)
4. *sañskrit* (Sanskrit)

5. Sprachen in Devanāgarī

1. हिन्दी
2. उर्दू
3. पंजाबी
4. संस्कृत

Hindi und Urdu

14

Urdū (Urdu) ist nicht nur eine der 23 Nationalsprachen Indiens, sondern seit der Teilung des Subkontinents in die souveränen Staaten Indien und Pakistan im Jahre 1947 auch die offizielle Amtssprache Pakistans. Aber eigentlich sind Hindi und Urdu nur zwei Varianten der gleichen Sprache! Etwa ab dem 12. Jahrhundert etablierten sich die islamischen Eroberer endgültig als Machthaber über weite Teile Nordindiens. Sie brachten Persisch und diverse Turksprachen mit, die sich bald mit den bisherigen auf dem Sanskrit basierenden regionalen Idiomen vermischten. So entstand eine Art Umgangs- oder Marktsprache namens *Hindustānī* (Hindustani, Indisch), mit reichlich persischen, türkischen und auch arabischen Lehnwörtern, die bereits damals in der geschwungenen arabisch-persischen Schrift *Nastalīk* (Nastaliq) geschrieben wurde.
Im Zuge der Bildung eines muslimischen Reiches wurde Hindustani zur Regierungssprache und blieb es auch unter den Briten. Mit dem Aufkommen des indischen Nationalgedankens Mitte des 19. Jahrhunderts und der politischen Spaltung in ein hinduistisches und ein muslimisches Lager kreierten die Hindus ihre eigene Verkehrssprache. Sie ersetzten dabei in erster Linie die arabisch-persischen Lehnwörter des Hindustani durch Sanskrit-Begriffe und benutzten statt des orientalischen Alphabets die *Devanāgarī*-(Devanagari)-Schrift des Sanskrit. Diese neu entstandene Sprache heißt bis heute Hindi – für die muslimische Variante setzte sich der Name Urdu durch.

Urdu
- Muttersprache für 70 Mio. Menschen
- Zweitsprache für 170 bis 240 Mio. (darunter die meisten Pakistani)
- Begriff stammt aus dem Türkischen: Lagerplatz (urspr. Zeltsiedlungen der muslimischen Soldaten um Delhi)
- **Poetisch:** Urdu ist auch die Sprache der *ghazal* (Gedichte, oft gesungen), die nicht nur unter Muslimen sehr beliebt sind.
- **Höflich:** Urdu war die Sprache am muslimischen Hof und gilt als besonders höflich:
  Kaise mizāj haiñ? (Wie ist die Laune? = Wie geht's?)
  Āp kī duā hai! ([Gut], da Sie für mich beten! = Danke, gut!)
  Statt *namaskār* (Guten Tag) sagen Muslime auf Arabisch *As-salāmu aleykum!* (Friede sei mit Ihnen!)

15

Ankunft in Jaisalmer

Zwischen Freund/innen oder Geschäftspartner/innen werden kleine Dienste sehr geschätzt: der Empfang am Bahnhof oder Flughafen, eine Einladung zum Tee bzw. Essen, oder auch nur der einfache Smalltalk.

Entzückt zeigt man sich in Indien, wenn Ausländer/innen ein wenig Hindi sprechen. Selbst rudimentäre Sprachkenntnisse werden überschwänglich gelobt.

***gapshap karnā* (plaudern)**
Die Lieblingsbeschäftigung vieler in Indien. Gerade „exotische" Ausländer/innen werden gerne angesprochen. Neugier ist auf dem Subkontinent nichts Verwerfliches!

Als Michael in Jaisalmer ankommt, wartet schon Herr Sunil Gupta auf ihn. Der Bauleiter des Projektes hat es sich nicht nehmen lassen, den Gast aus Deutschland am Bahnhof abzuholen. Michael kennt Sunil vom Telefon und wendet gleich seinen neu gelernten Urdu-Satz an: *Kaise mizāj haiñ?* (Wie ist die Laune?). Überrascht von den Sprachkenntnissen Michaels, antwortet dieser darauf ebenfalls in bestem Urdu: *Āp kī duā hai!* (Gut, da Sie für mich beten!). So ist die Anfangsdistanz bereits überwunden, als Michael von seiner Reise berichtet: *Maiñ meharbān admī se gapshap kar rahā thā* (Ich war dabei mit einem netten Herrn zu plaudern). Alles klar, jetzt wundert Sunil nichts mehr: *Aur aisā lagtā hai ki gapshap karke āp hindī bolne kā abhyās bhī karte the, na?* (Und es scheint, als haben Sie plaudernd auch Praxis im Hindi-Sprechen bekommen, nicht wahr?). Tja, wie sagt ein altes Sprichwort? *Jaisā desh, vaisā vesh!* (So wie das Land, so sind seine Gewänder! im Sinne von: Wenn du in Rom bist, tue, was die Römer tun!)
Dass man in Indien gerne plaudert, hat Michael bereits mitbekommen. Sunil stellt da keine Ausnahme dar und so fragt er Michael über die Tage in Delhi aus. Anschließend kann er nur anerkennend feststellen: *Āp thoṛī der ke bād pūre hindustānī ban jāeñge!* (Sie werden bald ein kompletter Inder werden!). Darauf muss Michael lachen und seinem neuen Bekannten schmunzelnd zustimmen: *Hāñ jī, ho saktā hai!* (Ja, das kann sein!).

Āp kī duā hai!

2/23

mizāj (m)	Laune, Temperament
duā (w)	Segen, Gebet
tarah (w)	Weise
meharbān	nett, freundlich
admī (m)	Herr, Mann
gapshap karnā	plaudern
kaī	einige
cīz (w)	Ding, Sache
mālūm	bekannt
karke	machend
sac	richtig, wahr
jaisā	so wie
vaisā	so
vesh (m)	Kleidung, Kostüm

● Āp kā svāgat hai misṭar König!	Willkommen, Herr König!
■ Namaskār Sunil jī! Kaise mizāj haiñ?	Guten Tag, Herr Sunil! Wie ist die Laune?
● Āp kī duā hai! Āp kī yātrā kaisī rahī?	Gut, da Sie für mich beten! Wie verlief Ihre Reise?
■ Bahut acchī tarah se. Maiñ meharbān admī se gapshap kar rahā thā.	Sehr gut. Ich war dabei mit einem netten Herren zu plaudern.
● Vāhvāh!	Bravo!
■ Is lie mujhe hindustānī musulmānoñ ke bāre meñ kaī cīzeñ mālūm huīñ.	So habe ich manche Dinge über die indischen Muslime erfahren.
● Aur gapshap karke āp hindī bolne kā abhyās bhī karte the, na?	Und plaudernd haben Sie auch Praxis im Hindi-Sprechen bekommen, nicht wahr?
■ Hāñ, yeh to sac hai! Jaisā desh, vaisā vesh!	Ja, das ist richtig! Wenn du in Rom bist, tue, was die Römer tun!

Vergangenheit
Verbstamm + ***rahā/-ī/-e*** (blieb) + Vergangenheitsformen von *honā* (sein):
(m Sg.): ***rahā thā***
(m Pl.): ***rahe the***
(w Sg.): ***rahī thī***
(w Pl.): ***rahī thīñ***
Maiñ meharbān admī se ***gapshap kar rahā thā*** (Ich **war dabei,** mit einem netten Herren **zu plaudern**).

tarah (Weise) macht aus Adjektiven Adverbien: *Tum* ***acchī tarah*** *se hindī bolte ho* (Du sprichst Hindi **auf gute Weise**. = Du sprichst **gut** Hindi).

mālūm huā = bekannt geworden ist = erfahren

„geworden ist"
huā/hue (m, Ez/Mz) und *huī/huīñ* (w, Ez/Mz): *baṛī khushī huī* (große Freude geworden ist = sehr erfreut)

Verlaufsform
Verbstamm + ***-ke/-kar***: *gapshap kar**ke*** (Plaudern machend = plaudernd)

kaī (einige): auch mehrere, manche

Auch in Indien liebt man Zitate und Sprichwörter: *Jaisā desh, vaisā vesh!* (auch *Jaisā desh, vaisā bhes!*); bedeutet etwa: „So wie das Land, ist auch seine Kleidung!".

15 A

Übungen

Sie waren *kal* (gestern) ja ganz schön in Plauderlaune, aber mit wem? Frauen würden natürlich nicht *rahā thā*, sondern *rahī thī* sagen.

1. Gesprächspartner gefällig?

▶ 2/24

*Maiñ kal **meharbān admī** se gapshap kar rahā thā.*

1. meharbān admī
2. pākistānī bacce
3. hindustānī musalmān
4. jarman sāthī
5. bhāratīy dost

Setzen Sie in die Lücken die richtigen Formen für „geworden ist" ein, also *huā, hue, huī* oder *huīñ*.

2. Was haben Sie erfahren?

1. Mujhe musulmānoñ ke bāre meñ kaī cīzeñ mālūm ________ .
2. Hameñ hindustānī khāne ke bāre meñ sab kuch mālūm _______.
3. Tumheñ kyā mālūm _______ ?
4. Usko tere desh ke bāre meñ sirf ek cīz mālūm _______ .
5. Gapshap karke mujhe tumhāre se sab kuch mālūm ________ .

Diese Sätze in der Verlaufsform sollen in die Vergangenheit gesetzt werden. Dafür müssen Sie lediglich *honā* (sein) ersetzen durch *thā/the* oder *thī/thīñ*.
Satz 4: *mujh se* (mit mir)

3. Vorbei

▶ 2/25

*Maiñ capātī khā rahā **thā**.*

1. Maiñ capātī khā rahā hūñ.
2. Ham Dillī jā rahe haiñ.
3. Tumheñ yeh khānā kaisā lag rahā hai?
4. Voh mujh se gapshap kar rahā hai.
5. Āp log relgāṛī meñ kyā kar rahe haiñ?

Schauen Sie sich die Fragen genau an, dann dürfte die Übung ganz leicht sein.
kis se = mit wem?

4. Antwort gesucht

1. Āp kī yātrā kaisī lag rahī thī?	a	☐	Ek meharbān admī se.
2. Kaise mizāj!	b	☐	Bahut acchī tarah se.
3. Āp kis se gapshap kar rahe the?	c	☐	Hāñ, sab kuch mālūm huā.
4. Āpko kaī cīzeñ mālūm huīñ?	d	☐	Zarūr, mujhe abhyās cāhie.
5. Tum gapshap karnā cāhte ho?	e	☐	Āp kī duā hai!

Hier fünf Sätze mit dem omnipotenten Verb *lagnā*. Erinnern Sie sich noch an alle Bedeutungen? Ja? Sehr gut! Dann übersetzen Sie doch mal!

5. Von fühlen bis schmecken

1. Tumhārī yātrā kaisī lag rahī hai?
2. Tumko hindustānī khānā kaisā lagtā hai?
3. To bolo, kitne rupaye lagenge?
4. Mujhe aisā lagtā hai ki yeh zyādā mahangā hai.
5. Merā kurtā kaisā lag rahā hai?

Us ne āpko kyā dikhāyā?

15 B

2/26

ne	durch
sunā/-ī/-e/-īñ	gehört
milā/-ī/-e/-īñ	getroffen
milnā	treffen, geben, vorhanden sein
dikhāyā/-ī/-e/-īñ	gezeigt
khāyā/-ī/-e/-īñ	gegessen
dekhā/-ī/-e/-īñ	gesehen
kharidā/-ī/-e/-īñ	gekauft
din (m)	Tag
sīkhā/-ī/-e/-īñ	gelernt
sīkhnā	lernen
thoṛī der ke bād	bald
pūrā	komplett, voll
ban jānā	werden

● Maiñ ne sunā hai ki āp Dillī meñ Rāhul Prasād se mile. Us ne āpko kyā dikhāyā?	Ich habe gehört, dass Sie in Delhi Rahul Prasad getroffen haben. Was hat er Ihnen gezeigt?
■ Ham ne bahut sundar resṭoranṭ meñ khānā khāyā.	Wir haben in einem sehr schönen Restaurant gegessen.
● Aur āp ne kuch aur dekhā, kyā?	Und haben Sie sonst noch etwas gesehen?
■ Hāñ, maiñ ne mere dostoñ ke sāth Lāl Kilā dekhā aur Cāvṛī Bāzār meñ maiñ ne ek safed kurtā kharidā.	Ja, ich habe mit meinen Freunden das Rote Fort gesehen und im Chowri-Basar habe ich ein weißes Baumwollhemd gekauft.
● Yānī ki āp ke din vahāñ acche rahe.	Das heißt, Ihre Tage dort sind gut verlaufen.
■ Hāñ, maiñ ne Dillī meñ Bhārat ke bāre meñ bahut cīzeñ sīkhī haiñ.	Ja, ich habe in Delhi viele Dinge über Indien gelernt.
● Āp thoṛī der ke bād pūre hindustānī ban jāeñge!	Sie werden bald ein kompletter Inder werden!
■ Hāñ jī, ho saktā hai!	Ja, das kann sein!

Einfache Vergangenheit (bei abgeschlossenen, einmaligen Handlungen): Partizip = Verbstamm + Endung:
-***ā*** (m Sg.)
-***e*** (m Pl.)
-***ī*** (w Sg.)
-***īñ*** (w Pl.):
*Maiñ ne sun**ā***
(Ich **habe gehört**)
Sonderfall: Stamm endet auf Vokal → *-y-* wird eingeschoben + Partizipendung: *-yā/-yī/-ye/-yīñ*:
*dikh**ā**nā* (zeigen) → *dikh**ā**yā* (gezeigt).

Subjekt oder Objekt
Die Verbform richtet sich in Geschlecht und Zahl nach dem
1. Subjekt: wenn nichtzielend (intransitiv = ohne Subjekt): *Maiñ **āyā*** (Ich kam).
2. Objekt: wenn zielend (transitiv = mit Objekt). Dabei steht *ne* (durch) nach dem Fürwort: *Us **ne** khānā **khāyā*** (Er hat Essen gegessen).

kuch aur (sonst noch etwas)

Zusammengesetzte Vergangenheit (noch andauernde Handlung mit Bezug zur Gegenwart): Partizip + *honā* (sein): *Maiñ ne bahut cīzeñ **sīkhī haiñ*** (Ich **habe** viele Dinge **gelernt**).

Doppelt gemoppelt: *Ham ne khānā khāyā* (Wir haben Essen gegessen = Wir haben gegessen).

Übungen

Sagen Sie Mr. X, was Sie über ihn gehört haben – natürlich nur Gutes!

1. Ich hab da was gehört …

2/27

Āp ne ***isko Lāl Kilā dikhāyā****.*

1. isko Lāl Kilā dikhāyā
2. khānā khāyā
3. ek safed kurtā kharidā
4. apne mātā-pitā ko dekhe

Ohje! Mal wieder ist was vergessen worden. Können Sie uns helfen? Setzen Sie die Partizipien der Vergangenheit an die richtige Stelle, dann wird's sicher klarer.

2. Was gehört wohin?

kharidā – dikhāyā – sīkhī – mile – dekhā

1. Tum Dillī meñ Rāhul Prasād se __________, na?
2. Us ne tumko kyā __________ ?
3. Maiñ ne apne dostoñ se Cāvṛī Bāzār __________ .
4. Tum ne mere lie ek sundar safed kurtā __________ .
5. Ham ne Dillī meñ bahut cīzeñ __________ haiñ.

Jetzt sind Sie selbst gefragt, Sätze in der Vergangenheit zu bilden. Also Partizipien basteln und das Wörtchen *ne* nicht vergessen!

3. So war's

1. Wir haben gestern Rahul Prasad in Delhi getroffen.
2. Er hat uns ein sehr schönes Restaurant gezeigt.
3. Wir haben dort sehr leckeres Essen gegessen.
4. Meine Freunde haben mir das Rote Fort gezeigt.
5. Michael hat für dich im Chowri-Basar ein Baumwollhemd gekauft.

Wie gewohnt weist das Verb im Fragesatz den Weg zur richtigen Antwort. Entscheiden Sie sich richtig!

4. Entscheidung

1. Āp ne kyā dekhā?
   a ☐ Maiñ ne Lāl Kilā dekhā.
   b ☐ Hāñ jī, dhanyavād!
2. Us ne āpko kyā dikhāyā?
   a ☐ Usko patā nahīñ!
   b ☐ Mujhe yād nahīñ ātā!
3. Āp ke din acche rahe?
   a ☐ Nahīñ, voh merā dost nahīñ.
   b ☐ Hāñ jī, bilkul!
4. Āp hindustānī ban jāenge!
   a ☐ Ho saktā hai!
   b ☐ Maiñ to jarman nahīñ!

Meist besuchte Städte Rajasthans:
1. *Jaypur* (Jaipur)
2. *Jodhpur* (Jodhpur)
3. *Udaypur* (Udaipur)
4. *Pushkar* (Pushkar)
5. *Jaisalmer* (Jaisalmer)

5. Unterwegs in Rajasthan

1. जयपुर
2. जोधपुर
3. उदयपुर
4. पुष्कर
5. जैसलमेर

Rajasthan

Rājasthān (Rajasthan) ist bei Touristen einer der beliebtesten Bundesstaaten Indiens. Kein Wunder, denn vieles, was bei uns als „typisch indisch" gilt, hat dort seinen Ursprung. Der Name setzt sich aus den Wörtern *rāj* (König/-e) und *sthān* (Ort, Platz) zusammen, bedeutet also in etwa „Ort der Könige". Bis zur Unabhängigkeit Indiens und der damit verbundenen Abschaffung des feudalen Herrschersystems war *Rājasthān* nämlich ein Flickenteppich aus Kleinstaaten. Regiert wurden sie von teilweise unermesslich reichen Maharadschas und Maharanas – meist Angehörige der Kriegerkaste der Rajputen.
Aus dieser Zeit stammen die eindrucksvollen Paläste, die privaten Residenzen sowie die *havelī*, genannten herrschaftlichen Stadthäuser einflussreicher Familien. Hinzu kommen unzählige Burgen und Forts, die architektonisch stark von den Muslimen geprägt wurden und stilistisch an die „Geschichten aus 1001 Nacht" erinnern.
Viele Dinge, die heute zum kulturellen Bewusstsein ganz Indiens gehören, haben ihre Wurzeln in *Rājasthān*: weit verbreitete Tänze wie Ghumar oder Kalbeliya, die klassischen Hindi-Balladen über mutige Helden und tragische Liebespaare, aber auch das – nicht nur bei Kindern – äußerst beliebte Marionettentheater namens Kathputli. Berühmt ist *Rājasthān* auch für die kunstvollen traditionellen Kleidungsstücke, die aufwendig bestickt und in prächtig leuchtenden Farben beliebte Mitbringsel sind. Wem das nicht genügt: Jedes Jahr im November findet in Pushkar der größte Kamelmarkt der Welt statt!

Rajasthan
- Fläche: 342.239 km²
- knapp 82 Mio. Einwohner

In der britischen Kolonialzeit wurde Rajasthan auch *Rajputana* – Land der Rajputen – genannt.

mahārāja (Maharadscha = Großkönig oder Großfürst) indischer Herrschertitel. Als Maharana wurden die Herrscher einiger Städte wie Udaipur (früher Mewar) bezeichnet.

Sightseeing gefällig?
Nicht versäumen sollte man in Rajasthan:
- das Mehrangarh Fort in Jodhpur,
- das Fort von Chittorgarh,
- den Stadtpalast und das luxuriöse Lake Palace Hotel in Udaipur,
- den Hava Mahal – „Palast der Winde" –, Jal Mahal, Jantar Mantar und das Amber Fort in Jaipur.

16

Raus zur Baustelle

Den Nordosten Rajasthans prägt die Halbwüste Thar, die sich bis nach Pakistan zieht. Zwischen der Thar und den fruchtbareren Ebenen im Osten und Südosten des Bundesstaates liegt das Aravalli-Gebirge – Klimagrenze und Wasserscheide in einem.

Rajasthan leidet häufig unter Trockenheit, deshalb baut die Zentralregierung seit vielen Jahren Bewässerungssysteme, um die trockenen Regionen auch außerhalb der Regenzeit mit dem überlebenswichtigen Element versorgen zu können.

Sunil Gupta holt Michael am folgenden Tag im Hotel ab. Während der Fahrt zum Bauprojekt berichtet Sunil seinem deutschen Kollegen: *Ham ab is ilāke meñ nahar banā rahe haiñ* (Wir bauen jetzt gerade in dieser Gegend eine Bewässerung). Warum, möchte Michael wissen. Ganz einfach: *Kyoñ ki in gāvoñ meñ pānī aur bijlī nahīñ* (Weil es in diesen Dörfern kein Wasser und keinen Strom gibt), erklärt Sunil, *yeh registān hai, yahāñ miṭṭī zyādā sūkhī hai* (das ist Wüste, der Boden ist hier zu trocken). Natürlich hat Michael darüber schon Berichte gelesen, aber jetzt vor Ort kann er sich endlich ein eigenes Bild machen. Sunil ist äußerst zuversichtlich: *Thoṛe din ke bād sab ṭhīk ho jāegā aur logoñ kī zindagī aur āsān ho jāegī* (Bald wird alles gut sein, und das Leben der Menschen wird leichter sein).
Ein paar Stunden später, nach einem langen Arbeitstag und vielen Eindrücken, fahren die beiden zurück durch die Weite der rajasthanischen Wüste als plötzlich Michaels Handy klingelt. Es ist Rāhul: *Tum ṭhīk se pahuñce?* (Bist du gut angekommen?). Ja klar, es lief alles glatt, aber selbstverständlich möchte Rāhul auch wissen, ob Michael bereits das Bauprojekt inspizieren konnte. *Sunil jī ne mujhe sab kuch dikhāyā* (Herr Sunil hat mir alles gezeigt), berichtet er. Na, dann muss sich ja selbst Rāhul keine Sorgen mehr machen!

Yeh kyoñ zarūrī hai?

2/28

ilākā (m)	Gegend, Region
nahar (w)	Kanal, hier: Bewässerung
banānā	bauen, machen, zubereiten
zarūrī	notwendig, dringend
kyoñ ki	weil
gāñv (m)	Dorf, Dörfer
bijlī (w)	Strom, Elektrizität
registān (m)	Wüste
miṭṭī (w)	Boden
sūkhā	trocken
khetībārī (w)	Landwirtschaft
kam	wenig
zindagī (w)	Leben

● Dekhie Michael jī! Ham ab is ilāke meñ nahar banā rahe haiñ. — Schauen Sie, Herr Michael! Wir bauen jetzt gerade in dieser Gegend eine Bewässerung.

■ Yeh kyoñ zarūrī hai? — Warum ist das denn notwendig?

● Kyoñ ki in gāvoñ meñ pānī aur bijlī nahīñ. Yeh registān hai, yahāñ miṭṭī zyādā sūkhī hai. — Weil es in diesen Dörfern kein Wasser und keinen Strom gibt. Das ist Wüste, der Boden ist hier zu trocken.

■ To khetībārī bhī kam hai yahāñ par na? — Dann gibt es hier auch wenig Landwirtschaft, nicht wahr?

● Hāñ bilkul! Lekin thoṛe din ke bād sab ṭhīk ho jāegā aur logoñ kī zindagī aur āsān ho jāegī. — Ja, genau! Aber bald wird alles gut sein, und das Leben der Menschen wird leichter sein.

■ Aur aisā lagtā hai ki ham unkī madad kar sakte haiñ. — Und es scheint, als können wir ihnen helfen.

● Āp ne bilkul ṭhīk kahā hai. — Das haben Sie ganz richtig gesagt.

Nochmals Satzbau
Das Zeitadverb steht **vor** der Zeit- und Ortsangabe: *Ham **ab** is **ilāke meñ** nahar banā rahe haiñ* (Wir bauen **jetzt** gerade **in dieser Gegend** eine Bewässerung).

Warum und weil
kyoñ? (warum?)
Antwort: *kyoñ ki* (warum dass = weil)

Unregelmäßig gebeugter Plural:
gāñv (Dorf, Dörfer)
in gāvoñ meñ
(in diesen Dörfern)

2 Mal „werden"
1. *ho jānā* (sein gehen = werden)
2. *ban jānā* (werden)

Fürwörter + *ne*,
wenn die transitiven Verben in der Vergangenheit stehen:
maiñ ne: durch mich
tū ne: durch dich
is ne: durch ihn/sie (hier)
us ne: durch ihn/sie (dort)
ham ne: durch uns
tum ne: durch dich/euch
āp ne: durch Sie
inhoñ/unhoñ ne: durch sie, hier/dort
Beispiel: *Āp **ne** bilkul ṭhīk kahā hai* (Sie haben (das) ganz gut gesagt).

thoṛe din ke bād (nach wenigen Tagen = bald)

Steigerung: *aur* (mehr) + Adjektiv: *aur āsān* (mehr einfach = einfacher)

Übungen

1. Simpel, aber wichtig!

2/29

Können Sie die nebenstehenden Sätze in die Vergangenheit setzen?

Āp ***ne*** *kyā kām* ***kiyā?***
1. Āp kyā kām karte haiñ?
2. Ham nahar banāte haiñ.
3. Tum bilkul ṭhīk kahte ho.
4. Registān meñ miṭṭī zyādā sūkhī hai.
5. Āp unheñ madad kar sakte haiñ!

2. Warum und weil

Yeh to kyoñ zarūrī hai? (Warum ist das denn notwendig?). Setzen Sie einfach die unten stehenden Gründe ein, damit Sie nicht in Erklärungsnöte geraten. Können Sie die Sätze auch übersetzen?

Kyoñ ki …
1. … mujhe bijlī kī zarūrat hai.
2. … is se hamārī zindagī aur āsān hogī.
3. … in gāvoñ meñ pānī nahīñ.
4. … khetībārī bhī kam hai.
5. … aisā thoṛe din ke bād sab ṭhīk ho jāegā.

3. Wörterpuzzle

Der Hindi-Satzbau mag immer noch etwas gewöhnungsbedürftig sein, aber Sie werden bald keine Probleme mehr damit haben – versprochen! Hier aber noch einmal fleißig üben!

1. meñ – haiñ – nahareñ – banā – abhī – rahe – Hindustān – ham
2. to – sacmuc – hai – bolie – yeh – zarūrī
3. nahīñ – aur – abhī – meñ – bijlī – mere – gāñv – pānī
4. thoṛe – ke – aisā – ho – jāegā – ki – lagtā – hai – bād – din – sab – mujhe – ṭhīk
5. kam – meñ – meñ – hakīkat – is – khetībārī – ilāke – hai

4. Nichts als die Wahrheit

Nein, hier sind Sie nicht als Zeuge vor Gericht gefragt. Suchen Sie dennoch – nach bestem Wissen und Gewissen – die richtigen Antworten.

1. Āp ke ghar meñ bijlī hai?	a ☐	Zyādā sūkhī hai.
2. Tumhārī zindagī āsān hai?	b ☐	Hāñ, Rājasthān meñ hai.
3. Yahāñ miṭṭī kaisī hai?	c ☐	Kyoñ ki yeh zarūrī hai!
4. Bhārat meñ registān hai?	d ☐	Bad kismatī se abhī tak nahīñ.
5. Kyoñ nahar banā rahe haiñ?	e ☐	Nahīñ, aur pānī bhī nahīñ!

5. Es wird schon werden …

Aus viermal Gegenwart sollen Sie mit der Konstruktion *ho jānā* viermal Zukunft machen.

Sab ṭhīk ***ho jāegā.***
1. Sab ṭhīk hai.
2. Yeh bahut āsān hai.
3. Miṭṭī zyādā sūkhī hai.
4. Yahāñ kyā hai?

Ghabrāo mat!

2/30

ṭhīk se	auf gute Weise
kal	gestern, morgen
samay (m)	Zeit
samay par	pünktlich
intazār karnā	warten
choṭā/-ī/-e	klein
soyā	geschlafen
sonā	schlafen
prāyojnā (w)	Projekt
praṇām (m)	Gruß

■ Hello?	Hallo?
● Hello bhāī! Maiñ Rāhul bol rahā hūñ.	Hallo, Bruder! Ich bin's, Rahul.
■ Rāhul bhāī, kyā huā?	Rahul, was gibt's?
● Tum kaise ho?	Wie geht es dir?
■ Baṛhiyā!	Ausgezeichnet!
● Tum ṭhīk se pahuñce?	Bist du gut angekommen?
■ Hāñ hāñ, ghabrāo mat! Maiñ kal rāt ko samay par pahuñc gayā. Sunil jī ne sṭeshan par intazār kiyā.	Ja, ja, mach dir keine Sorgen! Ich bin gestern Nacht pünktlich angekommen. Herr Sunil hat im Bahnhof gewartet.
● Tumko hoṭal bhī pasand āyā?	Gefällt dir das Hotel auch?
■ Hoṭal acchā hai aur maiñ vahāñ choṭe bacce ke jaise soyā.	Das Hotel ist gut, und ich habe dort wie ein kleines Kind geschlafen.
● Tum ne hamārī prāyojnā dekhī hai, kyā?	Hast du (schon) unser Projekt gesehen?
■ Zarūr! Sunil jī ne mujhe sab kuch dikhāyā.	Natürlich! Herr Sunil hat mir alles gezeigt.
● Yeh bāt sunkar mujhe bahut khushī huī. Unko mere praṇām de do!	Es freut mich sehr, das zu hören. Grüße ihn von mir!

Beachten Sie: Das Hindi benötigt oft ein Hauptwort, wo im Deutschen keins steht: *Yeh **bāt** sunkar mujhe bahut khushī huī* (Dieses **Wort** zu hören macht mir Freude = Es freut mich sehr, **das** zu hören).

Am Telefon melden: *hello?* oder *Hāñ, bolie!*

Kyā huā? (Was ist geschehen? = Was gibt's, Was ist los?)

2 Mal „pünktlich"
1. *samay* (Zeit)
samay par (pünktlich)
2. *vakt* (Zeit)
vakt par (pünktlich)

Unregelmäßige Vergangenheitsformen
denā (geben) → *diyā, diye, dī*
jānā (gehen) → *gayā, gaye, gaī*
karnā (machen) → *kiyā, kiye, kī*
lenā (nehmen) → *liyā, liye, lī*
pīnā (trinken) → *piyā, piye, pī*

***karnā* (machen)**
intazār karnā (Warten machen = warten)
fon karnā (Telefon machen = anrufen)
kām karnā (Arbeit machen = arbeiten)

Gebeugtes Fürwort + *khushī huī* = froh sein: ***Mujhe** bahut **khushī huī*** (Das **freut mich** sehr).

Pluralis Majestatis
***Unko** mere praṇām de do!* (Grüße **sie** von mir! = Grüße **ihn** von mir!).
unko (sie, Mz) steht hier aus Höflichkeit, gemeint ist nur eine Person.

Übungen

Häh? Tatsächlich lassen sich aus *karnā* und einem Hauptwort oder Adjektiv alle möglichen Verben bilden.
5. *sāf* = sauber

1. Ich habe Warten gemacht.

2/31

Maiñ ne ***intazār*** *kiyā.*

1. intazār
2. kām
3. fon
4. gapshap
5. sāf

Ein freundlicher Inder hat sich als Fremdenführer angeboten. Was hat er Ihnen alles gezeigt? Und achten Sie bitte auch auf die jeweilige Form von *dikhāyā/-ī/-e*.

2. Fremdenführer

2/32

Us ne mujhe ***sab kuch dikhāyā.***

1. sab kuch
2. sṭeshan
3. sundar kāryālay
4. choṭī cābī
5. apne bacce

Da ist jemand besonders besorgt um Sie! Bei Ihnen ist alles in Butter, sagen Sie's auf Hindi.

3. Alles in Ordnung

1. Sind Sie gut angekommen?
2. Ja ja, machen Sie sich keine Sorgen.
3. Wir sind vorgestern Nacht pünktlich angekommen.
4. Ich habe gestern wie ein kleines Kind geschlafen.
5. Grüße deine Mutter von mir!

Setzen Sie hier die richtigen Formen der transitiven Verben ein. Vorsicht, denn einige sind unregelmäßig!

4. Schwelgen in der Vergangenheit

1. Maiñ ne is kāryālay meñ kām _______ (karnā).
2. Āp ne ṭhaṇḍā pānī _______ (pīnā).
3. Unhoñ ne yeh sundar kapṛā _______ (kharīdnā).
4. Ham ne unko garam shākāhārī khānā _______ (denā).
5. Tum ne ye sundar cīzeñ _______ (sunnā) haiñ?

Hilft bei der Orientierung:
1. *pravesh* (Eingang)
2. *bāhar* (Ausgang)
3. *saṇḍās* (Toilette)
4. *dhūmrapān nishedh hai* (Rauchen verboten, gilt auch in Indien überall in der Öffentlichkeit)

5. Wer kann's lesen?

1. प्रवेश
2. बाहर
3. संडास
4. धूम्रपान निषेध है

Reis und Weizen

16

Zwar machen landwirtschaftliche Erträge heute nur mehr knapp 18 Prozent des gesamtindischen Wirtschaftsvolumens aus, dennoch gilt das Land wie von alters her als Agrarland, da rund 45 Prozent der Erwerbstätigen von der Landwirtschaft leben. Vielerorts hängt die Produktivität der Bauern, und dadurch auch die Höhe ihrer Einkommen, sehr stark von den klimatischen Bedingungen ab. Immer wieder kommt es zu Ernteausfällen, sodass eine ausreichende Ernährung nicht gewährleistet werden kann.
Die Wirtschaft Rajasthans beispielsweise basiert in hohem Maße auf dem Anbau von Baumwolle, Gerste, Hirse, Hülsenfrüchten, Mais und Weizen. Diese Produkte wachsen vor allem in den fruchtbaren Ebenen im Osten und Südosten des Bundesstaates. In den trockenen Gebieten hingegen leben Viehzüchter, die sich auf die Züchtung von Kamelen, Schafen, und Ziegen spezialisiert haben. Da Indiens Landwirtschaft ein wichtiges Standbein beim Aufschwung des gesamten Staates ist, bemüht sich die Regierung die Lebens-, Einkommens- und Arbeitsbedingungen der Grundbesitzer und Kleinbauern zu verbessern. Dazu dienen Subventionen ebenso wie große Bauprojekte, z. B. Bewässerungsanlagen. Dass dies auch mit massiven Umweltproblemen einher geht, ist weit mehr als eine negative Begleiterscheinung. Zwar steigen oft kurzzeitig die Erträge, doch ist das ökologische Gleichgewicht nachhaltig gestört. Gerade in Regionen mit komplexen klimatischen Verhältnissen scheint der langfristige Schaden vielerorts größer zu sein als der kurzfristige Nutzen.

Besonders gut ausgebaut sind in *Rājasthān* die Textilindustrie und die Teppichweberei, überwiegend aus Baumwolle.

Seit einigen Jahren bemüht sich die indische Regierung die Weizen- und Reiserträge zu steigern. Jedoch sind Weizensorten leichter zu züchten als entsprechende Reissorten. Einer der Gründe, warum es in Indien ab und zu Exportstopps für Reis gibt – natürlich wirkt sich das in der globalisierten Welt immer auch auf den internationalen Markt aus.

Die „Kornkammer" des Landes liegt westlich von Delhi in den Bundesstaaten Pandschab und Haryana.

T

Test 4

Erinnern Sie sich noch an die Infos aus den Landeskundetexten?

1. Welche Antwort stimmt?

1. *Bhāratīy Rel* ist der Name der ...
   a ☐ indischen Rallye-Vereinigung.
   b ☐ größten indischen Partei.
   c ☐ staatlichen indischen Eisenbahngesellschaft.

2. In Indien verkehrte der erste Zug im Jahre ...
   a ☐ 1672.
   b ☐ 1853.
   c ☐ 1984.

3. *urdū* wird von den allermeisten ... gesprochen.
   a ☐ Nepalesen
   b ☐ Pakistani
   c ☐ Bangladeschern

4. *Mahārāja* ist ein ...
   a ☐ indischer Herrschertitel.
   b ☐ Curry-Gericht.
   c ☐ Fabelwesen aus 1001er Nacht.

5. Zirka ... leben von der Landwirtschaft.
   a ☐ 99 % aller Bewohner Nordindiens
   b ☐ 45 % aller Erwerbstätigen
   c ☐ 17 % aller indischen Frauen

6. Die Kornkammer Indiens liegt ...
   a ☐ im Pandschab und in Haryana.
   b ☐ in Rajasthan und östlich von Delhi.
   c ☐ in den Kellern der Supermärkte.

Smalltalk auf Hindi dürfte Ihnen jetzt schon recht leicht fallen. Und damit das so bleibt, sollten Sie auch hier jeweils Frage und Antwort zuordnen.

2. Fragen und Antworten

1. Khiṛkī kitne baje khultī hai?	a ☐ Nahīñ, maiñ musalmān hūñ.
2. Abhī kitne baje haiñ?	b ☐ Ādhe ghaṇṭe ke bād.
3. Voh āp kī sīṭ hai?	c ☐ Kyoñ ki yeh registān hai!
4. Tum to hindū nahīñ, na?	d ☐ Hāñ, bahut dilcasp hai.
5. Āp kī yātrā kaisī rahī?	e ☐ Bahut acchī tarah se.
6. Yeh kyoñ zarūrī hai?	f ☐ Abhī sāṛhe sāt baje haiñ.
7. Tum ṭhīk se pahuñce?	g ☐ Nahīñ, yeh hī hai, āp ke pās!
8. Āpko yeh prāyojnā pasand hai?	h ☐ Nahīñ, relgāṛī vakt par nahīñ thī.

3. Was fehlt denn hier?

1. Maiñ ṭikaṭ kahāñ le _____ hūñ?
   a ☐ khultā
   b ☐ saktā
   c ☐ jātā

2. Aglī relgāṛī _____ pahuñctī hai.
   a ☐ rāt ko
   b ☐ darjā
   c ☐ rājdhānī

3. Āp _____ sṭeshan par utarenge?
   a ☐ kaunsī
   b ☐ kaunse
   c ☐ kaunsā

4. Āp kī _____ hai!
   a ☐ sac
   b ☐ vesh
   c ☐ duā

5. Us ne tumko kyā _____ ?
   a ☐ dikhāyā
   b ☐ dikhātā
   c ☐ dikhā rahā

6. Thoṛe din _____ sab ṭhīk ho jāegā.
   a ☐ ke lie
   b ☐ ke sāmne
   c ☐ ke bād

Und? Hat das Grammatikbüffeln was gebracht? Dieser Test mag darüber Aufschluss geben. Wer mogelt, legt sich mit Rāhul, Michael, dem Autor und den Lektoren an ...

4. Und jetzt noch schnell auf Hindi!

1. Gute Reise!
2. Ist der Zug pünktlich?
3. Was ist Ihre Religion?
4. Willkommen!
5. Das kann sein.
6. Ja, genau!
7. Was ist geschehen?
8. Mach dir keine Sorgen!

Schon fertig?! Oh Mann, Sie sind ja schneller als die *Bhāratīy Rel*. Auf zur nächsten Lektion!

17

Aufs Land

Die **eigene Herkunft** ist vielen in Indien äußerst wichtig. Man identifiziert sich durch die Zugehörigkeit zu einer Kaste, einem Familienverband und einem Ursprungsort. Viele Menschen in den Städten halten engen Kontakt mit dem Dorf, aus dem sie oder ihre Familien stammen, selbst wenn dort nur noch sehr entfernte Verwandte leben, oder der Wegzug bereits mehrere Generationen zurückliegt.

ārtī
Eine Art Gebet, bei dem der Gläubige vor der entsprechenden Götterstatue ein *mantra* (heiliger Gesang) rezitiert und eine Kerzenlampe kreisen lässt.

Michael hat einige arbeitsreiche Wochen in Rajasthan hinter sich, und auf der Baustelle der Bewässerungsanlage geht es gut voran. Für den heutigen Sonntag hat Sunil ihn zu einem Autoausflug in eine andere Region eingeladen: *Tum jānte ho ki shāyad mere pūrvaj is ilāke se āe the?* (Weißt du, dass meine Vorfahren vielleicht aus dieser Gegend kamen?). Kein Wunder, dass Sunil so zielstrebig unterwegs ist: *Mere pitā jī kā gāñv yahāñ se nazdīk hai!* (Das Dorf meines Vaters ist hier in der Nähe!). Ach so? Dann ist Sunil ja eigentlich Rajasthani, denkt Michael, doch halt: *Unnīs sau aṛtālīs se ve yahāñ nahīñ rahte* (Seit 1948 wohnen sie nicht hier), erzählt Sunil weiter, *maiñ Dillī meñ paidā huā thā* (ich wurde in Delhi geboren).
Dennoch kennt Sunil sich im Dorf gut aus und führt seinen Freund Michael zunächst zu einem Tempel: *Yeh is gāñv kā sab se mahattvapūrṇa mandir hai* (Das ist der wichtigste Tempel dieses Dorfes). Es sind viele Menschen dort und Michael fragt interessiert: *Ye log kyā kar rahe haiñ?* (Was machen diese Leute gerade?). Sunil erklärt, dass sie beten und er berichtet: *Ye mandir ke paṇḍit jī haiñ, Shrī Rām mūrti ke sāmne ārtī kar rahe haiñ* (Das ist der Priester des Tempels, er macht gerade ein Arti vor der Statue Rams). So genau hat Michael das noch nie beobachtet: *Hindū dharma sacmuc mohak hai!* (Der Hinduismus ist wirklich faszinierend!), staunt er und ist vorläufig nicht wegzubekommen.

Mere pūrvaj

2/33

jānnā	wissen
shāyad	vielleicht
pūrvaj (m/Mz)	Vorfahren
socnā	denken
Uttar Pradesh	Uttar Pradesh (Bundesstaat)
Lakhnaū	Lucknow (Stadt in Nordindien)
kab?	wann?
aṛtālīs	48
unnīs sau aṛtālīs	1948
paidā	geboren
Shrī Rām	Rama (hinduistische Gottheit)
mandir (m)	Tempel

● Michael, tum jānte ho ki shāyad mere pūrvaj is ilāke se āe the?	Michael, weißt du, dass meine Vorfahren vielleicht aus dieser Gegend kamen?
■ Nahīñ, maiñ soctā thā ki tum Uttar Pradesh se ho.	Nein, ich dachte, dass du aus Uttar Pradesh bist.
● Hāñ, merī mātā jī Lakhnaū se haiñ lekin mere pitā jī kā gāñv yahāñ se nazdīk hai.	Ja, meine Mutter ist aus Lucknow gekommen, aber das Dorf meines Vaters ist hier in der Nähe.
■ In kā parivār kab Dillī meñ rahne lagā?	Seit wann lebt seine Familie in Delhi?
● Unnīs sau aṛtālīs se ve yahāñ nahīñ rahte. Maiñ Dillī meñ paidā huā thā.	Seit 1948 wohnen sie nicht hier. Ich wurde in Delhi geboren.
■ Lekin tumko yeh ilākā patā hai?	Aber du kennst diese Region?
● Bahut acchī tarah se nahīñ. Lekin sab se sundar jagah patā haiñ.	Nicht sehr gut. Aber die schönsten Plätze kenne ich.
■ To yahāñ kyā dekhnā cāhie?	Also, was muss man hier sehen?
● Shrī Rām mandir.	Den Shri-Ram-Tempel.

Vorvergangenheit
Vergangenheit + *thā/-ī/-e* für Handlungen, die noch vor einer bereits vergangenen Handlung stattfanden: *Mere pūrvaj is ilāke se āe the* (Meine Vorfahren kamen (= gekommen waren) aus dieser Gegend).

Für die Vergangenheit von *ānā* (Pl.) findet man sowohl *āe* als auch *āye*.

anfangen
Gebeugtes Verb (auf *-ne*) + *lagnā*:
*Voh kab Dillī meñ **rahne lage**?* (Wann **hat** er **begonnen** in Delhi **zu leben**? = Seit wann lebt er in Delhi?)

Jahreszahlen
werden wie im Deutschen gebildet: *unnīs sau aṛtālīs* (19 hundert 48 = 1948).

paidā (geboren) ist unveränderlich: *Terī bahin kahāñ **paidā huī thī**?* (Wo **wurde** deine Schwester **geboren**?)

Dorf = Herkunft
gāñv (Dorf) sinnbildlich auch für die Herkunft: *Mere pite jī kā **gāñv yahāñ se nazdīk hai*** (in etwa: Mein Vater **kommt aus dieser Gegend**).

Uttar Pradesh (wörtlich: Norden Bundesstaat) ist mit fast 250 Mio. Einwohnern der bevölkerungsreichste Bundesstaat Indiens, Hauptsprachen sind Hindi und Urdu.

Die **Zahlen von 21-99** sind leider unregelmäßig! Lernen Sie bitte anhand der Seitenzahlen oder der Übersicht in der Grammatik.

17 A

Übungen

Wenn Sie Ihr Alter nicht verraten wollen, können Sie hier zumindest auch das Schwindeln üben.

1. Ich wurde ... geboren!

2/34

*Maiñ **unnīs sau aṛsaṭh** meñ paidā huā thā!*

1. 1968
2. 1972
3. 1985
4. 1991
5. 1999

Finden Sie jeweils die Paare aus Frage und Antwort?

2. Paarvermittlung

1. Āpke pūrvaj kahāñ se āe the?
2. Tum Uttar Pradesh se ho, na?
3. Āp kahāñ paidā hue the?
4. Vahāñ kyā dekhnā cāhie?
5. Ve yahāñ kab rahte the?

a ☐ Hāñ, ham Lakhnaū se haiñ.
b ☐ Shrī Rām mandir.
c ☐ Ve is ilāke se haiñ.
d ☐ Unnīs sau aṛtālīs se.
e ☐ Maiñ Dillī meñ paidā huā thā.

Keine Übung für Anfänger! Können Sie in die Sätze die Konstruktion für „anfangen" einsetzen? Übrigens: *lagnā* ist intransitiv, bezieht sich also auf das Subjekt!

3. Absolute Beginners

2/35

*Ham yahāñ **rahne lage**.*

1. Ham yahāñ rahe.
2. Tum ne kām kiyā.
3. Ve hindī bole.
4. Ham Dillī meñ mile.
5. Maiñ ne khānā khāyā.

Wenn Sie diese Sätze übersetzen können, dürfte Ihnen ein Gespräch über Ihre Vorfahren kein Problem mehr bereiten.

4. Familiengeschichte

1. Wann wurde deine/Ihre Mutter geboren?
2. Neunzehnhundertdreiundvierzig.
3. Kam sie aus Uttar Pradesh?
4. Nein, aber mein Vater wurde in Lucknow geboren.
5. Ist es richtig, dass das Dorf deines Vaters hier in der Nähe ist?
6. Ja, aber seit 1970 wohnt er in Deutschland.

SIM-Karten sind in Indien billig und daher haben Sie vielleicht bald nach Ihrer Ankunft bereits eine eigene indische Nummer.

5. Handynummern

2/36

1. 21 22 23 24
2. 35 36 37 38
3. 41 42 43 44
4. 55 56 57 58
5. 66 77 88 99

Kyā bāt hai!

2/37

mahattvapūrṇa	wichtig
foṭo (m)	Foto
ārām se	ganz ruhig, entspannt
pūjā (w)	Gebet
pūjā karnā	beten
paṇḍit (m)	Hindu-Priester
mūrti (w)	Statue
ke sāmne	vor (räumlich)
ārtī (w)	Arti (spezielles Gebet)
bhagvān (m)	Gott, Gottheit
mantra (m)	Mantra, heiliger Gesang
mohak	faszinierend

● Shrī Rām mandir ke andar tumhārā svāgat hai bhāī!	Willkommen im Shri-Ram-Tempel, Bruder!
■ Dhanyavād!	Danke!
● Yeh is gāñv kā sab se mahattvapūrṇa mandir hai.	Das ist der wichtigste Tempel dieses Dorfes.
■ Kyā maiñ yahāñ foṭo le saktā hūñ?	Kann ich hier fotografieren?
● Hāñ, zarūr! Ārām se!	Natürlich! Nur die Ruhe!
■ Ye log kyā kar rahe haiñ?	Was machen diese Leute gerade?
● Ye log pūjā kar rahe haiñ.	Diese Leute beten gerade.
■ Aur voh kaun hai?	Und wer ist das dort?
● Ye mandir ke paṇḍit jī haiñ, Shrī Rām mūrti ke sāmne ārtī kar rahe haiñ.	Das ist der Priester des Tempels, er macht gerade ein Arti vor der Statue Ramas.
■ Ārtī kā matlab kyā hai?	Was ist die Bedeutung von Arti?
● Yānī ye bhagvān ke sāmne mantra sunākar pūjā kar rahe haiñ.	Das heißt, dass er vor Gott betet und dabei ein heiliges Lied aufsagt.
■ Hindū dharma sacmuc mohak hai!	Der Hinduismus ist wirklich faszinierend!
● Kyā bāt hai!	Was du nicht sagst!

***ārām se* (Ruhe von)**
Auch im Sinne von „Sei/Seien Sie ganz ruhig!" oder „Bloß keinen Stress!".

paṇḍit bezeichnet nur den Hindu-Priester.

Nach *matlab* (der Bedeutung) eines unbekannten Wortes fragt man mit: ... *kā* ***matlab*** *kyā hai?*

Parallele Abläufe
Das erste Verb (hier: *sunākar*) steht mit *-ke* oder *-kar* im Gerundium, das zweite in jeder anderen möglichen Form: *Yeh bhagvān ke sāmne mantra* ***sunākar pūjā kar rahā hai*** (Er **betet** vor Gott ein heiliges Lied **aufsagend**).

hindū dharma (die hinduistische Religion = der Hinduismus)

Kyā bāt hai! (Was du nicht sagst!, Ach nee!)

Lautgemälde
Umgangssprachlich wird der Laut *z* manchmal wie *j* ausgesprochen, so hört man z.B. *jarūr* statt *zarūr* (natürlich).

Fotografieren
foṭo lenā (Foto nehmen) oder *foṭo khīñcnā* (Foto ziehen).

Besser fragen
Als Nicht-Hindu darf man nicht immer die diversen Tempel betreten. Besser man fragt *Kyā maiñ mandir ke andar ā saktā hūñ?*

17 B Übungen

... bleibt dumm. Erkundigen Sie sich nach der Bedeutung dieser recht komplexen Lektionsvokabeln.

1. Wer nicht fragt ...

▶ 2/38

***Mandir** kā matlab kyā hai?*

1. mandir
2. paṇḍit
3. Shrī Rām mūrti
4. mantra
5. pūjā

Immer schön eins nach dem anderen? Von wegen. Hier geht es um gleichzeitig ablaufende Vorgänge. Daher müssen Sie aus den Infinitiven in Klammern Gerundium-Partizipien basteln.

2. Gehen Sie simultan ran!

*Voh cāval **khākar** kām kar rahī hai.*

1. Voh cāval __________ (khānā) kām kar rahī hai.
2. Tum pānī __________ (pīnā) Cāvṛī Bāzār jā rahe ho.
3. Ve gapshap __________ (karnā) kurte bec rahe haiñ.
4. Ham tumheñ __________ (ghabrānā) fon kar rahe haiñ.
5. Kyoñ āp mujhe ullū __________ (banānā) bulā rahe haiñ?

Können Sie diese Sätze ins Hindi übersetzen? Dialog 17 B sollte Ihnen dabei behilflich sein.

3. Tempel

1. Willkommen in der Jama Masjid, Bruder!
2. Und das dort ist der wichtigste Tempel Rajasthans.
3. Was macht der Priester des Tempels vor der Statue Rams?
4. Er macht ein Arti.
5. Was ist die Bedeutung von Arti?

Für den deutschen Satz haben Sie jeweils zwei Hindi-Alternativen. Vorsicht, denn manchmal macht nur ein Wörtchen den Unterschied zwischen richtig und falsch aus!

4. Wohin passt was?

1. Was du nicht sagst!	a ☐ Kyā huā? b ☐ Kyā bāt hai!
2. Jetzt mal ganz ruhig!	a ☐ Ghabrāo mat! b ☐ Ārām se!
3. Das ist sehr faszinierend!	a ☐ Yeh bahut mohak hai! b ☐ Yeh sacmuc mohak hai!
4. Ich möchte fotografieren.	a ☐ Maiñ foṭo lenā cāhtā hūñ. b ☐ Hāñ, zarūr!

Für Geist und Seele:
1. *ātmā* (Seele)
2. *bhakti* (Andacht, Hingabe)
3. *dhyān* (Meditation)
4. *karma* (Karma)
5. *yog* (Yoga)

5. Hinduismus

1. आत्मा
2. भक्ति
3. ध्यान
4. कर्म
5. योग

Der Hinduismus

17

Der Hinduismus – auf Hindi *hindū dharma* (Hindu-Religion) oder *sanātana dharma* (ewige Religion) – hat etwa 1,2 Milliarden Anhänger und ist somit nach dem Christentum und dem Islam die drittgrößte Religion weltweit. Der Ursprung des Hinduismus – genau wie beim Jainismus, Buddhismus und Sikhismus – liegt in Indien, das tief von den Lehren dieser uralten Religion geprägt wurde. Der Begriff Hinduismus entstand erst spät und war anfangs mehr eine Art Sammelbezeichnung für die Anhänger verschiedener religiöser Strömungen.

In der Tat ist diese Religion bis heute nicht mit den anderen zu vergleichen: Es gibt weder einheitliche Traditionen, Ansichten noch eine zentrale Institution. Auch fehlt ein für alle Hinduisten gültiges und verbindliches Glaubensbekenntnis. Selbst die Lehren über spirituelle Belange, die Gottesvorstellungen und Ansichten über grundlegende Themen wie Leben, Tod und Erlösung stimmen nicht durchgehend überein. Man könnte den Hinduismus als ein pluralistisches, uneinheitliches, übergeordnetes Weltbild bezeichnen, bestehend aus unterschiedlichsten Auffassungen und Philosophien. Dieser Religion liegt kein starres Dogma im abendländischen Sinne zugrunde. Sie ist jedoch oftmals geprägt durch einen geradezu fatalistischen Glauben an ein vorbestimmtes Schicksal und an die Wiedergeburt der Seele.

Wer mehr über den Hinduismus erfahren möchte, findet in den Tempeln Indiens sicherlich aufgeschlossene Gläubige, die ihr Wissen gerne mitteilen.

Die **heiligen Werke** der Vedas, Shastras und Agamas und natürlich die Heldenepen Ramas und Krishnas – das *Rāmāyaṇ* und *Mahābhārat* – bilden nicht nur die Basis des Hinduismus, sondern größtenteils auch die der indischen Gesellschaft und ihrer Denkweise.

Die **Vielzahl der Götter** fällt dem Laien zuerst auf. Die Gläubigen verehren aber meist nur einige einzelne Götter und nicht die Gesamtheit.

Reinkarnation

Die meisten Hindus glauben an den sich ständig wiederholenden Kreislauf aus Leben und Tod – auf Hindi *samsāra*.

18

Ab ins Kino!

Film-Hindi
Saloppe Umgangssprache und Floskeln – die indische Filmsprache orientiert sich oft am Alltag.

Generationenkonflikt
Nicht alle in Indien sind Fans der neueren Filmproduktionen, die häufig eher nach westlichen „Strickmustern" gedreht werden. Gerade ältere Menschen lieben die sog. *Masala Movies* (70er- und frühe 80er-Jahre), in denen verschiedenste Stilrichtungen gemischt wurden: Szenen ergreifender Dramatik und erfrischender Komik wechseln sich ab.

Tipp: Immer mehr indische Filme sind im Original mit deutschen Untertiteln erhältlich und eignen sich bestens zum Hindi-Lernen!

Einige Wochen ist Michael bereits in Rajasthan und er hat sich gut eingelebt. Auch mit dem Hindi klappt's mittlerweile ganz gut, nur die Umgangssprache macht ihm immer noch Probleme. Für den Start ins Wochenende hat er deshalb eine Idee und schlägt seinem Kollegen Sunil vor: *Yār, tum mere sāth naī film dekhne caloge?* (Kumpel, wirst du dir mit mir einen neuen Film ansehen gehen?), und Umgangssprache wird es im Kino reichlich geben. Immerhin ist Indien total filmbegeistert.
Aber Sunil scheint da eine Ausnahme zu sein: *Are in filmoñ meñ hameshā gānā, laṛnā aur ronā-dhonā hotā hai* (Mann, in diesen Filmen gibt es immer nur Gesang, Kampf und Herz-Schmerz), meint er, *is kā fāydā kyā hai?* (was bringt das?). Michael braucht also schlagende Argumente: *Yeh sundar prem kahānī hogī!* (Das wird eine schöne Liebesgeschichte sein!), und das zieht anscheinend mehr: *Ṭhīk hai!* (Na gut!), willigt Sunil ein. Er ist dabei, wenn's sein muss ...
Am Montagmorgen berichtet Michael einer Kollegin begeistert von seinem Kinoerlebnis: *Film bahut mast thī!* (Der Film war spitze!). Auch die äußerst lebendige Atmosphäre hat ihm sehr gefallen. Die Kollegin pflichtet ihm bei: *Jab dekhne-vāle sītiyāñ bajākar tāliyāñ pīṭte haiñ, tab film hiṭ hai!* (Wenn die Zuschauer pfeifend applaudieren, dann ist der Film ein Hit!). Und das will einiges heißen in Indien, dem vielleicht filmverrücktesten Land überhaupt!

Naī film?

18 A

2/39

yār (m)	Kumpel, Freund
sinemā (m)	Kino
film (w)	Film
are!	he!, hey!, Mann!
magar	aber
gānā	singen
laṛnā	kämpfen
ronā-dhonā (m)	Herz-Schmerz
fāydā (m)	Profit, Gewinn, Nutzen
pūchnā	fragen
prem (m)	Liebe
kahānī (w)	Geschichte

■ Yār, tum mere sāth sinemā meñ naī film dekhne caloge?	Kumpel, wirst du dir mit mir im Kino einen neuen Film ansehen gehen?
● Naī film? Kyoñ?	Einen neuen Film? Warum?
■ Are, mujhe hindī sīkhnī cāhie!	He, ich muss Hindi lernen!
● To kaunsī film hai?	Welchen Film gibt es denn?
■ Shāh Rukh Khān vālī film hai.	Einen Film mit Shah Rukh Khan.
● Acchā? Magar mujhe aisī filmeñ pasand nahīñ.	Echt wahr? Aber solche Filme gefallen mir nicht.
■ Is bāt kā matlab kyā hai, bhāī?	Was heißt das, Bruder?
● Are in filmoñ meñ hameshā gānā, laṛnā aur ronā-dhonā hotā hai. Is kā fāydā kyā hai?	Mann, in diesen Filmen gibt es immer nur Gesang, Kampf und Herz-Schmerz. Was bringt das?
■ Are yār, mujhse yeh mat pūcho! Yeh sundar prem kahānī hogī!	He, Kumpel, frag mich das nicht! Das wird eine schöne Liebesgeschichte sein!
● Ṭhīk hai! Maiñ bhī āūñgā.	Na gut! Ich werde auch kommen.
■ Pakkā! Phir mileñge!	Toll! Bis später!

gehen + Verb
Verbstamm + ***ne*** + *calnā* (gehen):
*ham dekh**ne** caleñge* (wir werden ansehen gehen).

are! (he!, hey!, Mann!): umgangssprachlich, bitte mit Vorsicht verwenden.

Infinitiv + *cāhie*
= müssen:
*Tumheñ **fon karnā cāhie**.* (Du **musst telefonieren**). Bei weiblichem Hauptwort (*hindī*) wird die männliche Infinitivendung -***nā*** zu -***nī***: *Mujhe hindī sīkh**nī cāhie*** (Ich **muss** Hindi **lernen**).

magar = *lekin* (aber)

Infinitiv = Substantiv
gānā (singen = Gesang)
laṛnā (kämpfen = Kampf)
ronā-dhonā (wörtl. weinen-waschen = weinen-jammern = Herz-Schmerz)

Is kā fāydā kyā hai? (Sein Nutzen was ist = Was bringt das?)

Bei den Verben *pūchnā* (fragen) und *kahnā* (sagen) stehen die gebeugten Fürwörter mit ***se*** statt *-e* oder *-ko*: *Mujh**se** yeh mat pūcho!* (Frag mich das nicht!)

2 Mal „Freund"
1. *yār* (Kumpel, Freund)
2. *dost* (Freund, nur unter guten Freunden)

Umgangssprache: besonders im Alltag unter Männern häufig etwas rau und nicht selten mit Filmzitaten gespickt. Als Nicht-Muttersprachler/in lieber höflich bleiben!

18 A

Übungen

Alleine macht alles nur halb so viel Spaß! Fragen Sie, ob jemand mit Ihnen geht, dieses oder jenes zu machen. Und weil wir nett sind, haben wir die Verbendungen bereits angefügt.
3. *mīṭhā/-ī* (süß)

1. Wirst du mit mir …?

2/40

Tum mere sāth ***naī film dekhne*** *caloge?*

1. naī film dekhne
2. apne dost se milne
3. mīṭhī lassī pīne
4. tandūrī murgī khāne
5. hindū mandir dekhne

Was gehört in welche Lücke? Wieder haben Sie einige umgangssprachliche Wendungen und Floskeln gelernt. Können Sie sich noch an alle erinnern?

2. Platzanweiser

ronā-dhonā – yār – pūcho – matlab – fāydā

1. Are __________ mujhe aisī filmeñ pasand nahīñ!
2. Is bāt kā __________ kyā hai?
3. In filmoñ meñ sirf gānā, laṛnā aur __________ hotā hai.
4. Is kā __________ kyā hai?
5. Mujhse yeh mat __________ !

Finden Sie zu jeder Frage die richtige Antwort? *purānā/-ī* (alt) kennen Sie bereits von *Purānī Dillī* (Alt-Delhi).

3. Filmfragen

1. Āpko aisī filmeñ pasand haiñ?	a	☐	Yeh prem kahānī hai.
2. In filmoñ kā fāydā kyā hai?	b	☐	Nahīñ, purānī hai.
3. Tum bhī āoge?	c	☐	Hāñ, maiñ bhī āūñgā.
4. Kaunsī film hai?	d	☐	Mujhe pasand nahīñ.
5. Magar naī film hai, na?	e	☐	Are yeh mat pūcho!

Schaffen Sie es, diese Sätze zu übersetzen? Ja? Na, dann nix wie ab ins Kino!

4. Cineasten

1. Kumpel, wirst du dir mit mir diesen Film ansehen gehen?
2. Welchen Film gibt es denn?
3. Einen Film mit Shah Rukh Khan.
4. Gibt es in diesem Film Gesang und Herz-Schmerz?
5. Ja, es ist eine schöne Liebesgeschichte.
6. Na gut! Ich werde auch kommen.

Für „müssen" braucht's den Infinitiv und *cāhie*. Aber wir waren gemein, denn die Verben stehen immer im männlichen Infinitiv, ändern sich aber bei weiblichen Hauptwörtern.

5. Du musst …!

2/41

Tumheñ ***hindī sīkhnī*** *cāhie!*

1. hindī sīkhnā
2. hamko fon karnā
3. hamārī bhāshā bolnā
4. mujhe apnā gāñv dikhānā
5. mujhse pūchnā

Nāyak aur guṇḍe

2/42

shukravār (m)	Freitag
kahnā	sagen
mast	lustig, spaßig, spitze, toll
nāyak (m)	Held
nāyikā (w)	Heldin
khalnāyak (m)	Krimineller, Bösewicht
guṇḍā (m)	Rowdy, Schlägertyp
jab ..., tab	wenn/als ..., dann (zeitlich)
sīṭiyāñ bajānā	pfeifen
tāliyāñ pīṭnā	applaudieren
hiṭ (m)	Hit
sangīt (m)	Musik

■ Shukravār ko maiñ ne hindī film dekhī.	Am Freitag habe ich einen Hindi-Film gesehen.
● To kaho na, kaisī thī?	Na sag mal, wie war er?
■ Bahut mast thī! Is meñ gānā, laṛnā aur ronā-dhonā thā. Yānī ek pūrī hindī film thī!	Er war sehr toll! In ihm gab es Gesang, Kampf und Herz-Schmerz. Das heißt, es war ein kompletter Hindi-Film.
● Kyā bāt hai! Aslī hindī filmoñ meñ hameshā nāyak, nāyikā, khalnāyak aur guṇḍe haiñ.	Was du nicht sagst! In echten Hindi-Filmen gibt es immer Held, Heldin, Kriminelle und Rowdys.
■ Hāñ! Aur maiñ soctā hūñ ki dekhne-vāloñ ko aisī filmeñ bahut pasand haiñ, na?	Ja! Und ich denke, dass den Zuschauern solche Filme sehr gefallen, nicht wahr?
● Zarūr! Jab dekhne-vāle sītiyāñ bajākar tāliyāñ pīṭte haiñ, tab film hiṭ hai!	Natürlich! Wenn die Zuschauer pfeifend applaudieren, dann ist der Film ein Hit!
■ Magar sangīt bhī mahattvapūrṇa hai, na?	Aber die Musik ist auch wichtig, nicht wahr?
● Hāñ, sahī bāt hai!	Ja, das stimmt!

Wochentag + *ko*
shukravār ***ko*** (freitag**s, am** Freitag).

Emphatisch
na? (nicht?, nicht wahr?)
kaho na! (na sag mal!)

Vergleichen Sie:
*Kais**ī thī**?* (Wie war er/sie?) und *Āp kais**e haiñ**?* (wörtl.: Sie wie sind? = Wie geht's?)

mast (lustig, spaßig, spitze, toll), abgeleitet von *mastī* (Freude, Spaß)

dekhne-vālā (schauen-Besitzer = Zuschauer)

pfeifen
sīṭiyāñ bajānā (Pfiffe erklingen lassen = pfeifen)

2 Mal „applaudieren"
1. *tāliyāñ pīṭnā* (Applaus geschlagen werden = applaudieren)
2. *tāliyāñ bajānā* (Applaus erklingen lassen = applaudieren)

wenn (zeitl.)
Hauptsatz beginnt mit ***jab*** (wenn, als), Nebensatz mit ***tab*** (dann): ***Jab*** *tumko jānā hai,* ***tab*** *mujhe fon karnā* (**Wenn** du gehen musst, (dann) ruf mich an).

Wochentage 2/43
somvār (Montag)
mangalvār (Dienstag)
budhvār (Mittwoch)
guruvār (Donnerstag)
shukravār (Freitag)
shanivār (Samstag)
itvār/ravivār (Sonntag)

Übungen

Āj kaunsā din hai? (Welcher Tag ist heute?) Beachten Sie, dass es für Sonntag zwei Wörter gibt, die gleichwertig benutzt werden können.

1. Wochentage

2/44

Āj ***somvār*** *hai.*

1. somvār
2. mangalvār
3. budhvār
4. guruvār
5. shukravār
6. shanivār
7. itvār
8. ravivār

... sind Sie *mast*!
Hier übersetzen Sie bitte die Wenn-dann-Sätze mit *jab* (wenn) und *tab* (dann) ins Deutsche.

2. Wenn Sie das lösen, dann ...

1. Jab dekhne-vāle tāliyāñ pīṭte haiñ, tab film hiṭ hai!
2. Jab tumko udhar jānā hai, tab hamko bulā lenā!
3. Jab ham samay par pahuñcenge, tab tumheñ fon kareñge.
4. Jab maiñ Dillī meñ hūñ, tab ham mil sakte haiñ.
5. Jab āp apne dost se bāt kareñ, tab unko mere praṇām de dījie.

Sie wissen bereits, dass der Satzbau im Hindi gewöhnungsbedürftig ist, daher hier noch eine kleine Übung dazu.

3. Wörterpuzzle

1. kiyā – tum – kyā – ko – shukravār – ne
2. hindī – ham – film – shukravār – dekhī – ko – ne
3. meñ – thī – mast – yeh – bahut – hakīkat – film
4. film – thī – yānī – pūrī – na – hindī
5. meñ – guṇḍe – the – nāyak, nāyikā, khalnāyak – is – aur – hāñ

Eine Auswahl großer Hits des Hindi-Kinos:
1. *shrī cār sau bīs* (Herr 420)
2. *Devdās* (Devdas)
3. *shole* (Flammen)
4. *Bambaī* (Bombay)
5. *kuch kuch hotā hai* (Es passiert etwas)
6. *kabhī khushī kabhī gham* (Manchmal Freude, manchmal Traurigkeit)

4. Filmtipps

1. श्री ४२०
2. देवदास
3. शोले
4. बम्बई
5. कुछ कुछ होता है
6. कभी खुशी कभी गम

Bollywood

Wohl in kaum einem Land dieser Welt hat das Kino einen so wichtigen Stellenwert wie in Indien: Über 2.000 Filme jährlich werden dort gedreht und somit weit mehr als in den USA! Die meisten sind geradezu besessen von der eigenen Filmindustrie, verpassen keinen der neuesten Streifen, interessieren sich leidenschaftlich für jeden Klatsch und Tratsch über Stars oder Starlets und sind absolute Fans der Filmmusik.

Die bedeutendste Produktionsstätte der indischen *Movie Industry* – zumindest was die Filme auf Hindi angeht – ist Bollywood. Da praktisch alle Filme aus Bollywood in der Nationalsprache gedreht werden, sind sie fast im ganzen Land äußerst populär! Ein echter Hindi-Movie dauert mindestens zwei Stunden, die Handlung wird ständig durch Musik- und Tanzeinlagen unterbrochen, es trieft häufig nur so vor Herz und Schmerz, Romantik und Kitsch, Liebe und Intrige, doch natürlich siegt letztlich immer das Gute über das Böse!

Ausländische Cineasten bekrittelten indische Filme bis in die 1990er-Jahre – mittlerweile hat die indische Produktionstechnik jedoch eine gewaltige Entwicklung genommen: Bollywoodfilme erfreuen sich heutzutage auch in Europa steigender Beliebtheit, nicht zuletzt weil Stars wie Shah Rukh Khan und Aishwarya Rai auch bei der immer größer werdenden indischen Gemeinschaft, aber auch vielen Einwanderern aus Pakistan, Bangladesch oder Afghanistan echten Kultstatus haben.

Bollywood
Verballhornung des amerikanischen Hollywood. Das „B" in „Bollywood" steht für „Bombay" (heute offiziell Mumbai), der wichtigsten Filmstadt des Landes. Bollywood ist eher eine Art Markenname als eine Ansammlung von Studios.

Die goldenen Jahre
Die Glanzzeiten der Bollywood-Filmindustrie waren die 1960er- und 1970er-Jahre, z. B. mit dem erfolgreichen „Curry-Western" *Sholay* mit Superstar Amitabh Bachchan.

Andere Film-Sprachen
Neben dem Hindi-Kino gibt es auch andere indische Filmindustrien – vorwiegend auf Tamil und Telugu – sowie die künstlerisch besonders wertvollen Produktionen auf Bengali.

19

Gar nicht wohl

Magen-Darm
Viele bekommen in Indien Verdauungsprobleme, da sie die fremde Küche nicht gewohnt sind.

Körperteile 2/45

bāñh: Arm
ānkh: Auge
chātī: Brust
unglī: Finger
pair: Fuß
galā: Hals
hāth: Hand
sar: Kopf
sharīr: Körper
peṭ: Magen, Bauch
mūñh: Mund
nāk: Nase
kān: Ohr
pīṭh: Rücken
dānt: Zahn

Nix für schwache Mägen
ḍhābā (Dhaba) = Essensstand mit Garküche – oft in Basaren, Stadtzentren oder an Landstraßen und Autobahnen gelegen. Besonders lecker: *kabāb* (Fleischspieße).

Auweia, denkt Michael, als er frühmorgens aufwacht und sein Bauch gehörig grummelt. Das bleibt auch seinem Kollegen Sunil Gupta nicht verborgen, als der ihn auf der Baustelle trifft: *Tumhārā cehrā ekdam pīlā ho gayā hai!* (Dein Gesicht ist ganz blass geworden!). Kein Wunder: *Merī tabīyat kāfī kharāb hai* (Ich fühle mich gar nicht wohl), muss Michael eingestehen. Na, hoffentlich ist es nichts Ernstes, denn Michael quälen nicht nur furchtbare Magenschmerzen, er fühlt sich zudem schwach und appetitlos.
Kommt das vielleicht vom ungewohnten Essen: *Parsoñ maiñ ne ḍhābe meñ kabāb khāyā aur bād meñ merā peṭ dukhne lagā* (Vorgestern habe ich an einem Essensstand Fleischspieße gegessen und danach hat mein Magen begonnen wehzutun). Sunil rät ihm besorgt: *Bhāī, tum ḍākṭar ke pās jāo!* (Bruder, du solltest zu einem Arzt gehen!).
Besser ist besser, denkt Michael und konsultiert Dr. Rao: *Ḍākṭar, mere peṭ meñ dard hai aur mujhe cakkar ā rahe haiñ* (Doktor, ich habe Magenschmerzen und mir ist schwindlig), außerdem hat er *sar-dard* (Kopfschmerzen). Der Arzt stellt auch leichtes *bukhār* (Fieber) fest und meint: *Āpko davāī kī zarūrat hai* (Sie brauchen eine Medizin). Weiter rät er: *Zyādā tel vālā yā tīkhā khānā na khāie, zyādā se zyādā ārām kījie aur ek hafte ke bād vāpas āie!* (Essen Sie nicht zu fettiges oder scharfes Essen, ruhen Sie sich ausreichend aus und kommen Sie in einer Woche wieder!). Na, in einer Woche bin ich ja wohl längst wieder auf dem Damm, hofft Michael, froh, dass er sich nichts Schwerwiegendes gefangen hat. Er macht sich auf den Weg in die Apotheke, die ganz anders aussieht als zu Hause.

Kyā bāt hai?

2/46

cehrā (m)	Gesicht
pīlā	gelb, hier: blass
tabīyat (w)	Gesundheit
taklīf (w)	Problem, Beschwerde
pahle	zuerst, vor allem
peṭ (m)	Bauch, Magen
dard (m)	Schmerz
kamzorī (w)	Schwäche
ḍhābā (m)	Essensstand
kabāb (m)	Fleischspieß, Kebab
dukhnā	wehtun, schmerzen
ḍākṭar (m)	Arzt, Doktor

● Are Michael! Kyā bāt hai? Tumhārā cehrā ekdam pīlā ho gayā hai!	He, Michael! Was ist los? Dein Gesicht ist ganz blass geworden!
■ Merī tabīyat kāfī kharāb hai.	Ich fühle mich ziemlich schlecht.
● Tumko kyā taklīf hai?	Was ist dein Problem?
■ Pahle mere peṭ meñ dard huā aur ab mujhe kamzorī bhī lag rahī hai.	Zuerst hatte ich Schmerzen im Magen und jetzt fühle ich mich auch schwach.
● Acchā? Kyā āj tum ne khānā khāyā?	Echt? Hast du heute etwas gegessen?
■ Nahīñ, khānā to nahīñ khāyā, thoṛā pānī hī piyā. Maiñ khā nahīñ saktā.	Nein, ich habe nicht gegessen, ich habe nur Wasser getrunken. Ich kann nicht essen.
● Yeh taklīf kitne din se hai?	Wie viele Tage hast du dieses Problem schon?
■ Do din se. Parsoñ maiñ ne ḍhābe meñ kabāb khāyā aur bād meñ merā peṭ dukhne lagā.	Seit zwei Tagen. Vorgestern habe ich an einem Essensstand Fleischspieße gegessen und danach hat mein Magen begonnen weh zu tun.
● Bhāī, tum ḍākṭar ke pās jāo!	Bruder, du solltest zu einem Arzt gehen!

Kyā bāt hai? (Was Sache ist?) auch: „Was ist los?“ oder „Was fehlt Ihnen/dir?“

Tumhārā cehrā pīlā ho gayā hai (Dein Gesicht gelb sein ging ist = Du bist blass geworden).

Merī tabīyat kharāb hai (Meine Gesundheit schlecht ist = Ich fühle mich schlecht).

Gebeugte Fürwörter
Oft benutzt: ***Tumko*** *taklīf hai* (**Dir** Problem ist = **Du** hast ein Problem).
Mujhe *kamzorī lag rahī hai* (**Mir** Schwäche fühlen geblieben ist = **Ich** fühle mich schwach).

Verstärken: Aussagen mit ***to*** (doch, also, so etc.) oder ***hī*** (nur)
Nahīñ, khānā ***to*** *nahīñ khāyā, thoṛā pānī* ***hī*** *piyā* (Nein, ich habe nicht gegessen, ich habe nur Wasser getrunken).

Etwas nicht können
Hauptverbstamm + *nahīñ* (nicht) + ***saknā*** (können): *Maiñ* ***khā nahīñ saktā*** (Ich **kann nicht essen**).

Schmerzen
1. ***dard*** (Schmerz): *Mere peṭ meñ* ***dard*** *hai* (Ich habe Schmerzen im Magen).
2. ***dukhnā*** (wehtun, schmerzen): *Merā peṭ* ***dukh*** *rahā hai* (Mein Magen tut gerade weh).

... ke pās jānā = zu jemandem gehen, jemanden aufsuchen

19 A

Übungen

Wo drückt's und zwickt's denn? Eine Liste mit den wichtigsten Körperteilen finden Sie auf S. 124. Achtung: *ānkh* und *chātī* sind weiblich.

1. Ich habe Schmerzen im ...

2/47

Mere peṭ *meñ dard hai.*

1. merā peṭ
2. merī ānkh
3. merā galā
4. merī chātī
5. merā kān

Hier ein paar neue und alte Sätze mit der bekannten Konstruktion: gebeugtes Fürwort – Hauptwort – Verb. Können Sie alle ins Deutsche übersetzen?

2. Alles verstanden?

1. Hameñ taklīf hai.
2. Kyā āpko kamzorī lag rahī hai?
3. Mujhe ḍākṭar ke pās jānā hai.
4. Mujhe bhūkh lagī hai.
5. Hameñ pyās lagī hai.

Bitte verneinen Sie die nebenstehenden Sätze mit *saknā* (können).

3. Nichtkönner

1. Maiñ tīkhā khānā khā saktā hūñ.
2. Ham dūdh pī sakte haiñ.
3. Tum ḍākṭar se bāt kar sakte haiñ.
4. Pahle ham film dekh sakte haiñ.
5. Voh shām ko ṭhīk se so saktī hai.

Das Hindi kennt viele idiomatische Redewendungen. Können Sie diese hier richtig übersetzen?

4. Redewendungen

1. Ich fühle mich ziemlich schlecht.
2. Was bringt das?
3. Was du nicht sagst!
4. Sei ganz ruhig!
5. Du fühlst dich schwach.
6. Es freut mich sehr, das zu hören.
7. In Rom soll man es wie die Römer machen!
8. Sein Gesicht ist ganz blass!

Seien Sie ein Freund und raten Sie Ihrem Gesprächspartner, zu wem er gehen sollte.

5. Ein guter Rat

Tum ***ḍākṭar*** *ke pās jāo!*

1. ḍākṭar
2. paṇḍit
3. apnī dādī
4. apne sāthī
5. apne mātā-pitā jī

Bīmār hūñ

19 B

▶ 2/48

bīmār	krank
cakkar (m)	Schwindel
sar-dard (m)	Kopfschmerzen
bukhār (m)	Fieber
davāī (w)	Medizin, Medikament
bār (w)	Mal
golī (w)	Tablette
ke samay	zum, zu ... Zeiten
zyādā se zyādā	höchstens, hier: ausreichend
ārām karnā	ausruhen
ke bād	nach, in (zeitlich)
vāpas ānā	zurückkommen

■ Maiñ bīmār hūñ!	Ich bin krank!
● Kyā bāt hai?	Was fehlt Ihnen?
■ Ḍākṭar, mere peṭ meñ dard hai aur mujhe cakkar ā rahe haiñ.	Doktor, ich habe Magenschmerzen und mir ist schwindelig.
● Kyā āpko koī aur taklīf bhī hai?	Haben Sie sonst auch noch irgendwelche Beschwerden?
■ Jī hāñ, mujhe sar-dard hai.	Ja, ich habe Kopfschmerzen.
● Aisā lagtā hai ki āpko thoṛā-sā bukhār bhī hai. Āpko davāī kī zarūrat hai.	Es scheint, als hätten Sie auch ein wenig Fieber. Sie brauchen eine Medizin.
■ Yeh din meñ kitnī bār lenī hai?	Wie viele Male muss man sie am Tag nehmen?
● Ek golī do bār khāne ke samay.	Eine Tablette zwei Mal zum Essen.
■ Kitne din ke lie?	Für wie viele Tage?
● Pāñc din ke lie. Zyādā tel vālā yā tīkhā khānā na khāie!	Für fünf Tage. Essen Sie nicht zu fettiges oder scharfes Essen!
■ Ṭhīk hai!	Gut!
● Zyādā se zyādā ārām kījie aur ek hafte ke bād vāpas āie!	Ruhen Sie sich ausreichend aus und kommen Sie in einer Woche wieder!

nahīñ + honā
verstärkt die Verneinung:
Maiñ ṭhīk ***nahīñ hūñ*** (Mir geht es **gar nicht** gut).

Pronomen
entfallen in Aufzählungen, wenn sie bereits genannt wurden: ***Maiñ*** *ṭhīk nahīñ hūñ, bīmār hūñ!* (**Mir** geht es gar nicht gut, **ich** bin krank!)

cakkar (Schwindel, meist als Plural benutzt)
Is ko cakkar ā ***rahe haiñ*** (Ihm **ist** schwindelig).

sar (Kopf), *dard* (Schmerz)
→ *sar-dard* (Kopfschmerz)

Kitnī bār? (Wie viel Mal? = Wie oft?)

Weiblicher Infinitiv
lenā wird hier zu *lenī,* weil es sich auf das weibliche Hauptwort *davāī* bezieht

khāne ke samay (essen von Zeit = zum Essen, zu den Essenszeiten)

Ausnahme
karnā (machen) bildet die höfliche Befehlsform unregelmäßig auf *kījie!* (machen Sie!).

***Āpko ... hai?* (haben Sie ...?)**
bukhār (Fieber)
dast (Durchfall)
kabz (Verstopfung)
khāñsī (Husten)
sardī (Erkältung)
thakāvaṭ (Müdigkeit, Erschöpfung)
ulṭī (Erbrechen, Übelkeit)
zukām (Grippe)

19 B

Übungen

Alles halb so schlimm, Sie haben anscheinend „nur" dieses und jenes. Die diversen Krankheiten und Wehwehchen finden Sie in der Randspalte von Dialog B.

1. Wehwehchen

2/49

Aisā lagtā hai ki āpko sirf ***sar-dard*** *hai.*

1. sar-dard
2. bukhār
3. dast
4. kabz
5. khāñsī
6. sardī
7. zukām

Der Arzt hat Ihnen Tabletten verschrieben und angeordnet, wie oft Sie die einnehmen müssen.
Der Plural von *golī* (Tablette) ist ganz regelmäßig: *goliyāñ*.

2. Wie viele Male am Tag?

2/50

Ek *golī* ***do*** *bār khāne* ***ke samay***.

1. 1 – 2 – ke samay
2. 1 – 3 – se pahle
3. 2 – 4 – ke bād
4. 3 – 2 – ke samay
5. 4 – 5 – ke bād
6. 5 – 3 – se pahle

Erneut eine Übung zum Hindi-Satzbau. Punkt 4 ergibt zwei Sätze!

3. Wörterpuzzle

1. mere – meñ – hai – ḍākṭar – dard – peṭ
2. bār – lenī – meñ – davāī – din – cāhie – kitnī – yeh
3. khāne – ek – samay – bār – golī – ke – tīn
4. kyā – ho – bīmār – tum – tum – nahīñ – ṭhīk – ho
5. bād –hafte – ke – vāpas – ek – ārām – āie – aur – kījie

Übersetzen mag manchmal langweilig sein, aber dadurch prägen Sie sich wichtige Satzstrukturen ein! Also noch ein wenig Mut!

4. Krankmeldung

1. Uns geht es gar nicht gut, wir sind krank!
2. Warum? Was fehlt Ihnen?
3. Er hat Fieber und ihm ist schwindelig.
4. Hast du sonst auch noch irgendwelche Beschwerden?
5. Es scheint, als brauchen Sie eine Medizin.

Krank? Hier wird Ihnen geholfen:
1. *ḍākṭar* (Arzt, Doktor)
2. *dāntoñ kā ḍākṭar* (Zahnarzt)
3. *davākhānā* (Apotheke)
4. *aspatāl* (Krankenhaus)

5. Für den Notfall!

1. डाक्टर
2. दाँतों का डाक्टर
3. दवाखाना
4. अस्पताल

Medizinische Versorgung

Medizin ist ein äußerst beliebtes Studienfach an indischen Universitäten, und indische Ärzte sind weltweit gefragt. Grundsätzlich ist das Gesundheitswesen in Indien verhältnismäßig gut entwickelt. Dennoch gibt es bei der medizinischen Versorgung ein starkes Stadt-Land-Gefälle: Auf dem Land muss man manchmal weite Strecken bis zum nächsten Arzt zurücklegen. Außerdem ist Medizin für viele eine reine Geldfrage.

Man findet in Indien nicht nur Krankenhäuser, Ambulatorien und private Arztpraxen, sondern hat zudem noch die Wahl zwischen vier Behandlungsmethoden: Da ist zuerst die traditionelle indische Heilkunde namens Ayurveda, zweitens die *yunānī* genannte Gesundheitslehre der Muslime, drittens die homöopathische Medizin und schließlich die westliche Schulmedizin, in Indien meist *allopathy* genannt.

Ayurveda hat schon seit 5000 Jahren in Indien Tradition. Der Begriff setzt sich aus den Sanskrit-Wörtern *āyur* (Leben) und *veda* (Wissen) zusammen. Die ältesten ayurvedischen Texte sind über 3000 Jahre alt. Der ganzheitliche Ayurveda ist eine Kombination aus Erfahrungswerten und indischer Philosophie. Sie berücksichtigt neben rein physischen gleichermaßen auch emotionale, mentale und spirituelle Aspekte des Menschen. Dem Rat ayurvedischer Ärzte können aber ebenso gut „Gesunde" folgen: Speziell im südindischen Bundesstaat Kerala, aber auch anderswo, boomt das Geschäft mit ayurvedischen Zentren, in denen auch Besucher ohne Beschwerden die Seele baumeln lassen können.

Englisch vs. Hindi
Die meisten Schulmediziner sprechen gut Englisch, weil die Naturwissenschaften an indischen Unis fast immer auf Englisch unterrichtet werden.

Vorsicht!
Trinken Sie kein Leitungswasser, auch nicht in Form von Eiswürfeln! Und essen Sie kein ungewaschenes Obst und Gemüse!

Übrigens: Bei Magenbeschwerden wirken traditionelle Heilmittel oft Wunder!

20

Auf Wiedersehen!

Freundschaftsdienst
Echte Freundschaft – auf Hindi *dostī* – ist in Indien „heilig". Dazu gehört auch, dass man Freundschaftsdienste als selbstverständlich ansieht.

Nationalsport
Neben dem Kino ist Cricket der Lieblingszeitvertreib der meisten indischen Männer! Die Regeln dieses traditionellen britischen Spiels sind für Anfänger nicht leicht zu verstehen, aber es schadet nicht, sich ein wenig damit zu beschäftigen, denn Cricket ist in Indien allgegenwärtig!

Es ist soweit, Michaels Arbeit in Rajasthan ist beendet. Zurück in Delhi, gönnt er sich zwei Tage Pause im Hotel, um auch gesundheitlich wieder völlig fit zu werden. Dann trifft er zuerst Rāhul, der nicht verstehen kann, warum Michael ihn nicht um Hilfe gebeten hat. *Are, maiñ ne tumko kitnī bār to pakā diyā?* (He, wie viele Male habe ich dich denn schon genervt?), erwidert Michael, worauf Rāhul entschieden antwortet: *Rāī kā pahāṛ mat banāo!* (Mach aus einer Mücke keinen Elefanten!).
Rāhul denkt bei seiner Fürsorge schon weiter: *Tum ne ab tak āj kā koī prabandh kiyā hai?* (Hast du bis jetzt für heute schon etwas vor?), fragt er, denn er möchte Michael zu sich einladen, im Fernsehen wird nämlich ein Cricket-Match übertragen. Prima, denkt Michael, morgen fliegt er nach Deutschland und da passt ein ruhiger, typisch indischer Abend bestens.
Später, in Rāhuls Wohnung, möchte der von seinem Freund wissen: *Tumhārā Bhārat kab vāpas āne kā vicār hai?* (Wann denkst du daran, wieder zurück nach Indien zu kommen?). Tja, meint Michael: *Jab mere pās fursat aur paise hoñge, tab maiñ phir uttar Bhārat meñ ghūmūñgā* (Wenn ich Freizeit und Geld habe, dann werde ich wieder in Nordindien rumreisen). Den Plan findet Rāhul gut: *Hāñ, magar mujhe ummīd hai, ki tum sārā samay ghūmne meñ nahīñ bitāoge!* (Ja, aber ich hoffe, dass du nicht die ganze Zeit mit Rumreisen verbringen wirst), schränkt er ein und schlägt vor: *Purāne dostoñ se bhī milne jāo!* (Triff auch mal ein paar alte Freunde!). Aber klar doch, das macht Michael gerne!

Rāī kā pahāṛ mat banāo!

2/51

idhar	hierher, hierhin
āyā/-ī/-e	gekommen
gaṛbaṛ (w)	Durcheinander, Chaos
pakānā	kochen, hier: nerven
rāī (w)	Senf
pahāṛ (m)	Berg
agar	wenn
bos (m)	Boss, Chef
prabandh (m)	Vereinbarung, Verabredung
kriketṭ (m)	Cricket
maic (m)	Match, Spiel
ṭīvī (w)	Fernsehen

● Hello Michael! Idhar āe hue kitne din ho gaye haiñ?	Hallo, Michael! Wie viele Tage bist du schon hier?
■ Do hī din hue haiñ, lekin kal mere peṭ meñ gaṛbaṛ thī.	Nur zwei Tage, aber gestern war mein Magen durcheinander.
● Kyā? Tum ne fon kyoñ nahīñ kiyā, bhāī?	Was? Warum hast du nicht angerufen, Bruder?
■ Are, maiñ ne tumko kitnī bār to pakā diyā?	He, wie viele Male habe ich dich denn schon genervt?
● Yār! Rāī kā pahāṛ mat banāo! Bāt yeh hai, ki ham dost haiñ aur agar tumheñ taklīf hogī, to fon karo!	Mann! Mach aus einer Mücke keinen Elefanten! Es geht darum, dass wir Freunde sind, und wenn du ein Problem hast, ruf an!
■ Ṭhīk hai, bos!	Okay, Boss!
● Tum ne ab tak āj kā koī prabandh kiyā hai?	Hast du bis jetzt für heute schon eine Verabredung?
■ Shāyad maiñ thoṛā-sa ārām karūñ.	Vielleicht ruhe ich mich ein wenig aus.
● To mere ghar par āo! Āj shām ko Bhārat kā kriketṭ maic ṭīvī par dikāyā jāyegā.	Dann komm doch zu mir nach Hause! Heute Abend wird im Fernsehen ein Cricketmatch Indiens gezeigt.

Relativsätze
huā/-ī/-e + Partizip Perfekt: *Yeh admī* ***āyā*** (Dieser Mann **ist gekommen**) → *Yeh* ***āyā huā*** *admī* (Dieser Mann, **der gekommen ist**).

ho + gayā (sein gegangen = verging):
Idhar ***āe hue*** *kitne din* ***ho gaye*** *haiñ?* (Hierher, gekommen sind, wie viele Tage sein gegangen sind? = Wie viele Tage bist du schon hier?)

pakānā (kochen): umgs. nerven, auf den Nerv gehen

Rāī kā pahāṛ mat banāo! (Mach keinen Senfberg! = Mach aus einer Mücke keinen Elefanten!).

Bāt yeh hai ... (Sache diese ist = Es geht darum ...).

wenn-Sätze
agar (wenn) + Verb in der Zukunft, *to* (dann) + Imperativ oder Verb in der Zukunft:
Agar *tumheñ taklīf* ***hogā, to*** *fon* ***karo!*** (**Wenn** du ein Problem **hast**, **ruf** mich **an**!)

shāyad (vielleicht) + Endungen für „sollen“ → Konjunktiv: ***Shāyad*** *maiñ ārām* ***karūñ*** (**Vielleicht sollte** ich mich **ausruhen**).

Passiv: Vergangenheit + *jānā* (im Futur):
dikāyā jāyegā (gezeigt gehen-wird = wird gezeigt)

boss: häufige Anrede unter Freunden

20 A

Übungen

Sie treffen einen alten Freund und möchten wissen, wie lange er schon in der Stadt ist. Nichts leichter als das!
3. Mumbai (Bombay)
4. Kolkata (Kalkutta)
5. Bengaluru (Bangalore)

1. Wie lange ...?

2/52

***Idhar** āe hue kitne din ho gaye haiñ?*

1. idhar
2. Dillī
3. Mumbaī
4. Kolkātā
5. Bangalor

Machen Sie aus den Partizip-Perfekt-Formen Relativsätze. Für die Vergangenheit von *ānā* (w) findet man sowohl *āyī* als auch *āī*.

2. Alles ist relativ

*Yeh **āyā huā** admī.*

1. Yeh admī āyā.
2. Yeh dost pahuñcā.
3. Ye ḍākṭar yahāñ rahe.
4. Voh maiḍam āyī.
5. Voh bahin pahuñcī.

Nach *shāyad* (vielleicht) steht bekanntlich immer der Konjunktiv, der den Formen von „sollen" entspricht. Erinnern Sie sich noch an seine Bildung?

3. Vielleicht gar nicht so schwer?

1. Shāyad maiñ thoṛā-sa ārām ________ (karnā).
2. Shāyad ham bād meñ ________ (milnā).
3. Shāyad merā bhāī āj shām ko ________ (ānā)?
4. Shāyad voh parsoñ mujhe fon ________ (karnā)?
5. Shāyad ve udhar nahīñ ________ (jānā), na?

Hier geht es um wenn-Sätze, die eine hohe Wahrscheinlichkeit ausdrücken. Erinnern Sie sich, dass das Verb im Hauptsatz immer im Futur steht?

4. Wenn schon, denn schon!

1. Wenn du ein Problem hast, ruf mich an!
2. Wenn Sie Kopfschmerzen haben, gehen Sie zum Arzt!
3. Wenn dir das Zimmer gefällt, bleib in meinem Haus!
4. Wenn sie dorthin geht, sag es mir!
5. Wenn das Essen zu scharf ist, werde ich es nicht essen.

Einige Sätze des Dialogs A machen sich in einem Gespräch besonders gut, daher üben Sie diese bitte nochmals. Finden Sie jeweils die beiden Satzpärchen?

5. Pärchenbildung

1. Rāī kā pahāṛ
2. Ham ne tumko kitnī
3. Tum ne ab tak
4. Kal mere peṭ meñ
5. Bāt yeh hai,

a ☐ koī prabandh kiyā hai?
b ☐ baṛī gaṛbaṛ thī.
c ☐ mat banāo!
d ☐ ki ham dost haiñ.
e ☐ bār to pakā diyā?

Purāne doston̄ se bhī milne jāo!

2/53

uṛān (w)	Flug
bāndhnā	binden, hier: packen
cuknā	aufhören, beenden, hier: schon
khud	selbst
vicār (m)	Gedanke, Meinung
jāṛā (m)	Winter, kalte Jahreszeit
chuṭṭiyān̄ (w/Mz)	Ferien, Urlaub
progrām (m)	Programm
fursat (w)	Freizeit
ghūmnā	rumreisen, spazieren
ummīd (w)	Hoffnung
sārā	ganz
bitānā	verbringen (Zeit)
purānā/-ī/-e	alt

● Bhāī, kal tumhārī uṛān kitne baje hai?	Bruder, um wie viel Uhr ist morgen dein Flug?
■ Savere āṭh bajkar, das minaṭ.	Morgens um 8:10 Uhr.
● Tum sāmān bāndh cuke ho?	Hast du das Gepäck schon fertig gepackt?
■ Hān̄, main̄ ne khud bāndhā hai!	Ja, ich habe es selbst gepackt!
● Ṭhīk hai. To bolo, tumhārā Bhārat kab vāpas āne kā vicār hai?	Okay. Sag mal, wann denkst du daran, wieder nach Indien zurückzukommen?
■ Is sāl, jāṛe kī chuṭṭiyān̄ men̄. Ab tak progrām pakkā nahīn̄.	Dieses Jahr, im Winterurlaub. Bis jetzt habe ich noch kein genaues Programm.
● Yeh bāt sunkar mujhe bahut-hī khushī huī.	Es freut mich sehr, das zu hören.
■ Jab mere pās fursat aur paise hon̄ge, tab main̄ phir uttar Bhārat men̄ ghūmūn̄gā.	Wenn ich Freizeit und Geld habe, dann werde ich wieder in Nordindien rumreisen.
● Hān̄, magar mujhe ummīd hai, ki tum sārā samay ghūmne men̄ nahīn̄ bitāoge! Purāne doston̄ se bhī milne jāo!	Ja, aber ich hoffe, dass du nicht die ganze Zeit mit Rumreisen verbringen wirst. Triff auch mal ein paar alte Freunde!

Genaue Uhrzeit
Vor allem bei Abfahrts- oder Abflugzeiten gebraucht: *Savere **āṭh bajkar, das minaṭ*** (Morgens **um 8:10 Uhr**).

khud (selbst) steht nach persönlichen Fürwörtern: ***Main̄** ne **khud** hindī sīkhī* (**Ich** habe **selbst** Hindi gelernt).

Schon fertig
Verbstamm + *cuknā* + *honā*: *Tum sāmān **bāndh cuke ho**?* (Du Gepäck **packen beendetest bist?** = Hast du das Gepäck **schon fertig gepackt**?).

Tumhārā Bhārat kab vāpas āne kā vicār hai? (Dein Indien wann zurück kommen von Gedanke ist? = Wann denkst du daran, wieder zurück nach Indien zu kommen?).

fursat (freie Zeit, Freizeit): *Mujhe **fursat** hai* (Ich habe Freizeit/Zeit).

„reisen/spazieren"
1. *ghūmnā* (rumreisen, spazieren)
2. *ghūmnā-phirnā* (spazieren gehen)

ummīd oder ***āshā*** (Hoffnung): *mujhe **ummīd/āshā** hai* (mir Hoffnung ist = ich hoffe)

sārā (ganz) kann vor Hauptwörten stehen: ***sārā** samay* (die ganze Zeit), ***sārā** parivār* (die ganze Familie)

Jahreszeiten 2/54
Man unterscheidet:
jāṛā (Winter)
vasant (Frühling)
garmī (Sommer)
barsāt (Monsun, Regenzeit)

Übungen

Und wann müssen Sie morgen weg? Einige Fortbewegungsmittel sind weiblich, außer *rikshā* (Rikscha), *nāv* (Schiff), *havāī jahāz* bzw. *vimān* (beide: Flugzeug).

1. Der Zug ist noch nicht abgefahren!

2/55

*Kal **āp kī uṛān** kitne baje hai?*

1. āp kī uṛān
2. āp kī relgāṛī
3. āp kī bas
4. āp kā rikshā
5. āp kī nāv

Üben Sie bitte den Gebrauch der Konstruktion mit *vicār* (Gedanke, Meinung).

2. Wann gedenken Sie ...?

*Āp kā **Bhārat** kab **vāpas āne** kā vicār hai?*

1. Bhārat – vāpas ānā
2. Pañjāb meñ – ghūmnā
3. hindustānī khānā – khānā
4. purāne dostoñ se – milnā
5. mīṭhī lassī – pīnā

Sie wissen bereits, dass zu jeder Frage nur eine Antwort passt.

3. Topf und Deckel

1. Uṛān kitne baje hai?	a	☐ Hāñ, isī sāl!
	b	☐ Savere nau baje.
2. Tum sāmān bāndh cuke ho?	a	☐ Nahīñ, ab tak fursat nahīñ.
	b	☐ Hāñ, bāndhā hai.
3. Āp ke pās āj fursat hai, kyā?	a	☐ Abhī nahīñ.
	b	☐ Abhī paune nau baje haiñ.
4. Tum Bhārat kab vāpas āoge?	a	☐ Zarūr bhāī!
	b	☐ Aglī jāṛe kī chuṭṭiyāñ meñ!

Übersetzen Sie die wichtigsten Sätze aus dem letzten Dialog ins Hindi!

4. Abreise

1. Haben Sie das Gepäck schon fertig gepackt?
2. Wir haben selbst Hindi gelernt.
3. Im Winterurlaub werden wir in Nordindien rumreisen.
4. Ich hoffe, dass du auch ein paar alte Freunde treffen wirst.
5. Mein Flug ist morgens um 7:20 Uhr.

Damit Sie auf Ihrem Rückflug die Stewardessen besser verstehen:

1. *Susvāgatam!* (Willkommen! feierlich)
2. *lāif jākeṭ* (Schwimmweste)
3. *surakshā nirdesh* (Sicherheitsinstruktionen)
4. *nikās* (Ausgang)

5. Rückflug

1. सुस्वागतम
2. लाइफ़-जाकेट
3. सुरक्षा निर्देश
4. निकास

Freizeitbeschäftigungen

Seitdem in Indien die Wirtschaft und die Mittelschicht wächst, gehören Konsum und außerberufliche Aktivitäten für immer mehr Menschen in Indien – vor allem in den Großstädten – zu den angenehmen Seiten des Lebens. Man strebt einen Lebensstil wie in Europa, Nordamerika oder Ostasien an, natürlich inklusive eines neuen Freizeitbewusstseins.

Noch vor zwanzig Jahren waren Begriffe wie „Urlaub" oder „arbeitsfreies Wochenende" nur einer privilegierten Oberschicht bekannt. Mittlerweile allerdings stellt die in ganz Indien boomende Unterhaltungsindustrie einen bedeutenden Wirtschaftsfaktor dar. Neben dem Film sind Sport und Kultur die beliebtesten Freizeitsektoren.

Sport ist in Indien sehr beliebt, ob passiv, als TV-Zuschauer von Cricketspielen, oder aktiv, z. B. in den weit verbreiteten *Jogger's Parks*. Angesagt ist aber auch die eigene Kultur: Viele erlernen eines der einheimischen Musikinstrumente wie Sitar, Tabla, Sarod oder Tambura; absolvieren klassische Tanzkurse in *bhāratnatyam* oder *kathakālī*; auch spirituelle Yoga- oder Meditations-Workshops verhelfen den gestressten IT-Spezialisten zur nötigen inneren Balance. Sogar die großen Meister der indischen Literatur finden erneut immer mehr Beachtung und werden gerne gelesen.

Außerdem wird das Reisen immer populärer. Da locken verheißungsvolle Städte wie London, Paris und Venedig, obendrein Australien, Südafrika, die USA, Dubai, Mauritius, Malaysia – Fernreisen sind in! Und welches Traumziel haben indische Paare für die Flitterwochen? Nein, Sie werden es nicht erraten: die Schweiz!

mahīne (Monate) ▶ 2/56

janvarī: Januar
farvarī: Februar
mārc: März
aprail: April
maī: Mai
jūn: Juni
julāī: Juli
agast: August
sitambar: September
aktūbar: Oktober
navambar: November
disambar: Dezember

Literatur in Indien

Zahlreiche Sprachen des Landes verfügen über eine eigenständige Literatur. Der vielleicht beliebteste Autor auf Hindi ist der Romancier Munshi Premchand (1880 bis 1936). Der bekannteste Schriftsteller des modernen Indien ist der Bengale Rabindranath Tagore (1861 bis 1941). Auch zeitgenössische Literatur erfreut sich größter Beliebtheit. Angeblich gibt es in Indien mehrere Tausend Verlage mit jährlich vielen Zigtausenden Neuerscheinungen.

T

Test 5

Wenn Sie auch diese Fragen beantworten können, sind Sie auf dem besten Wege ein echter Indienspezialist zu werden. Ihre indischen Gesprächspartner werden da sicher den Hut (oder Turban) ziehen!

1. Welche Antwort stimmt?

1. Die eigene Herkunft ist den meisten in Indien ...
   - a ☐ äußerst wichtig.
   - b ☐ total einerlei.
   - c ☐ gar nicht geläufig.

2. Die großen Heldenepen des Hinduismus heißen ...
   - a ☐ Kama und Sutra.
   - b ☐ Ramayana und Mahabharat.
   - c ☐ Jammu und Kaschmir.

3. Als *samsāra* bezeichnet man ...
   - a ☐ im indischen Fernsehen die Sesamstraße.
   - b ☐ die typisch hinduistische Gebetsmühle.
   - c ☐ den Kreislauf aus Leben und Tod.

4. *Bollywood* ist ...
   - a ☐ eine riesige Filmstadt bei Mumbai.
   - b ☐ ein Markenname für das Hindi-Kino.
   - c ☐ der Name eines alten Hindi-Films.

5. Die traditionelle indische Medizin nennt man ...
   - a ☐ *āyurveda.*
   - b ☐ *aktūbar.*
   - c ☐ *antar-rāshṭrīy.*

6. Der vielleicht beliebteste hindisprachige Romancier ist ...
   - a ☐ Rabindranath Tagore.
   - b ☐ Munshi Premchand.
   - c ☐ Mahatma Gandhi.

Diese Übung ist nun wirklich ein alter Turban. Klappt sicherlich ohne Schwierigkeiten, *na*?

2. Fragen und Antworten

1.	Tumko yeh ilākā patā hai?	a ☐	Sirf do din se.
2.	Maiñ foṭo le saktā hūñ?	b ☐	Nahīñ, mujhe fursat nahīñ!
3.	Tum film dekhne jāoge?	c ☐	Bahut acchī tarah se nahīñ.
4.	Kaunsī film hogī?	d ☐	Mere peṭ meñ dard huā.
5.	Āpko kyā taklīf hai?	e ☐	Sundar prem kahānī hogī.
6.	Yeh taklīf kitne din se hai?	f ☐	Hāñ, mujhe fursat hai.
7.	Tum sāmān bāndh cuke ho?	g ☐	Hāñ, zarūr! Ārām se!
8.	Abhī tumko fursat hai, na?	h ☐	Hāñ, maiñ ne khud bāndhā hai!

3. Was fehlt denn hier?

1. Mere pūrvaj _____ is ilāke se āe the.
   a ☐ shalvār
   b ☐ shikshak
   c ☐ shāyad

2. Ārtī kā ... kyā hai?
   a ☐ maṭar
   b ☐ matlab
   c ☐ mausam

3. Yeh film bahut _____ thī!
   a ☐ mast
   b ☐ mārc
   c ☐ maic

4. Maiñ ne thoṛā pānī hī _____ .
   a ☐ khāyā
   b ☐ piyā
   c ☐ paṛhā

5. Āp ko davāī kī _____ hai.
   a ☐ zarūrat
   b ☐ zindagī
   c ☐ zyādā

6. Kal mere peṭ _____ gaṛbaṛ thī.
   a ☐ par
   b ☐ ko
   c ☐ meñ

Sie leiden an grammatischer Unlust? Freuen Sie sich, denn die Qual hat bald ein Ende. Zurückblättern ist übrigens schlecht fürs Karma.

4. Und jetzt noch schnell auf Hindi!

1. Ich wurde in Delhi geboren.
2. Was du nicht sagst!
3. He, Kumpel, frag mich das nicht!
4. Ich fühle mich ziemlich schlecht.
5. Sie sollten zu einem Arzt gehen!
6. Was soll ich tun?
7. Habe ich dich genervt?
8. Mach aus einer Mücke keinen Elefanten!

Fantastisch! Sie haben's geschafft! Großes Kompliment! Bleiben Sie am Ball und sprechen, hören, lesen oder singen Sie auf Hindi so oft wie möglich. Irgendwo in Ihrer Nähe gibt's sicher ein indisches Restaurant oder Lebensmittelgeschäft, also los!

L Lösungsschlüssel

1 A Übungen

1. Bond, James Bond 1. Mein Name ist Thomas. **2.** Mein Name ist Peter. **3.** Mein Name ist Doris. **4.** Mein Name ist Michael. **5.** Mein Name ist Pradeep. **6.** Mein Name ist Meena. **7.** Mein Name ist Ravi. **8.** Mein Name ist Smita. **9.** Mein Name ist Sunil. **10.** Mein Name ist Sushma.
2. Welche Antwort passt? 1. – a, **2.** – b, **3.** – a, **4.** – b
3. Wie ist Ihr Name? 1. Namaste. **2.** Āp kā nām kyā hai? **3.** Merā nām Michael König hai. **4.** Āp hindustānī haiñ? **5.** Hāñ, ham hindustānī haiñ.
4. Ordnen Sie zu 1. – b, **2.** – c, **3.** – d, **4.** – a, **5.** – e

1 B Übungen

1. Sind Sie Deutscher? 1. Ja, ich bin Deutsche/-r. **2.** Ja, ich bin Österreicher/-in. **3.** Ja, ich bin Schweizer/-in. **4.** Ja, ich bin Inder/-in. **5.** Ja, ich bin Pakistani.
2. Was fehlt denn da? 1. Namaste maiḍam/jī! **2.** Āp Smitā aur Pradīp haiñ. **3.** Elke jī, āp jarman haiñ? **4.** Maiñ svis hūñ. **5.** Āp se milkar baṛī khushī huī.
3. Vermischtes 5. – 1. – 3. – 2. – 4.

2 A Übungen

1. Wie geht es dir? 1. Herr Rahul, wie geht es Ihnen? **2.** Herr Pradeep, wie geht es Ihnen? **3.** Herr Sunil, wie geht es Ihnen? **4.** Ravi, wie geht's dir? **5.** Michael, wie geht's dir? **6.** (Bruder) Pradeep, wie läuft's bei dir?
2. Mir geht es gut 1. Yeh tum ho, Rāhul, na? **2.** Hāñ, yeh maiñ hūñ. Tum kaise ho? **3.** Baṛhiyā! Aur tumhārā hāl kyā hai? **4.** Maiñ bhī ṭhīk hūñ, dhanyavād. **5.** Svāgatam!
3. Welche Frage passt hier wohl? 1. – b, **2.** – a, **3.** – a, **4.** – b
4. Ordnen Sie zu 1. – d, **2.** –c, **3.** – b, **4.** – e, **5.** – a

2 B Übungen

1. Telefonnummer dabei? 1. Yeh merā fon nambar hai. **2.** Yeh tumhārā fon nambar hai. **3.** Yeh terā fon nambar hai. **4.** Yeh hamārā fon nambar hai. **5.** Yeh āp kā fon nambar hai.
2. Wer ist das? 1. Yeh merā dost Michael hai. **2.** Yeh tumhārā bhāī Sunīl hai. **3.** Yeh āp kā beṭā Thomas hai. **4.** Yeh Ravi kā dost Pradīp hai. **5.** Yeh hamārā bhāī Suresh hai.
3. Was fehlt hier bloß? 1. Namaste, āp kaise haiñ? **2**. Tum Smitā ho, na? **3**. Ye Elke aur Sushmā haiñ. **4**. Maiñ Ravi kā dost hūñ. **5**. Yeh kaun hai?

3 A Übungen

1. Haben Sie ... ? 1. Āp kī buking hai sāhab? **2.** Āp kā pāsporṭ hai sāhab? **3.** Āp kā sāmān hai sāhab? **4.** Āp kī cābī hai sāhab? **5.** Āp kā fon nambar hai sāhab?
2. Wo ist mein Schlüssel? 1. Namaste sāhab. Āp kī buking hai? **2.** Hāñ, yeh merā pāsporṭ hai. **3.** Ṭhīk hai. Svāgatam sāhab! **4.** Merī cābī kahāñ hai? **5.** Boy! Voh sāmān lenā!
3. Männlein oder Weiblein? 1. Āp kī hindī sacmuc acchī hai! **2.** Āp kā dost sacmuc baṛhiyā hai! **3.** Āp kā beṭā sacmuc baṛā hai! **4.** Āp kī cābī sacmuc baṛī hai!
4. Ordnen Sie zu 1. – e, **2.** –c, **3.** – d, **4.** – b, **5.** – a
5. Was fehlt denn hier? 1. Namaste, merī buking hai. **2.** Yeh tumhārā pāsporṭ hai, na? **3.** Hamārī cābī kahāñ hai? **4.** Āp kā/tumhārā beṭā kahāñ hai? **5.** Voh merā dost hai.

3 B Übungen

1. Was möchten Sie? **1.** Mujhe ek botal pānī cāhie. **2.** Mujhe ek kamrā cāhie. **3.** Mujhe kuch acchā khānā cāhie. **4.** Mujhe menyū cāhie. **5.** Mujhe merā sāmān cāhie.
2. Gibt es ... ? **1.** Pānī milegā? **2.** Kuch khānā milegā? **3.** Menyū milegā? **4.** Kamrā milegā?
3. Und wie heißt das auf Hindi? **1.** Merā pāsporṭ udhar rakhnā. **2.** Yeh merā kamrā hai? Cābī kahāñ hai? **3.** Mujhe ek botal pānī lānā. **4.** Kuch khānā bhī cāhie? **5.** Hāñ, mujhe menyū lānā.

4 A Übungen

1. Wem's gefällt **1.** Hindustān mujhe pasand hai. **2.** Hindustān ise pasand hai. **3.** Hindustān use pasand hai. **4.** Hindustān hameñ pasand hai. **5.** Hindustān āpko pasand hai.
2. Gefällt Ihnen das Zimmer? **1.** Āpko kamrā pasand hai kyā? **2.** Hāñ, hameñ bahut pasand hai. **3.** Kamrā baṛā, ārāmdeh aur sāf hai. **4.** Yeh baṛā sāmān āp kā hai, na? **5.** Hāñ, yeh sab hamārā hai!
4. Was gehört zusammen? **1.** – d, **2.** –b, **3.** – a, **4.** – e, **5.** – c
5. Probleme mit Pronomen? **1.** Kyā tumheñ hoṭal pasand hai? **2.** Mujhe bahut pasand hai. **3.** Āpko kyā cāhie? **4.** Hameñ hindustānī khānā cāhie. **5.** To tumheñ/āpko hindustānī khānā bhī pasand hai kyā?

4 B Übungen

1. Kohldampf? **1.** Āj shām ko ek hindustānī resṭoranṭ caleñ? **2.** Āj shām ko ek jarman resṭoranṭ caleñ? **3.** Āj shām ko ek acchā resṭoranṭ caleñ? **4.** Āj shām ko ek ārāmdeh resṭoranṭ caleñ?
2. Mir nichts, dir nichts! **1.** Kyā āpko hindustānī khānā pasand hai? **2.** Hāñ, hameñ bahut pasand hai. **3.** Kyā tumheñ bhūkh lagī hai? **4.** Nahīñ, mujhe pyās lagī hai. **5.** Boy! Ise/use ek botal pānī lānā! **6.** Āpko kuch aur cāhie?
3. Und wie heißt das auf Deutsch? **1.** Soll ich heute am Abend in ein indisches Restaurant gehen? **2.** Haben Sie jetzt gerade Hunger? **3.** Jetzt gerade nicht. Wir haben Durst. **4.** Dann ruf uns in der Nacht an. **5.** In Ordnung, danke.

T 1 Test

1. Welche Antwort stimmt? **1.** c, **2.** c, **3.** b, **4.** a, **5.** c, **6.** c
2. Fragen und Antworten **1.** e (Āp kā nām kyā hai? – Merā nām Pradīp hai.) **2.** g (Āp hindustānī haiñ? – Nahīñ, maiñ jarman hūñ!) **3.** b (Tum Pradīp Sharmā ho? – Hāñ, maiñ Pradīp Sharmā hūñ.) **4.** h (Yeh tum ho, na? – Hāñ, yeh maiñ hī hūñ.) **5.** a (Tum kaise ho? – Maiñ ṭhīk hūñ.) **6.** c (Yeh kaun hai? – Yeh merā dost hai.) **7.** d (Āp kahāñ se haiñ? – Maiñ Hindustān se hūñ.) **8.** f (Tumheñ bhūkh lagī hai? – Hāñ, mujhe bhūkh lagī hai.)
3. Was fehlt denn hier? **1.** b (Ham hindustānī haiñ.), **2.** a (Mujhe bhī), **3.** c (Tumhārā hāl kyā hai?), **4.** b (Merī buking hai.), **5.** a (Mujhe kamrā cāhie.), **6.** b (Tumheñ hoṭal pasand hai?)
4. Wie sagt man auf Hindi? **1.** Namaste. **2.** Āp kā nām kyā hai? **3.** Merā nām ... hai. **4.** Āp kaise haiñ? **5.** Kripayā./Meharbānī karke. **6.** Phir mileñge. **7.** Āp se milkar baṛī khushī huī. **8.** Mujhe bhī.

5 A Übungen

1. Höflich, aber bestimmt **1.** Baiṭhie! **2.** Dekhie! **3.** Lāie! **4.** Bolie! **5.** Calie! **6.** Milie!
2. Was gehört zusammen? **1.** – d, **2.** – b, **3.** – c, **4.** – a, **5.** – e
3. Frage und Antwort **1.** – a, **2.** – b, **3.** – a, **4.** – b
4. Ich möchte einen freien Tisch **1.** Mujhe/mujhko khālī mez cāhie. **2.** Tum kitne log ho? **3.** Ye/ve sirf do log haiñ. **4.** Tumheñ/tumko voh mez pasand hai (kyā)? **5.** Nahīñ, mujhe/mujhko mez khiṛkī ke pās cāhie.
5. Imperator **1.** Baiṭho! **2.** Rakho! **3.** Khāo! **4.** Lo! **5.** Fon karo!

5 B Übungen

1. Kennen Sie sich aus? 1. Āpko kuch hindustānī khānā patā hai, kyā? **2.** Āpko Dillī meñ koī hoṭal patā hai, kyā? **3.** Āpko jarmanī patā hai, kyā? **4.** Āpko kuch jarman khānā patā hai, kyā? **5.** Āpko Hindustān patā hai, kyā?

2. Verneinen Sie! 1. Hameñ hindustānī khānā patā nahīñ. **2.** Tum shākāhārī nahīñ. **3.** Yeh kamrā bahut sāf nahīñ. **4.** Maiñ jarmanī se nahīñ. **5.** Tumhārā nām Pradīp nahīñ. **6.** Ve pākistānī log nahīñ. **7.** Ham taiyār nahīñ!

3. Die richtige Reihenfolge bitte! 1. Tumheñ hindustānī khānā patā hai. **2.** Tandūrī murgī zyādā tīkhī hai. **3.** Mujhko zyādā tīkhā khānā pasand nahīñ. **4.** Tumhārā dost Pradīp shākāhārī nahīñ.

6 A Übungen

1. Wir nehmen alles! 1. Hameñ ek tandūrī murgī dījie! **2.** Hameñ pālak panīr dījie! **3.** Hameñ ek dāl ke sāth nān dījie! **4.** Hameñ cār roṭiyāñ dījie! **5.** Hameñ ek botal pānī aur ek lassī dījie!

2. Der Kellner hat viel zu tun 1. Veṭar! Hamāre lie ek ālū gobhī lāie! **2.** Veṭar! Hamāre lie ek rogan josh lāie! **3.** Veṭar! Hamāre lie do pālak panīr lāie! **4.** Veṭar! Hamāre lie do maṭar panīr lāie! **5.** Veṭar! Hamāre lie cār roṭiyāñ lāie!

3. Aus einem mach mehrere! 1. Hameñ ye bāteñ pasand nahīñ. **2.** Hameñ, ye cābiyāñ pasand nahīñ! **3.** Ve hameñ khiṛkiyāñ pasand nahīñ? **4.** Hameñ roṭiyāñ pasand nahīñ. **5.** Hameñ ye mezeñ pasand nahīñ. **6.** Hameñ murgiyāñ aur sabziyāñ pasand nahīñ!

4. Bitte auf Hindi 1. Mujhe ek ālū gobhī cāhie. **2.** Kripayā/meharbānī karke zyādā mirc na ḍālie! **3.** Ṭhīk hai/acchā. Aur is ke sāth? **4.** Cār roṭiyāñ aur ek biryānī lāie. **5.** Aur pīne ke lie? **6.** Sirf ek botal pānī!

5. Sind Sie ein guter Lückenfüller? 1. Is ke sāth āpko kyā cāhie? **2.** Tandūrī murgī meñ zyādā mirc na ḍālie! **3.** Veṭar! Hamko cār roṭiyāñ dījie! **4.** Pīne ke lie ek lassī, aur khāne kā? **5.** Bād meñ hamāre lie biryānī yā pulāo lāo!

6 B Übungen

1. Was schmeck dann am besten? 1. ... sab se ... **2.** ... sab se svādishṭ ... **3.** ... sab se sāf ... **4.** ... sab se tīhkī ... **5.** ... sab se baṛī ...

2. Wie schmeckt Ihnen indisches Essen? 1. Āpko hindustānī khānā kaisā lagtā hai? **2.** Mujhe hindustānī khānā bahut acchā lagtā hai! **3.** Gobhī kaisī lagtī hai. **4.** Sab se svādishṭ roṭī acchī lagtī hai, kyā? **5.** Kyā tumheñ tīkhī mirc acchī lagtī hai?

3. Aus eins mach zwei 1. Ye do kamre haiñ. **2.** Ye do masāle haiñ. **3.** Ve do roṭiyāñ haiñ. **4.** Ye do khiṛkiyāñ haiñ. **5.** Ye do mezeñ haiñ.

4. Was gehört wohin? 1. Tumko khānā acchā lagtā hai, kyā? **2.** Aslī hindustānī khānā sab se svādishṭ hai! **3.** Mujhe yeh kyoñ nahīñ patā? **4.** Bhāī, kyā tum aslī hindustānī ho? **5.** Hāñ hāñ! Sahī bāt hai!

7 A Übungen

1. Ich kann nur ein bisschen ... 1. Mujhe sirf thoṛī hindī ātī hai. **2.** Mujhe sirf thoṛī pañjābī ātī hai. **3.** Mujhe sirf thoṛī nepālī ātī hai. **4.** Mujhe sirf thoṛī jarman ātī hai. **5.** Mujhe sirf maraṭhī ātī hai.

2. Was ist Ihre Muttersprache? 1. Āp kī matribhāshā kaunsī hai? **2.** Merī matribhāshā pañjābī hai. **3.** Lekin mujhe/mujhko hindī bhī ātī hai. **4.** Tumhārī matribhāshā angrezī hai, (kyā)? **5.** Nahīñ, merī matribhāshā jarman hai.

3. Bringen Sie ein bisschen System ins Chaos! 1. Hindī Bhārat kī rāshṭrīy bhāshā hai. **2.** Jarman Jarmanī kī rāshṭrīy bhāshā hai. **3.** Yeh sacmuc bahut dilcasp hai. **4.** Mujhe sirf thoṛī hindī ātī hai. **5.** Āp kī matribhāshā pañjābī nahīñ.

4. Ordnen Sie zu! 1. – d, **2.** – a, **3.** – b, **4.** – e, **5.** – c

5. Verben, Verben und nochmals Verben **1.** Tumko hindī ātī hai, kyā? **2.** Pañjābī khānā bahut mazedār lagtā hai! **3.** Kripayā hindī yā jarman bolie/bolo! **4.** Āpko yeh bhāshā pasand hai, na?

7 B Übungen

1. Wohin musst du fahren? **1.** Mujhe is pate par jānā hai. **2.** Mujhe Purānī Dillī jānā hai. **3.** Mujhe ek pañjābī resṭoranṭ jānā hai. **4.** Mujhe havāī aḍḍe jānā hai. **5.** Mujhe mere hoṭal jānā hai.
2. Sollen wir müssen? **1.** Michael ko ānā paṛegā. **2.** Michael ko is kamre meñ jānā paṛegā. **3.** Michael ko ṭaiksī se jānā paṛegā. **4.** Michael ko yeh khānā paṛegā.
3. Und jetzt mal schnell auf Hindi! **1.** Tumheñ/tumko kidhar jānā hai? **2.** Us pate par. Dekhie! **3.** (Yeh) havāī aḍḍe ke pās hai, na? **4.** (Yeh) yahāñ se kāfī dūr hai. **5.** Acchā? Hameñ/hamko ṭaiksī se jānā hai (kyā)?
4. Nur eine Antwort ist richtig! **1.** – a, **2.** – b, **3.** – b, **4.** – a

8 A Übungen

1. Brauchtum **1.** Mujhe abhyās kī zarūrat hai. **2.** Mujhe baṛī bas kī zarūrat hai. **3.** Mujhe buking kī zarūrat hai. **4.** Mujhe fon kī zarūrat hai. **5.** Mujhe kām kī zarūrat hai.
2. Plurale Satzbastelstunde **1.** Āp hindī bolte/boltī haiñ. **2.** Tum jarman bolte/boltī ho. **3.** Ham ye bāteñ sunte/suntī haiñ. **4.** Ye ṭaiksī se jāte/jātī haiñ. **5.** Voh kām kartā/kartī hai.
3. Kombinationsvermögen? **1.** – b, **2.** – e, **3.** –d, **4.** – c, **5.** – a
4. Brauchen auf Hindi **1.** Mujhe ek hoṭal meñ (ek) kamre kī zarūrat hai. **2.** Ham hindī bolte haiñ, lekin hameñ/hamko abhyās kī zarūrat hai. **3.** Kyoñ tumheñ/tumko (ek) kamre kī zarūrat hai? **4.** Āpko (ek) mīṭar ṭaiksī kī zarūrat hai. **5.** Tumheñ/tumko mere pate kī zarūrat hai, na?
5. Was ist denn hier passiert? **1.** Voh āp ke kāryālay meñ kām kartā hai. **2.** Maiñ kuch nahīñ suntā hūñ. **3.** Michael thoṛī-sī hindī boltā hai. **4.** Lekin use abhyās kī zarūrat hai. **5.** Kāryālay meñ kyā khabar hai?

8 B Übungen

1. Was bist du von Beruf? **1.** Maiñ sekreṭarī hūñ. **2.** Maiñ eñjīniyar hūñ. **3.** Maiñ ḍākṭar hūñ. **4.** Maiñ kisān hūñ. **5.** Maiñ kalākār hūñ. **6.** Maiñ vakīl hūñ. **7.** Maiñ patrakār hūñ. **8.** Maiñ chātra hūñ.
2. Was gehört wohin? **1.** Maiñ is kāryālay meñ sekreṭarī hūñ. **2.** Ye aslī rājasthānī paramparāeñ haiñ! **3.** Rājasthān Bhārat kā sab se sundar pradesh hai, kyā? **4.** Bhāī, kyā tum hindī samajhte ho? **5.** Sab logoñ ko hindustānī khānā pasand nahīñ!
3. Outgesourced? **1.** Mujhe ek haftā Bhārat meñ kām karnā hai. **2.** Mujhe do hafte Bhārat meñ kām karnā hai. **3.** Mujhe tīn hafte Bhārat meñ kām karnā hai. **4.** Mujhe cār hafte Bhārat meñ kām karnā hai. **5.** Mujhe pāñc hafte Bhārat meñ kām karnā hai. **6.** Mujhe che hafte Bhārat meñ kām karnā hai. **7.** Mujhe sāt hafte Bhārat meñ kām karnā hai. **8.** Mujhe āṭh hafte Bhārat meñ kām karnā hai. **9.** Mujhe nau hafte Bhārat meñ kām karnā hai. **10.** Mujhe das hafte Bhārat meñ kām karnā hai.

T 2 Test

1. Welche Antwort stimmt? **1.** b, **2.** c, **3.** a, **4.** b, **5.** b, **6.** c
2. Fragen und Antworten **1.** e (Āp kitne log haiñ? – Sirf do.) **2.** h (Yeh mez khālī hai? – Hāñ, yeh mez khālī hai.) **3.** g (Tum shākāhārī ho, na? – Nahīñ, maiñ shākāhārī nahīñ!) **4.** a (Āpko kyā cāhie? – Hameñ tandūrī murgī cāhie.) **5.** c (Tum aslī hindustānī ho, na? – Sahī bāt hai!) **6.** b (Kyā āpko hindī ātī hai? – Mujhe sirf thoṛī hindī ātī hai.) **7.** f (Āpko kidhar jānā hai? – Is pate par.) **8.** d (Āp kyā kām karte haiñ? – Maiñ vakīl hūñ.)
3. Was fehlt denn hier? **1.** a (Hamāre lie menyū lāie!) **2.** c (Mirc zyādā tīkhī nahīñ hai, kyā?) **3.** b (Hameñ cār roṭiyāñ dījie!) **4.** b (Tumko hamārā khānā acchā lagtā hai.) **5.** c (Sāt shrī ākāl.) **6.** a (Kyā naī bāt hai?)

4. Auf Hindi bitte 1. Hamko khālī mez cāhie. **2.** Hamko/hameñ ... lāie! **3.** Zyādā mirc na ḍālie! **4.** Aur pīne ke lie ek botal pānī! **5.** Merī matribhāshā jarman hai. **6.** Kyā khabar hai? **7.** Mujhe aur abhyās kī zarūrat hai. **8.** Shābāsh!

9 A Übungen

1. Ich möchte zum ... fahren! 1. Maiñ Cāvṛī Bāzār jānā cāhtā hūñ. **2.** Maiñ The Taj Palace Hotel jānā cāhtā hūñ. **3.** Maiñ Jāmā Masjid jānā cāhtā hūñ. **4.** Maiñ Connaught Place jānā cāhtā hūñ. **5.** Maiñ Lāl Kilā jānā cāhtā hūñ. **6.** Maiñ Kashmiri Gate jānā cāhtā hūñ.
2. Was gehört zusammen? 1. – d, **2.** – a, **3.** – e, **4.** – b, **5.** – c
3. Bloß nicht immer so positiv! 1. Tum kām nahīñ karte. **2.** Ham hindī nahīñ bolte. **3.** Mīṭar nahīñ caltā. **4.** Maiñ Dillī nahīñ jānā cāhtī. **5.** Voh hindī nahīñ samajhtā.
4. Bitte kurz mal auf Hindi! 1. Ham Cāvṛī Bāzār jānā cāhte/-ī hūñ. **2.** Yeh Jāmā Masjid se nazdīk hai. **3.** Lekin yahāñ se kāfī dūr hai. **4.** Vahāñ kapṛe becne-vāle bhī haiñ, kyā? **5.** Zarā mīṭar calāie!
5. Guck mal, wer da spricht! 1. Āp/ve/ye Dillī jānā cāhte haiñ. **2.** Tum mazedār khānā cāhte ho. **3.** Maiñ sirf thoṛī-sī hindī boltā hūñ. **4.** Voh/yeh/(tū) ek pañjābī resṭoranṭ jānā cāhtī hai. **5.** Tum Cāvṛī Bāzār meñ kapṛe bectī ho.

9 B Übungen

1. Es kostet nur 100 Rupien 1. Sirf (ek) sau rupaye lagtā hai! **2.** Sirf do sau rupaye lagtā hai! **3.** Sirf tīn sau rupaye lagtā hai! **4.** Sirf cār sau rupaye lagtā hai! **5.** Sirf pāñc sau rupaye lagtā hai! **6.** Sirf che sau rupaye lagtā hai! **7.** Sirf sāt sau rupaye lagtā hai! **8.** Sirf āṭh sau rupaye lagtā hai! **9.** Sirf nau sau rupaye lagtā hai! **10.** Sirf (ek) hazār rupaye lagtā hai!
2. Wo steckt die Eule? 1. – b, **2.** – d, **3.** – e, **4.** – a, **5.** – f, **6.** – c
3. Taxameter geht nicht? 1. Kyā?! Mīṭar caltā nahīñ? **2.** To ham dusrā rikshā lete/letī haiñ! **3.** Āp mujhe ullū to na banāie, na?! **4.** Yeh kirāyā zyādā hai! **5.** Bas bas! Yahāñ rukie!
4. Wohin fahren wir? 1. – b, **2.** – a, **3.** – b, **4.** – b

10 A Übungen

1. Qual der Wahl 1. Āp mujhe yeh kālā kurtā dikhā sakte haiñ? **2.** Āp mujhe yeh lāl kamīz dikhā sakte haiñ? **3.** Āp mujhe ek pīlī patlūn dikhā sakte haiñ? **4.** Āp mujhe ye rangīn sāṛiyāñ dikhā sakte haiñ? **5.** Āp mujhe voh harī pagṛī dikhā sakte haiñ?
2. Platzhalter gesucht! 1. Zarā mujhe safed-vālā dikhāie! **2.** Zarā mujhe nārangī-vālā dikhāie! **3.** Zarā mujhe nīle-vāle dikhāie! **4.** Zarā mujhe lāl-vāliyāñ dikhāie! **5.** Zarā mujhe bhūrī-vālī dikhāie!
3. Auf die Farbe kommt es an! 1. Merā kurtā safed hai. **2.** Sab se sundar rang pīlā hai! **3.** Yeh kapṛā nīlā nahīñ. **4.** Maṭar aur pālak hare haiñ. **5.** Bhūrā-vālā kahāñ hai?
4. Kombinieren erlaubt! 1. – c, **2.** – d, **3.** – e, **4.** – b, **5.** – a
5. Satzbau gefällig? 1. Dusre rangoñ meñ bhī milegā? **2.** Ham āpkī madad kar sakte haiñ sāhab? **3.** Ham in ke sāth āj shām ko kyā kareñ? **4.** Maiñ resṭoranṭ meñ mazedār khānā khātā hūñ. **5.** Voh mujhe āj ek sundar sāṛī dikhānā cāhtā hai.

10 B Übungen

1. Schmeichelpreise 1. Sirf nau sau das rupaye lagte haiñ. **2.** Sirf āṭh sau bīs rupaye lagte haiñ. **3.** Sirf sāt sau tīs rupaye lagte haiñ. **4.** Sirf che sau cālīs rupaye lagte haiñ. **5.** Sirf pāñc sau pacās rupaye lagte haiñ. **6.** Sirf cār sau sāṭh rupaye lagte haiñ. **7.** Sirf tīn sau sattar rupaye lagte haiñ. **8.** Sirf do sau assī rupaye lagte haiñ. **9.** Sirf ek sau nabbe rupaye lagte haiñ. **10.** Sirf che sau sāṭh rupaye lagte haiñ.
2. Was passt wohin? 1. Khiṛkī ke pās baiṭhie! **2.** Tum aslī hindustānī ke jaise dikhte ho. **3.** Ham in ke sāth kidhar jāeñ? **4.** Is ke lie sirf tīn sau cālīs rupaye. **5.** Mere lie zyādā hai! Yeh to sastā nahīñ.
3. Auf Hindi 1. Merā kurtā kaisā lagtā hai? **2.** Ekdam pakkā, lekin hamko/hameñ kālā-vālā bhī

pasand hai. **3.** Lekin kīmat acchī nahīñ. Che sau cālīs zyādā mahangā hai. **4.** Pāñc sau bīs ke lie bhī calegā, kyā? **5.** Zarūr sāhab. Zarā mujhe paise dījie!
4. Satzpuzzle **1.** Āp aslī hindustānī ke jaise dikhte haiñ. **2.** Is kurte kī kīmat kyā hai? **3.** Āp ke lie sirf cār sau nabbe rupaye. **4.** Kyoñ yeh kapṛā itnā mahangā hai? **5.** Mere lie yeh to sastā nahīñ.

11 A Übungen

1. Bitte höflich! **1.** Namaskār jī, tashrīf lāiegā! **2.** Namaskār jī, andar āiegā! **3.** Namaskār jī, baiṭhiegā! **4.** Namaskār jī, tashrīf rakhiegā! **5.** Namaskār jī, idhar dekhiegā!
2. Kurz- oder Vollform? **1.** Merī yātrā bahut dilcasp hai. **2.** Garmī meñ hameshā bahut garam hotā hai. **3.** Tumhārā desh bahut sundar hai. **4.** Āj mausam kaisā hai? **5.** Barsāt meñ hameshā bārish hotī hai.
3. Bitte auf Hindi **1.** Andar āiegā aur tashrīf rakhiegā! **2.** Āp kī yātrā Bhārat meñ kaisī hai? **3.** Tumhārā desh hakīkat meñ bahut sundar hai. **4.** Lekin yahāñ bahut garam hai. **5.** Barsāt meñ hameshā bārish hotī hai.
4. Welche Antwort passt? **1.** – a, **2.** – d, **3.** – e, **4.** – c, **5.** – b
5. Das leidige Wetter ... **1.** Dillī meñ bahut garmī hai. **2.** Dillī meñ bahut ṭhaṇḍ hai. **3.** Dillī meñ bahut bārish hotī hai. **4.** Dillī meñ bahut bārish nahīñ hotī.

11 B Übungen

1. Wer ist denn das? **1.** Dekhie, ye mere mātā-pitā haiñ. **2.** Dekhie, ye hamāre cār bacce haiñ. **3.** Dekhie, yeh hamārī beṭī hai. **4.** Dekhie, ye mere pitā jī haiñ. **5.** Dekhie, ye merī mātā jī haiñ. **6.** Dekhie, yeh merā bhāī hai.
2. Was gehört wohin? **1.** Tumhāre parivār meñ kitne log haiñ? **2.** Is ghar meñ mere mātā-pitā rahte haiñ. **3.** Tumhāre bacce kahāñ rahte haiñ? **4.** Bhāratīy parivār meñ āmtaur par bahut-sāre log hote haiñ. **5.** Us ghar meñ kaun rahtā hai?
3. Partnersuche **1.** – d, **2.** – e, **3.** – a, **4.** – b, **5.** – c

12 A Übungen

1. Kinderreich **1.** Maiñ das sāl kā hūñ. **2.** Maiñ gyārah sāl kā hūñ. **3.** Maiñ bārah sāl kā hūñ. **4.** Maiñ terah sāl kā hūñ. **5.** Maiñ caudah sāl kā hūñ. **6.** Maiñ pandrah sāl kā hūñ. **7.** Maiñ solah sāl kā hūñ. **8.** Maiñ sattrah sāl kā hūñ. **9.** Maiñ aṭhārah sāl kā hūñ. **10.** Maiñ unnīs sāl kā hūñ.
2. Seien Sie im Hier und Jetzt! **1.** Hamārā beṭā Ravi ā rahā hai. **2.** Tum kyā khā rahe ho? **3.** Ham yahāñ kām kar rahe haiñ. **4.** Maiñ sab kuch samajh rahī hūñ. **5.** Āp kaunsī bhāshā bol rahe haiñ?
3. Wie heißt das auf Hindi? **1.** Āp ke pitā jī ā rahe haiñ. **2.** Āpko voh yād hai, kyā? **3.** Uskī/unkī umar kyā hai? **4.** Voh/ve sattar sāl kā hai/haiñ. **5.** Uskā/unkā shauk bhāratīy itihās hai. **6.** Yeh bahut dilcasp hai!
4. Topf und Deckel **1.** – a, **2.** – b, **3.** – b, **4.** – a

12 B Übungen

1. War gar nicht so schwer, oder? **1.** Ham Dillī meñ the. **2.** Maiñ vahāñ thā. **3.** Voh eñjīniyar thā. **4.** Tum Lāl Kile meñ the? **5.** Ve kāryālay meñ the.
2. Erzähl mir was! **1.** Mujhe kuch batā de! **2.** Mujhe sāmān rakh do! **3.** Mujhe kuch bec dījie! **4.** Mujhe khānā de do! **5.** Mujhe kuch kharīd lo!
3. Wörterpuzzle **1.** Dillī musalmānoñ kā sāmrājya kī rājdhānī thī. **2.** Tīn sāl se pahle ham Dillī meñ the. **3.** Zarā hameñ Lāl Kile ke bāre meñ kuch batā dījie! **4.** Vahāñ ṭhaṇḍī lassī bik rahī hai. **5.** Is kile kī vāstukalā musalmānoñ kī hai.
4. Eine geht noch **1.** Mere lie yeh uttar Bhārat kā sab se sundar hoṭal hai. **2.** Tīn sau sāl se pahle yahāñ musalmānoñ kā sāmrājya thā. **3.** Dillī hamārī sundar rājdhānī hai. **4.** Udhar caleñ! Vahāñ ṭhaṇḍī lassī hai/milegī. **5.** Sāmān rakh dījie!

T 3 Test

1. Welche Antwort stimmt? 1. c, **2.** a, **3.** b, **4.** b, **5.** b, **6.** a

2. Fragen und Antworten 1. d (Āp kidhar jānā cāhte haiñ? – Maiñ Dillī jānā cāhtā hūñ.) **2.** h (Kyoñ mīṭar nahīñ calāte? – Mīṭar kharāb hai.) **3.** a (Dusrā rang bhī milegā? – Zarūr! Sab rang haiñ.) **4.** e (Is kī kīmat kyā hai? – Sirf tīn sau rupaye.) **5.** g (Dillī meñ bahut garmī hai? – Nahīñ, bārish hotī hai!) **6.** f (Is ghar meñ kaun rahte haiñ? – Mujhe sirf thoṛī hindī ātī hai.) **7.** c (Āp kā shauk kyā hai? – Bhāratīy bhāshāeñ!) **8.** b (Tumhārī umar kyā hai? – Maiñ tīs sāl kā hūñ.)

3. Was fehlt denn hier? 1. c (Yeh Jāmā Masjid se nazdīk hai.) **2.** c (Bad kismatī se mīṭar caltā nahīñ.) **3.** a (Maiñ āpkī madad kar rahā hūñ!) **4.** b (Mere lie yeh kīmat zyādā hai!) **5.** a (Āp hindī bol rahe haiñ, na?) **6.** c (Mujhe pyās lag rahī hai.)

4. Und jetzt noch schnell auf Hindi! 1. Yahāñ sab kuch milegā! **2.** Yeh kirāyā zyādā hai! **3.** Voh/yeh tumheñ/tumko ullū banā rahā hai. **4.** Āp merī madad kar sakte haiñ? **5.** Lāl, kālā, pīlā, safed. Sab rang haiñ! **6.** Andar āie! **7.** Ek minaṭ sāhab. **8.** (Yeh) bahut acchā khayāl hai!

13 A Übungen

1. Beim nächsten Gongschlag 1. Sāt baje haiñ. **2.** Āṭh baje haiñ. **3.** Nau baje haiñ. **4.** Das baje haiñ **5.** Bārah baje haiñ.

2. Zeitansage 1. Abhī sāṛhe gyārah baje haiñ. **2.** Abhī paune tīn baje haiñ. **3.** Abhī savā sāt baje haiñ. **4.** Abhī sāṛhe sāt baje haiñ. **5.** Abhī paune pāñc baje haiñ. **6.** Abhī savā das baje haiñ.

3. Topf und Deckel 1. – b, **2.** – b, **3.** – a, **4.** – a

4. Fahrkarten 1. Zarā batāie! Maiñ ṭikaṭ kahāñ le saktā hūñ? **2.** Hameñ/hamko Jaisalmer jānā hai. **3.** Khiṛkī nambar pāñc meñ āp kā ṭikaṭ milegā. **4.** Lekin ek ghaṇṭe ke bād khultī hai. **5.** Kitne baje band hai? **6.** Matlab paune das baje band hai, na?

5. In, von und auf 1. Tum Dillī meñ ho, na? **2.** Āp kā dost kahāñ se ā rahe haiñ? **3.** Zarā is pate par calo! **4.** Khiṛkī nambar pāñc meñ ṭikaṭ milegā. **5.** Mujhe is kamre meñ jānā hai.

13 B Übungen

1. Um wie viel Uhr? 1. Savā cār baje. **2.** Sāṛhe nau baje. **3.** Paune gyārah baje. **4.** Tīn baje. **5.** Savā gyārah baje.

2. Zu jeder Tageszeit 1. Āpko parsoñ subah ko/savere kidhar jānā hai? **2.** Maiñ āj rāt ko Dillī jāne-vālā hūñ. **3.** Yeh relgāṛī shām ko savā cār baje pahuñctī hai. **4.** Rājdhānī express subah ko/savere kitne baje pahuñctī hai? **5.** Subah ko/savere savā sāt baje.

3. Satzarchitektur 1. Savere sāṛhe sāt baje pahuñctī hai. **2.** Relgāṛī pleṭfārm nambar solah se jātī hai. **3.** Āpko pahle yā dusre darje kā ṭikaṭ cāhie? **4.** Zarā hamko rājdhānī express ke lie do ṭikaṭ dījie! **5.** Rājdhānī express ke lie bad kismatī se jagah nahīñ.

4. Verstehe nur Bahnhof 1. Hameñ/hamko kal Jaisalmer jānā hai. **2.** Savere jagah hai, lekin parsoñ. **3.** Ṭhīk hai, mujhe ek taraf kā ṭikaṭ cāhie, pahle darje kā. **4.** Yeh relgāṛī kitne baje pahuñctī hai? **5.** Shām ko sāṛhe sāt baje. **6.** Relgāṛī pleṭfārm nambar unnīs se jātī hai.

14 A Übungen

1. Was man heute kann besorgen ... 1. Maiñ āj kām karūñgī. **2.** Mujhe kal Dillī jānā hogā. **3.** Ham kyā khāeñge? **4.** Āp yahāñ par utareñge? **5.** Voh rāt ko yahāñ par pahuñcegī.

2. Was wird sein? 1. Maiñ kyā khāūñgā/-ī? **2.** Tum apnā kamrā dikhāoge/-ī. **3.** Kal kyā hogā? **4.** Ham parsoñ tumheñ fon kareñge/-ī? **5.** Āp mujhe sab kuch batāeñge/-ī, na?

3. Schwäb'sche Eisenbahn 1. Mujhe aisā lagtā hai ki yeh merī sīṭ hai. **2.** Zarā āp mujhe apnā ṭikaṭ dikhā dījiegā! **3.** Mere khayāl meñ yeh āp kā sāmān hai. **4.** Mātā jī, ham kaunse sṭeshan par utareñ-ge/-ī? **5.** Relgāṛī vakt par nahīñ (hai). **6.** Pāñc minaṭ kī der hogī.

4. Pärchenbildung 1. – b, **2.** – e, **3.** – a, **4.** – c, **5.** – d
5. Lückenlos zufrieden! 1. Merā sāmān sīṭ ke ūpar rakhie! **2.** Calegā sāhab! Mere pās baiṭhie! **3.** Mujhko vahāñ par jānā paṛegā. **4.** Ham Jaisalmer tak jā rahe haiñ. **5.** Calo, hamāre sāth āo!

14 B Übungen

1. Was ist Ihre Religion? 1. Maiñ hindū hūñ. **2.** Maiñ musalmān hūñ. **3.** Maiñ īsāī hūñ. **4.** Maiñ krishciyan hūñ. **5.** Maiñ proṭesṭeṇṭ hūñ. **6.** Maiñ kaitholik hūñ. **7.** Maiñ yahūdī hūñ. **8.** Maiñ sikh hūñ. **9.** Maiñ bauddh hūñ. **10.** Maiñ nāstik hūñ.
2. Verwandlungskünstler gesucht! 1. Maiñ urdū bolne-vālī hūñ. **2.** Voh yeh shabd likhne-vālā nahīñ. **3.** Ham Devanāgarī lipī meñ likhne-vāle haiñ. **4.** Tum Nastalīk lipī kā istemāl karne-vāle ho. **5.** Āp yeh bhāshā samajhne-vāle haiñ, kyā?
3. Neugierige unter sich 1. Sunie jī, āp kā dharma kyā hai? **2.** Āp to musalmān nahīñ, na? **3.** (Kyā) hindī aur urdū bahut alag haiñ? **4.** Hāñ, lipī ke bāre meñ donoñ bahut alag haiñ. **5.** Lekin shabdoñ ke bāre meñ baṛā fark nahīñ.
4. Millionenfrage 1. – d, **2.** – c, **3.** – b, **4.** – a, **5.** – e

15 A Übungen

1. Gesprächspartner gefällig? 1. Maiñ kal meharbān admī se gapshap kar rahā thā. **2.** Maiñ kal pākistānī bacce se gapshap kar rahā thā. **3.** Maiñ kal hindustānī musalmān se gapshap kar rahā thā. **4.** Maiñ kal jarman sāthī se gapshap kar rahā thā. **5.** Maiñ kal bhāratīy dost se gapshap kar rahā thā.
2. Was haben Sie erfahren? 1. Mujhe musulmānoñ ke bāre meñ kaī cīzeñ mālūm huīñ. **2.** Hameñ hindustānī khāne ke bāre meñ sab kuch mālūm huā. **3.** Tumheñ kyā mālūm huā? **4.** Usko tere desh ke bāre meñ sirf ek cīz mālūm huī. **5.** Gapshap karke mujhe tumhāre se sab kuch mālūm huā.
3. Vorbei 1. Maiñ capātī khā rahā thā. **2.** Ham Dillī jā rahe the. **3.** Tumheñ yeh khānā kaisā lag rahā thā? **4.** Voh mujh se gapshap kar rahā thā. **5.** Āp log relgāṛī meñ kyā kar rahe the?
4. Antwort gesucht 1. – b, **2.** – e, **3.** – a, **4.** – c, **5.** – d
5. Von fühlen bis schmecken 1. Wie verläuft deine Reise? **2.** Wie schmeckt dir indisches Essen? **3.** Na sag mal, wie viel werden die kosten? **4.** Mir scheint, dass dies zu teuer ist. **5.** Wie sieht mein Baumwollhemd aus?

15 B Übungen

1. Ich hab da was gehört … 1. Āp ne isko Lāl Kilā dikhāyā. **2.** Āp ne khānā khāyā. **3.** Āp ne ek safed kurtā kharidā. **4.** Āp ne apne mātā-pitā ko dekhe.
2. Was gehört wohin? 1. Tum Dillī meñ Rāhul Prasād se mile, na? **2.** Us ne tumko kyā dikhāyā? **3.** Maiñ ne mere dostoñ se Cāvṛī Bāzār dekhā. **4.** Tum ne mere lie ek sundar safed kurtā kharidā. **5.** Ham ne Dillī meñ bahut cīzeñ sīkhī haiñ.
3. So war's 1. Ham kal Dillī meñ Rāhul Prasād se mile. **2.** Us ne hamko/hameñ sundar resṭoraṇṭ dikhāyā. **3.** Ham ne vahāñ bahut svādishṭ khānā khāyā. **4.** Mere dostoñ ne mujhe/mujhko Lāl Kilā dikhāyā. **5.** Michael ne tumhāre lie (ek) kurtā kharidā.
4. Entscheidung 1. – a, **2.** – b, **3.** – b, **4.** – a

16 A Übungen

1. Simpel, aber wichtig! 1. Āp ne kyā kām kiyā? **2.** Ham ne nahar banāyī. **3.** Tum bilkul ṭhīk kahte ho. **4.** Registān meñ miṭṭī zyādā sūkhī thī. **5.** Āp unkī madad kar sake!
2. Warum und weil 1. Kyoñ ki mujhe bijlī kī zarūrat hai. **2.** Kyoñ ki is se hamārī zindagī aur āsān hogī. **3.** Kyoñ ki in gāvoñ meñ pānī nahīñ. **4.** Kyoñ ki khetībārī bhī kam hai. **5.** Kyoñ ki aisā thoṛe din ke bād sab ṭhīk ho jāegā.

3. Wörterpuzzle 1. Ham abhī Hindustān meñ nahareñ banā rahe haiñ. **2.** Bolie, yeh to sacmuc zarūrī hai? **3.** Mere gāñv meñ abhī pānī aur bijlī nahīñ. **4.** Mujhe aisā lagtā hai ki thoṛe din ke bād sab ṭhīk ho jāegā. 5. Is ilāke meñ khetībārī hakīkat meñ kam hai.
4. Nichts als die Wahrheit 1. – e, **2.** – d, **3.** – a, **4.** – b, **5.** – c
5. Es wird schon werden ... 1. Sab ṭhīk ho jāegā. **2.** Yeh bahut āsān ho jāegā. **3.** Miṭṭī zyādā sūkhī ho jāegī. **4.** Yahāñ kyā ho jāegā?

16 B Übungen

1. Ich habe Warten gemacht 1. Maiñ ne intazār kiyā. **2.** Maiñ ne kām kiyā. **3.** Maiñ ne fon kiyā. **4.** Maiñ ne gapshap kī. **5.** Maiñ ne sāf kiyā.
2. Fremdenführer 1. Us ne mujhe sab kuch dikhāyā. **2.** Us ne mujhe sṭeshan dikhāyā. **3.** Us ne mujhe sundar kāryālay dikhāyā. **4.** Us ne mujhe choṭī cābī dikhāyī. **5.** Us ne mujhe apne bacce dikhāye.
3. Alles in Ordnung 1. Āp ṭhīk se pahuñce? **2.** Hāñ hāñ, na ghabrāie! **3.** Ham parsoñ rāt ko samay par pahuñc gaye. **4.** Maiñ kal choṭe bacce ke jaise soyā. **5.** Tumhārī mātā jī ko mere praṇām de do!
4. Schwelgen in der Vergangenheit 1. Maiñ ne is kāryālay meñ kām kiyā. **2.** Āp ne ṭhaṇḍā pānī piyā. **3.** Unhoñ ne yeh sundar kapṛā kharīdā. **4.** Ham ne unko garam shākāhārī khānā diyā. **5.** Tum ne ye sundar cīzeñ sunī haiñ?

T 4 Test

1. Welche Antwort stimmt? 1. c, **2.** b, **3.** b, **4.** a, **5.** b, **6.** a
2. Fragen und Antworten 1. b (Khiṛkī kitne baje khultī hai? – Ādhe ghaṇṭe ke bād.) **2.** f (Abhī kitne baje haiñ? – Abhī sāṛhe sāt baje haiñ.) **3.** g (Voh āp kī sīṭ hai? – Nahīñ, yeh hī hai, āp ke pās!) **4.** a (Tum to hindū nahīñ, na? – Nahīñ, maiñ musalmān hūñ.) **5.** e (Āp kī yātrā kaisī rahī? – Nahīñ, relgāṛī vakt par nahīñ thī.) **6.** c (Yeh kyoñ zarūrī hai? – Kyoñ ki yeh registān hai!) **7.** h (Tum ṭhīk se pahuñce? – Bahut acchī tarah se.) **8.** d (Āpko prāyojnā pasand hai? – Hāñ, bahut dilcasp hai.)
3. Was fehlt denn hier? 1. b (Maiñ ṭikaṭ kahāñ le saktā hūñ?) **2.** a (Aglī relgāṛī rāt ko pahuñctī hai.) **3.** b (Āp kaunse sṭeshan par utarenge?) **4.** c (Āp kī duā hai!) **5.** a (Us ne tumko kyā dikhāyā?) **6.** c (Thoṛe din ke bād sab ṭhīk ho jāegā.)
4. Und jetzt noch schnell auf Hindi! 1. Āp kī yātrā mangalmay ho! **2.** Relgāṛī samay/vakt par hai, kyā? **3.** Āp kā dharma kyā hai? **4.** Āp kā svāgat hai! **5.** Ho saktā hai! **6.** Hāñ bilkul! **7.** Kyā huā? **8.** Ghabrāo mat!

17 A Übungen

1. Ich wurde ... geboren! 1. Maiñ unnīs sau aṛsaṭh meñ paidā huā thā! **2.** Maiñ unnīs sau bahattar meñ paidā huā thā! **3.** Maiñ unnīs sau pacāsī meñ paidā huā thā! **4.** Maiñ unnīs sau ikyānave meñ paidā huā thā! **5.** Maiñ unnīs sau ninyānave meñ paidā huā thā!
2. Paarvermittlung 1. – c, **2.** – a, **3.** – e, **4.** – b, **5.** – d
3. Absolute Beginners 1. Ham yahāñ rahne lage. **2.** Tum kām karne lagī. **3.** Ve hindī bolne lagīñ. **4.** Ham Dillī meñ milne lage. **5.** Maiñ khānā khāne lagī.
4. Familiengeschichte 1. Tumhārī/āp kī mātā jī kab paidā huī thī? **2.** Unnīs sau taiñtālīs. **3.** Ve Uttar Pradesh se āyī thīñ? **4.** Nahīñ, lekin mere pitā jī Lakhnaū meñ paidā hue the. **5.** Yeh to sac hai ki tumhāre pitā jī kā gāñv yahāñ se nazdīk hai? **6.** Hāñ, lekin unnīs sau sattar se ve jarmanī meñ rahte haiñ.
5. Handynummern 1. ikkīs bāīs teīs caubīs **2.** paiñtīs chattīs saiñtīs aṛtīs **3.** iktālīs bayālīs taiñtālīs cauvālīs **4.** pacpan chappan sattāvan aṭṭhāvan **5.** chiyāsaṭh satahattar aṭhāsī ninyānave

17 B Übungen

1. Wer nicht fragt ... **1.** Mandir kā matlab kyā hai? **2.** Paṇḍit kā matlab kyā hai? **3.** Shrī Rām mūrti kā matlab kyā hai? **4.** Mantra kā matlab kyā hai? **5.** Pūjā kā matlab kyā hai?

2. Gehen Sie simultan ran! **1.** Voh cāval khākar kām kar rahī hai. **2.** Tum pānī pīkar Cāvṛī Bāzār jā rahe ho. **3.** Ve gapshap karke/karkar kurte bec rahe haiñ. **4.** Ham tumheñ ghabrākar fon kar rahe haiñ. **5.** Kyoñ āp mujhe ullū banākar bulā rahe haiñ?

3. Tempel **1.** Jāmā Masjid ke andar tumhārā svāgat hai bhāī! **2.** Aur voh Rājasthān kā sab se mahattvapūrṇa mandir hai. **3.** Mandir ke paṇḍit Shrī Rām mūrti ke sāmne kyā kar rahe haiñ? **4.** Ve ārtī kar rahe haiñ. **5.** Ārtī kā matlab kyā hai?

4. Wohin passt was? **1.** – b, **2.** – b, **3.** – a, **4.** – a

18 A Übungen

1. Wirst du mit mir ... ? **1.** Tum mere sāth naī film dekhne caloge? **2.** Tum mere sāth apne dost se milne caloge? **3.** Tum mere sāth mīṭhī lassī pīne caloge? **4.** Tum mere sāth tandūrī murgī khāne caloge? **5.** Tum mere sāth hindū mandir dekhne caloge?

2. Platzanweiser **1.** Are yār mujhe aisī filmeñ pasand nahīñ! **2.** Is bāt kā matlab kyā hai? **3.** In filmoñ meñ sirf gānā, laṛnā aur ronā-dhonā hotā hai. **4.** Is kā fāydā kyā hai? **5.** Mujhse yeh mat pūcho!

3. Filmfragen **1.** – d, **2.** – e, **3.** – c, **4.** – a, **5.** – b

4. Cineasten **1.** Yār, tum mere sāth yeh film dekhne caloge? **2.** To kaunsī film hai? **3.** Shāh Rukh Khān vālī film (hai). **4.** Kyā is film meñ gānā aur ronā-dhonā hai? **5.** Hāñ, yeh sundar prem kahānī hai. **6.** Ṭhīk hai! Maiñ bhī āūñgā/āūñgī.

5. Du musst ...! **1.** Tumheñ hindī sīkhnī cāhie! **2.** Tumheñ hamko fon karnā cāhie! **3.** Tumheñ hamārī bhāshā bolnī cāhie! **4.** Tumheñ mujhe apnā gāñv dikhānā cāhie! **5.** Tumheñ mujhse pūchnā cāhie!

18 B Übungen

1. Wochentage **1.** Āj somvār hai. **2.** Āj mangalvār hai. **3.** Āj budhvār hai. **4.** Āj guruvār hai. **5.** Āj shukravār hai. **6.** Āj shanivār hai. **7.** Āj itvār hai. **8.** Āj ravivār hai.

2. Wenn Sie das lösen, dann ... **1.** Wenn die Zuschauer applaudieren, dann ist der Film ein Hit! **2.** Wenn du dorthin gehen/fahren musst, dann rufe uns! **3.** Wenn wir pünktlich ankommen, dann werden wir dich/euch anrufen. **4.** Wenn ich in Delhi bin, dann können wir uns treffen. **5.** Wenn Sie mit Ihrem Freund sprechen (sollten), dann grüßen Sie ihn von mir.

3. Wörterpuzzle **1.** Shukravār ko tum ne kyā kiyā? **2.** Shukravār ko ham ne hindī film dekhī. **3.** Yeh film hakīkat meñ bahut mast thī. **4.** Yānī pūrī hindī film thī, na? **5.** Hāñ, is meñ nāyak, nāyikā, khalnāyak aur guṇḍe the.

19 A Übungen

1. Ich habe Schmerzen im ... **1.** Mere peṭ meñ dard hai. **2.** Merī ānkh meñ dard hai. **3.** Mere gale meñ dard hai. **4.** Merī chātī meñ dard hai. **5.** Mere kān meñ dard hai.

2. Alles verstanden? **1.** Wir haben ein Problem. **2.** Fühlen Sie sich schwach? **3.** Ich muss zum Arzt/zu einem Arzt gehen. **4.** Ich habe Hunger. **5.** Wir haben Durst.

3. Nichtkönner **1.** Maiñ tīkhā khānā khā nahīñ saktā. **2.** Ham dūdh pī nahīñ sakte. **3.** Tum ḍākṭar se bāt kar nahīñ sakte. **4.** Pahle ham film dekh nahīñ sakte. **5.** Voh shām ko ṭhīk se so nahīñ saktī.

4. Redewendungen **1.** Merī tabīyat kāfī kharāb hai. **2.** Is kā fāydā kyā hai? **3.** Kyā bāt hai! **4.** Ārām se! **5.** Tumheñ/tumko kamzorī lag rahī hai. **6.** Yeh bāt sunkar mujhe bahut khushī huī. **7.** Jaisā desh, vaisā vesh/bhes! **8.** Is kā cehrā ekdam pīlā hai!

5. Ein guter Rat 1. Tum ḍākṭar ke pās jāo! **2.** Tum paṇḍit ke pās jāo! **3.** Tum apnī dādī ke pās jāo! **4.** Tum apne sāthī ke pās jāo! **5.** Tum apne mātā-pitā jī ke pās jāo!

19 B Übungen

1. Wehwehchen 1. Aisā lagtā hai ki āpko sirf sar-dard hai. **2.** Aisā lagtā hai ki āpko sirf bukhār hai. **3.** Aisā lagtā hai ki āpko sirf dast hai. **4.** Aisā lagtā hai ki āpko sirf kabz hai. **5.** Aisā lagtā hai ki āpko sirf khā̃sī hai. **6.** Aisā lagtā hai ki āpko sirf sardī hai. **7.** Aisā lagtā hai ki āpko sirf zukām hai.
2. Wie viele Male am Tag? 1. Ek golī do bār khāne ke samay. **2.** Ek golī tīn bār khāne se pahle. **3.** Do goliyā̃ cār bār khāne ke bād. **4.** Tīn goliyā̃ do bār khāne ke samay. **5.** Cār goliyā̃ pā̃c bār khāne ke bād. **6.** Pā̃c goliyā̃ tīn bār khāne se pahle.
3. Wörterpuzzle 1. Ḍākṭar, mere peṭ meñ dard hai. **2.** Din meñ kitnī bār yeh davāī lenī cāhie? **3.** Ek golī tīn bār khāne ke samay. **4.** Tum ṭhīk nahīñ ho. Kyā tum bīmār ho? **5.** Ārām kījie aur ek hafte ke bād vāpas āie!
4. Krankmeldung 1. Ham ṭhīk nahīñ (haiñ), bīmār haiñ! **2.** Kyoñ? Kyā bāt hai? **3.** Use/usko bukhār hai aur (use/usko) cakkar ā rahe haiñ. **4.** Kyā tumheñ/tumko koī aur taklīf bhī hai? **5.** Aisā lagtā hai ki āp ko davāī kī zarūrat hai.

20 A Übungen

1. Wie lange ...? 1. Idhar āe hue kitne din ho gaye haiñ? **2.** Dillī āe hue kitne din ho gaye haiñ? **3.** Mumbaī āe hue kitne din ho gaye haiñ? **4.** Kolkātā āe hue kitne din ho gaye haiñ? **5.** Bangalor āe hue kitne din ho gaye haiñ?
2. Alles ist relativ 1. Yeh āyā huā admī. **2.** Yeh pahuñcā huā dost. **3.** Ye yahāñ rahe hue ḍākṭar. **4.** Voh āyī huī maiḍam. **5.** Voh pahuñcī huī bahin.
3. Vielleicht gar nicht so schwer? 1. Shāyad maiñ thoṛā-sa ārām karūñ. **2.** Shāyad ham bād meñ mileñ. **3.** Shāyad merā bhāī āj shām ko āe? **4.** Shāyad voh parsoñ mujhe fon kare? **5.** Shāyad ve udhar nahīñ jāeñ, na?
4. Wenn schon, denn schon! 1. Agar tumheñ taklīf hogā, to mujhe fon karo! **2.** Agar āpko sar-dard hogā, to ḍākṭar ke pās jāie! **3.** Agar tumheñ/tumko kamrā pasand hogā, to mere ghar par raho! **4.** Agar voh udhar jāegī, to mujhe/mujhko batā do! **5.** Agar khānā zyādā tīkhā hogā, to maiñ use/usko nahīñ khāūñgā/khāūñgī.
5. Pärchenbildung 1. – c, **2.** – e, **3.** – a, **4.** – b, **5.** – d

20 B Übungen

1. Der Zug ist noch nicht abgefahren! 1. Kal āp kī uṛān kitne baje hai? **2.** Kal āp kī relgāṛī kitne baje hai? **3.** Kal āp kī bas kitne baje hai? **4.** Kal āp kā rikshā kitne baje hai? **5.** Kal āp kā nāv kitne baje hai?
2. Wann gedenken Sie ...? 1. Āp kā Bhārat kab vāpas āne kā vicār hai? **2.** Āp kā Pañjāb meñ kab ghūmne kā vicār hai? **3.** Āp kā hindustānī khānā kab khāne kā vicār hai? **4.** Āp kā purāne dostoñ se kab milne kā vicār hai? **5.** Āp kā mīṭhī lassī kab pīne kā vicār hai?
3. Topf und Deckel 1. – b, **2.** – b, **3.** – a, **4.** – b
4. Abreise 1. Āp sāmān bāndh cuke haiñ? **2.** Ham ne khud hindī sīkhī. **3.** Jāṛe kī chuṭṭiyāñ meñ ham uttar Bhārat meñ ghūmenge. **4.** Mujhe ummīd hai, ki tum purāne dostoñ se bhī mil jāoge. **5.** Merī uṛān savere sāt bajkar, bīs minaṭ hai.

T 5 Test

1. Welche Antwort stimmt? **1.** a, **2.** b, **3.** c, **4.** b, **5.** a, **6.** b

2. Fragen und Antworten **1.** c (Tumko yeh ilākā patā hai? – Bahut acchī tarah se nahīñ.) **2.** g (Maiñ foṭo le saktā hūñ? – Hāñ, zarūr! Ārām se!) **3.** b (Tum film dekhne jāoge? – Nahīñ, mujhe fursat nahīñ!) **4.** e (Kaunsī film hogī? – Sundar prem kahānī hogī.) **5.** d (Āpko kyā taklīf hai? – Mere peṭ meñ dard huā.) **6.** a (Yeh taklīf kitne din se hai? – Sirf do din se.) **7.** h (Tum sāmān bāndh cuke ho? – Hāñ, maiñ ne khud bāndhā hai!) **8.** f (Abhī tumko fursat hai, na? – Hāñ, mujhe fursat hai.)

3. Was fehlt denn hier? **1.** c (Mere pūrvaj shāyad is ilāke se āe the.) **2.** b (Ārtī kā matlab kyā hai?) **3.** a (Yeh film bahut mast thī!) **4.** b (Maiñ ne thoṛā pānī hī piyā.) **5.** a (Āpko davāī kī zarūrat hai.) **6.** c (Kal mere peṭ meñ gaṛbaṛ thī.)

4. Und jetzt noch schnell auf Hindi! **1.** Maiñ Dillī meñ paidā huā thā/huī thī. **2.** Kyā bāt hai! **3.** Are yār, mujhse yeh mat pūcho! **4.** Merī tabīyat kāfī kharāb hai. **5.** Āp ḍākṭar ke pās jāie! **6.** Kyā karūñ? **7.** (Kyā) maiñ ne tumko pakā diyā? **8.** Rāī kā pahāṛ mat banāo!

K Kurzgrammatik

Hindi gehört zur Gruppe der indoarischen Sprachen innerhalb der größeren indoeuropäischen Sprachenfamilie. Damit ist Hindi nicht nur mit anderen neuindischen Sprachen wie dem Urdu, Bengali oder Pandschabi, sondern auch mit dem Sanskrit verwandt. Weiter entfernte Verwandtschaft besteht mit dem Griechischen, dem Latein sowie all seinen lebenden Töchtern (Italienisch, Französisch oder Spanisch), mit den slawischen, aber auch germanischen Sprachen wie Englisch und sogar – richtig geraten! – dem Deutschen. Das mag anfangs unglaublich klingen, wenn Sie aber tiefer in die Grammatik des Hindi einsteigen, können Sie einige Parallelen finden.

Schrift

Hindi wird in der Devanagari-Schrift geschrieben, der sich auch das Sanskrit – die heilige Sprache der Hindus – bedient. Die Devanagari-Schrift verfügt über 33 Konsonanten und 11 Vokale sowie zehn Zahlensymbole. Genau wie bei unserer lateinischen Schrift handelt es sich bei der Devanagari-Schrift um eine Lautschrift, d. h. wer sie lesen kann, spricht die Wörter automatisch korrekt aus. Es gibt weder Groß- noch Kleinschreibung.

Wir ersparen Ihnen das Erlernen der Schrift, indem wir eine Umschrift gewählt haben, die für den Leser möglichst nah an der Aussprache des Hindi ist. Unsere Umschrift orientiert sich an der gängigen Transkription. Anfangs muss man das ein oder andere Sonderzeichen hinzulernen, hat dadurch aber den Vorteil, auch andere Veröffentlichungen auf Hindi lesen zu können.

Konsonanten				**Vokale**	
Devanagari	**Umschrift**	**Devanagari**	**Umschrift**	**Devanagari**	**Umschrift**
क	ka	भ	bha	अ	a
ख	kha	म	ma	आ	ā
ग	ga	य	ya	इ	i
घ	gha	र	ra	ई	ī
ङ	ña	ल	la	उ	u
च	ca	व	va	ऊ	ū
छ	cha	श	sha	ऋ	ri
ज	ja / za	ष	sha	ए	e
झ	jha	स	sa	ऐ	ai
ञ	ña	ह	ha	ओ	o
ट	ṭa			औ	au
ठ	ṭha				
ड	ḍa / ṛa				
ढ	ḍha / ṛha				
ण	ṇa				
त	ta				
थ	tha				
द	da				
ध	dha				
न	na				
प	pa				
फ	pha / fa				
ब	ba				

Phonetik *Aussprache*

Vokale (Selbstlaute)

Die Selbstlaute werden lang oder kurz ausgesprochen, wobei diese Unterschiede speziell beim *e* und *o* fließend sein können:

a	kurz wie in K**a**mm	*d**a**s* (zehn)
ai	kurz wie in h**ä**tte	***hai*** (ist)
au	zwischen au und o	*k**au**n?* (wer?)
ā	lang wie in F**ah**ne	***ānā*** (kommen)
e	neutral wie in b**e**zahlen	*bacc**e*** (Kinder)
eh	lang wie in M**eh**l	*c**eh**rā* (Gesicht)
i	kurz wie in m**i**t	*ph**i**r* (dann, wieder)
ī	lang wie in L**ie**be	*lip**ī*** (Schrift)
o	neutral wie in S**o**nne	*k**o**ī* (irgendein)
oh	lang wie in K**oh**le	*v**oh*** (er, sie)
u	kurz wie in **u**m	*k**u**rsī* (Stuhl)
ū	lang wie in **Uh**r	*jh**ū**ṭh* (Lüge)

Konsonanten (Mitlaute)

b	wie in **B**oot	***b**īmār* (krank)
bh	behaucht wie in A**bh**ang	***Bh**ārat* (Indien)
c	wie in Qua**tsch**	***c**ār* (vier)
ch	behaucht wie in Qua**tschh**eimer	***ch**ātra* (Student)
d	wie in **D**onau	***d**ard* (Schmerz)
dh	behaucht wie in Han**dh**abung	***dh**arma* (Religion)
f	wie in **F**euer	*sā**f*** (sauber)
g	wie in **G**ang	***g**aram* (heiß, warm)
h	wie in **H**afen	***h**akīkat* (Wahrheit)
j	stimmhaft wie in **Dsch**ungel	***j**ānā* (gehen)
k	wie in **K**ilo	***k**ām* (Arbeit)
kh	behaucht wie in Ba**ckh**uhn	***kh**ānā* (essen)
l	wie in **L**ied	***l**āl* (rot)
m	wie in **M**ann	***m**adad* (Hilfe)
n	wie in **N**uss	***n**ām* (Name)
ñ	nasal wie französisch bo**n**	*mai**ñ** hū**ñ*** (ich bin)
p	wie in **P**ass	***p**aisā* (Geld, Münze)
ph	wie in **P**ate	***ph**al* (Obst)
r	gerolltes Zungen-r	***r**oz* (Tag)
s	stimmlos wie in Bu**s**	***s**au* (hundert)
sh	wie in **Sch**ule	***sh**ukriyā* (danke)
t	wie in **T**eig	***t**aiyār* (bereit, fertig)
th	behaucht wie in Ä**th**er	***th**ailā* (Tasche)
v	wie engl. w in **w**ater	***v**akt* (Zeit)
y	wie in **J**ahr	***y**ahāñ* (hier)
z	stimmhaft wie in **S**auna	***z**ukām* (Grippe)

Phonetische Umschrift
Die hier verwendete Umschrift orientiert sich an der gängigen Konvention für indische Sprachen und findet sich auch in zahlreichen internationalen Publikationen.

Wichtiger Unterschied:
unbehaucht: *b, c, d, k, p* und *t* werden ganz trocken, ohne Luftstoß gesprochen,
behaucht: *bh, ch, dh, kh, ph* und *th* werden mit ganz deutlichem Luftstoß gesprochen.
Übung: Halten Sie die Hand zwei Zentimeter vor den Mund und achten Sie darauf, ob beim Sprechen ausgeatmete Luft zu spüren ist (= behaucht) oder nicht (= unbehaucht).

Viele Wörter mit *kh* sind arabisch-persischen Ursprungs, z. B. ***kh**ushī* (Freude), ***kh**ayāl* (Idee, Meinung) oder *bu**kh**ār* (Fieber) und werden von manchen Sprechern eher wie der Rachenlaut ch in Kra**ch** ausgesprochen.

Retroflexe Konsonanten
Hindi kennt vier so genannte retroflexe Konsonanten *ḍ, ṇ, ṛ* und *ṭ*: Die Zunge wird nach innen gerollt und gegen den Gaumen gedrückt. Die retroflexen Konsonanten kommen auch behaucht vor: *ḍh, ṛh* und *ṭh*. Diese Laute sind für Deutschsprachige nicht einfach zu beherrschen, da hilft nur üben:

ḍ	***ḍ**āk* (Post)
ḍh	***ḍh**ol* (Trommel)
ṇ	*ṭha**ṇ**ḍ* (Kälte)
ṛ	*sā**ṛ**ī* (Sari = indisches Wickelkleid)
ṛh	*pa**ṛh**nā* (lesen, lernen)
ṭ	***ṭ**āñg* (Bein)
ṭh	***ṭh**īk* (gut)

Betonung
Betont werden die langen bzw. neutralen Selbstlaute *ā, e, ī, o, ū*. Bei zwei langen/neutralen Selbstlauten innerhalb eines Wortes wird der letztere betont. Gibt es keinen langen Selbstlaut, wird der erste kurze betont:
*p**ū**rva* (Osten)
*praṇ**ā**m* (Gruß)
*p**a**ti* (Ehemann)

Ausnahme: Verben im Infinitiv werden nie auf der letzten Silbe (*-nā*) betont, sondern entweder der letzte lange Selbstlaut oder der erste kurze:
*ban**ā**nā* (bauen, machen, zubereiten)
*k**a**rnā* (tun, machen)
*p**ī**nā* (trinken)

Syntax Satzstruktur

Anders als im Deutschen: Satzthema (Subjekt) – Satzgegenstand (Objekt) – Zeitangabe – Ortsangabe – 2. Satzgegenstand – Verb:
einfacher Satz: *Tum – hindī – bolte ho* (Du – Hindi – sprichst bist = Du sprichst Hindi).
komplexer Satz: *Maiñ – āpko – abhī – bāzār meñ – ek sundar kurtā – dikh rahā hūñ* (Ich – Ihnen – jetzt gerade – Basar im – ein schönes Baumwollhemd – zeigen blieb bin =
Ich zeige Ihnen jetzt gerade im Basar ein schönes Baumwollhemd).

Fragesätze: Fragen haben die gleiche Satzstruktur wie Aussagesätze, jedoch kann das Fragewort *kyā?* (was?) eingefügt werden:
Kyā – tum – hindī – bolte ho? (Was – du – Hindi – sprichst bist? = Sprichst du Hindi?)

Substantive Hauptwörter

Genus (Geschlecht)

Weibliche Substantive enden grundsätzlich auf *-ī*: *almār**ī*** (Schrank), *khiṛk**ī*** (Fenster), *kurs**ī*** (Stuhl) und *sabz**ī*** (Gemüse).

Männliche Substantive enden meist auf *-ā*, einen Konsonanten oder einen anderen Vokal: *darvāz**ā*** (Tür), *jūt**ā*** (Schuh), *kamr**ā*** (Zimmer), *nā**m*** (Name), *āl**ū*** (Kartoffel).

Einige Substantive haben je eine männliche und eine weibliche Form: *laṛk**ā*** (Junge) und *laṛk**ī*** (Mädchen), *beṭ**ā*** (Sohn) und *beṭ**ī*** (Tochter).

Ausnahmen:

1. weiblich: *bahi**n*** (Schwester), *ba**s*** (Bus), *me**z*** (Tisch) u. a.
2. männlich: *ādm**ī*** (Mann), *dah**ī*** (Joghurt) und *dhob**ī*** (Wäscher) u. a.

Bei Substantiven, die Personen bezeichnen: natürliches Geschlecht = grammatisches Geschlecht, auch bei untypischen Endungen: *Yeh acch**ā** ādmī hai* (Das ist ein guter Mann).

Artikel (Begleiter)

Hindi kennt keine bestimmten oder unbestimmten Artikel: *ghaṇṭā* (Stunde = die Stunde oder eine Stunde). Das Zahlwort *ek* (eins, ein/-e) betont nur die Menge: *sirf ek ghaṇṭā* (nur eine Stunde – und nicht mehr!).

Plural (Mehrzahl)

1. männliche Substantive: Endung *-ā* → *-e*: *ghanṭ**e*** (Stunden), *laṛk**e*** (Jungen)
   Bei anderen Endungen unverändert: *ādm**ī*** (Mann, Männer), *nā**m*** (Name, Namen)
2. weibliche Substantive: Endung *-ī* → *-iyāñ*: *beṭ**iyāñ*** (Töchter), *laṛk**iyāñ*** (Mädchen)
   Bei anderen Endungen: zusätzlich *-eñ*: *kamīz**eñ*** (Hemden), *mez**eñ*** (Tische)

Deklination (Beugung)

Hindi verfügt neben dem Nominativ über nur eine Beugung (obliquer Fall), die in etwa dem 3. (Dativ) und 4. Fall (Akkusativ) des Deutschen entspricht.

	Endung Nominativ	Endung obliquer Fall
maskulin Singular	*-ā*	*-e*
	Konsonant	unverändert
maskulin Plural	*-e*	*-oñ*
	Konsonant	*-oñ*
feminin Singular	*-ī*	unverändert
	Konsonant	unverändert
feminin Plural	*-iyāñ*	*-iyoñ*
	-eñ	*-oñ*

Gebeugte Hauptwörter stehen in Verbindung mit einem Verhältniswort (Prä- bzw. im Hindi Postposition), z. B. *ko* (zu): *laṛke ko* (zum/dem Jungen) und *laṛkoñ ko* (zu den/den Jungen) bzw. *laṛkī ko* (zum/dem Mädchen) und *laṛkiyoñ ko* (zu den/den Mädchen).

Postpositionen Verhältniswörter

Die Verhältniswörter stehen – anders als im Deutschen – hinter dem Wort, auf das sie sich beziehen. Hauptwörter werden dabei nach den oben beschriebenen Beugungsregeln gebeugt. Häufig vorkommende Postpositionen sind u. a.: *se* (aus, mit, von), *ko* (nach, zu), *meñ* (in), *par* (auf) und *tak* (bis). Daneben finden sich im Hindi viele weitere Postpositionen, die in Verbindung mit *ke/kī* (von, gehörig zu) gebildet werden, z. B.: *ke bād* (nach, in – zeitlich), *ke bāre meñ* (über, in Bezug auf), *ke bīc meñ* (zwischen), *ke jaise* (wie, so wie), *ke lie* (für), *ke pās* (bei, in der Nähe von), *ke pīche* (hinter, nach – räumlich), *ke samay* (zum, zu ... Zeiten), *ke sāmne* (vor – räumlich), *ke sāth* (mit) und *ke ūpar* (über).

Adjektive Eigenschaftswörter

Die Eigenschaftswörter (Adjektive) stehen vor dem Hauptwort, auf das sie sich beziehen.
1. veränderliche Adjektive: Endung in der Grundform (= männlich Einzahl) auf *-ā: baṛ**ā*** (groß), *choṭ**ā*** (klein), *sast**ā*** (billig) oder *kāl**ā*** (schwarz) richten sich in Zahl und Geschlecht nach dem zugehörigen Hauptwort: maskuline Substantive Endung auf *-e,* weibliche Substantive Endung auf *-ī* (Einzahl und Mehrzahl): *sast**ā** jūtā* (billiger Schuh), *kāl**e** darvāze* (schwarze Türen), *baṛ**ī** bahin* (große Schwester), *choṭ**ī** laṛkiyāñ* (große Mädchen).
Im obliquen Fall nur bei Endung auf *-ā* → *-e*: *acch**e** laṛke ke sāth* (mit dem guten Jungen).
2. unveränderliche Adjektive: Endung auf einen anderen Buchstaben: keinerlei sonstige Formen: *sā**f** kamrā* (sauberes Zimmer), *sā**f** gāṛī* (sauberes Auto), *sā**f** darvāze* (saubere Türen).

Steigerung
1. Komparativ: *aur* (mehr, und) + Adjektiv: *aur baṛā* (mehr groß = größer)
2. Superlativ: *sab se* (alles von = von allem) + Adjektiv: *sab se baṛā* (alles von groß = am größten)

Adverbien Umstandswörter

Umstandswörter (Adverbien) sind unveränderlich und stehen als adverbiale Bestimmungen bei Verben, Adjektiven oder anderen Adverbien. Man unterscheidet örtliche (lokale), zeitliche (temporale) und modale Adverbien. Zu den wichtigsten gehören: *ab* (jetzt), *āj* (heute), *āmtaur par* (gewöhnlich, normalerweise), *andar* (herein, herinnen), *bād meñ* (danach, später), *bāyeñ* (nach links), *dāyeñ* (nach rechts), *hameshā* (immer), *kal* (gestern, morgen), *kam* (wenig), *vahāñ* (dort) und *yahāñ* (hier).

Pronomen Fürwörter

Demonstrativpronomen (Hinweisende Fürwörter)
Demonstrativpronomen unterscheiden nicht zwischen männlich und weiblich, sondern zwischen Ein- und Mehrzahl sowie zwischen Nähe bzw. Ferne des Bezugsworts vom Sprecher: *yeh* (diese/-r/-s hier, Sg.), *ye* (diese hier, Pl.), *voh* (jene/-r/-s dort, Sg.), *ve* (jene dort, Pl.).
Die hinweisenden Fürwörter stehen immer vor dem Bezugswort. Gebeugte Formen: *is/us* (Singular), *in/un* (Plural).

Personalpronomen (Persönliche Fürwörter)
maiñ (ich)
tū (du)
yeh (er, sie – hier)/*voh* (er, sie – dort)
ham (wir)
tum (du, ihr)
āp (ihr, Sie)
ye (sie – hier)/*ve* (sie – dort)
Die Unterschiede zum Deutschen liegen in der differenzierteren Anrede, z. B.:
tū (du) nur für Kinder, kann abwertend klingen
tum (du) unter gleichaltrigen Freunden
āp (Sie) für Fremde oder Ältere

Demonstrativpronomen für „er“ und „sie“: Singular: *yeh* (diese/-r/-s), *voh* (jene/-r/-s)
Plural: *ye* (diese) und *ve* (jene).

Dativ und Akkusativ
Die persönlichen Fürwörter kennen zwei gebeugte Formen, die beide den deutschen Dativ- oder Akkusativformen entsprechen:
1. abhängige Form: Personalpronomen + Verhältniswort
2. selbstständige Form: Personalpronomen ohne Verhältniswort

	Abhängige Form	Selbstständige Form
mir, mich	*mujh-ko*	*mujhe*
dir, dich	*tujh-ko*	*tujhe*
ihn, ihm, ihr	*is-/us-ko*	*ise/use*
uns	*ham-ko*	*hameñ*
dir, dich, euch, Ihnen	*tum-ko*	*tumheñ*
euch, Ihnen, Sie	*āp-ko*	*āpko*
ihnen, sie	*in-/un-ko*	*inheñ/unheñ*

Verbkonstruktionen
Konstruktionen mit gebeugten Personalpronomen entsprechen im Deutschen oft Verben, z. B.:
Mujhe ... hai: Mujhe bukhār hai (Mir Fieber ist = Ich habe Fieber).
Mujhe afsos hai (Mir Leid ist = Es tut mir leid).
Mujhe jānā hai (Mir gehen ist = Ich muss gehen).
Konstruktionen mit anderen Verben, z. B.:
lagnā (fühlen): *Mujhe bhukh lagī hai* (Mir Hunger fühlte ist = Ich habe Hunger).
cāhie (möchtend, wollend): *Tumko kyā cāhie?* (Dir was wollend? = Was willst du?)
ānā (kommen): *Tumko jarman ātī hai kyā?* (Dir Deutsch kommt ist was? = Kannst du Deutsch?)

Possessivpronomen (Besitzanzeigende Fürwörter)
merā (mein)
terā (dein)
is kā (sein, ihr – hier)/*us kā* (sein, ihr – dort)
hamārā (unser)
tumhārā (dein, euer)
āp kā (euer, Ihr)
in kā (ihr – hier)/*un kā* (ihr – dort)
Possessivpronomen stehen immer vor dem entsprechenden Objekt. Sie verhalten sich wie veränderliche Eigenschaftswörter und haben veränderliche Endungen (nach Zahl und Geschlecht des Bezugswortes): *mer**ā** jūtā* (mein Schuh), *ter**ī** bahin* (deine Schwester), *hamār**e** darvāze* (unsere Türen), *āp k**ī** laṛkiyāñ* (Ihre Mädchen).

Verben Tätigkeitswörter

Verbstamm: Basis eines jeden Verbs: ***ā***- (komm-), ***bol***- (sprech-), ***cal***- (geh-).
Infinitiv: Verbstamm + Endung *-nā*: *ā**nā*** (kommen), *bol**nā*** (sprechen), *cal**nā*** (gehen).

Partizipien (Mittelwörter)
Ähnlich wie die veränderlichen Adjektive richten sich die Partizipien in Geschlecht und Zahl nach dem Bezugswort:
1. imperfektives Partizip: Verbstamm + Endung:

maskulin: *-tā: ā**tā*** (kommt, kommend), *bol**tā*** (spricht, sprechend), *cal**tā*** (geht, gehend)
feminin: *-tī: ā**tī**, bol**tī**, cal**tī*** etc.
Plural maskulin: *-te,* Plural feminin: *-tīñ*
2. perfektives Partizip: Verbstamm + Endung:
maskulin: *-ā*: *bol**ā*** (sprach, gesprochen), *cal**ā*** (ging, gegangen)
feminin: *-ī: bol**ī**, cal**ī*** etc.
Plural maskulin: *-e,* Plural feminin: *-īñ*
Bei Stammendung auf Vokal, fügt man ein *-y-* ein: *ā**y**ā* (kam, gekommen).

Hilfsverb „sein"
honā (sein) kann Vollverb oder Hilfsverb sein.
Präsens:
*maiñ **hūñ*** (ich bin)
*tū **hai*** (du bist)
*yeh/voh **hai*** (er, sie ist)
*ham **haiñ*** (wir sind)
*tum **ho*** (du bist, ihr seid)
*āp **haiñ*** (Sie sind, ihr seid)
*ye/ve **haiñ*** (sie sind)
Bei andauernden, immer wiederkehrenden Zuständen wird die Vollform gebraucht:
hotā, hote und *hotī*: *Garmī meñ zyādā garam hotā hai* (Im Sommer ist es zu heiß).
Vergangenheit: unregelmäßige Partizipien: *thā* (m Sg.), *the* (m Pl.), *thī* (w Sg.) und *thīñ* (w Pl.): *Voh bīmār thā* (Er war krank).
Die Formen *huā/hue* (m Sg./Pl.) und *huī/huīñ* (w Sg./Pl.) werden mit „geworden ist" übersetzt: *Mujhe kaī cīzeñ mālūm huīñ* (Ich habe manche Dinge erfahren).

Haben: Die deutschen Verben „haben" oder „besitzen" konstruiert man im Hindi durch das besitzanzeigende Fürwort (immer m Pl.) + *pās* (bei) + Bezugsobjekt + *honā* in der Gegenwart: *Hamāre pās paise haiñ* (Unsere bei Gelder sind = Wir haben Geld). Bei Familienmitgliedern oder eigenen Körperteilen steht jedoch nur das besitzanzeigende Fürwort (diesmal veränderlich) + *honā* in der Gegenwart: *Hamāre do bacce haiñ* (Unsere zwei Kinder sind = Wir haben zwei Kinder).

Präsens (Gegenwart)
Das Hindi kennt zwei Arten, das deutsche Präsens zu bilden:
1. anhaltende oder gewohnheitsbedingte Handlungen: imperfektives Partizip + *honā* (im Präsens): *Maiñ hindī boltā hūñ* (Ich Hindi spreche bin = Ich spreche Hindi).
2. momentan stattfindende Handlungen: Verbstamm + *rahā/-e/-ī* + *honā* (im Präsens): *Tum kyā kar rahe ho?* (Du was machen geblieben bist? = Was machst du gerade?)

Perfekt (Vergangenheit)
Perfektive Partizipien drücken bereits die Vergangenheit aus. Es wird unterschieden:
1. zielende (transitive) Verben sind auf ein Objekt gerichtet (z. B. ein Buch lesen, das Essen zubereiten): *Us ne kitāb paṛhī* (Ihm durch Buch gelesen = Er hat ein Buch gelesen).
Us ne akhbār paṛhā (Ihm durch Zeitung gelesene = Er hat eine Zeitung gelesen).
2. nichtzielende (intransitive) Verben sind auf ein Subjekt gerichtet (z. B. gehen, kommen): *Maiñ kal āyā* (Ich kam gestern) sagt ein Mann, *Maiñ kal āyī* hingegen eine Frau.
Je nach Art des Verbs (transitiv/intransitiv) richten sie sich nach Geschlecht und Zahl des Bezugswortes: intransitive Verben nach dem Subjekt, transitive Verben nach dem Objekt.

Zusammengesetzte Vergangenheit
Verschiedene Nuancen der Vergangenheit werden mittels Partizipien + dem Hilfsverb *honā*, ausgedrückt.

Futur (Zukunft)
Bildung: Verbstamm + folgende Endungen: *-ūñgā/-ī* (für *maiñ*), *-egā/-ī* (für *tū, yeh, voh*), *-eñge/-ī* (für *ham, āp, ye, ve*) und *oge/-ī* (für *tum*): *Tum idhar āoge?* (Wirst du hierher kommen?).
Ohne das Suffix *-gā/-ī/-e* werden diese Formen auch als Konjunktiv bzw. durch „sollen" übersetzt: *Maiñ kahāñ jāūñ?* (Wohin soll ich gehen?).

Imperativ (Befehlsform)
Die Imperativbildung hängt von der Anredeform ab:
1. *tū*-Anrede: Verbstamm = Imperativ: *bol!* (sag!).
2. *tum*-Anrede: Infinitiv oder Verbstamm + *o*: *bolnā!* oder *bolo!* (beide: sag!).
3. Höfliche Anrede mit *āp:* Verbstamm + *-ie*, oder *-iegā*: *bolie!* oder *boliegā!* (beide: sprechen Sie!).

Modalverben
1. können: Verbstamm + *saknā* + *honā* in der Gegenwart wiedergeben: *Maiñ kyā kar saktā hūñ?* (Ich was machen kann bin? = Was kann ich machen?)
2. müssen: a) allgemein: Infinitiv + *hai: Mujhe kām karnā hai* (Mir Arbeit machen ist = Ich muss arbeiten).
b) moralische Verpflichtung: Infinitiv + *cāhie*: *Tumko madad karnā cāhie!* (Dir Hilfe machen wollend! = Du musst helfen!)
c) äußere Verpflichtung: Infinitiv + das gebeugte Verb *paṛnā* (fallen): *Mujhe jānā paṛegā* (Mir gehen fallen wird = Ich muss gehen, denn man ruft mich).

Verneinung
1. *nahīñ* (nicht): Aussage- oder Fragesätze mit *honā* oder einem anderen Verb. Die Formen von *honā* fallen weg, wenn sie als Hilfsverb gebraucht werden: *Tum hindī nahīñ bolte* (Du sprichst nicht/kein Hindi). Ist *honā* aber Vollverb können – müssen aber nicht – die Formen stehen bleiben: *Maiñ jarman nahīñ (hūñ)* (Ich bin nicht/kein Deutscher).
2. *na* (nicht): Befehlsformen für *āp*
3. *mat* (nicht): Befehlsform für *tum* (umgangssprachlich durchgehend für alle Personen im verneinten Imperativ gebraucht).

Interrogativpronomen Fragewörter

Die wichtigsten Fragewörter des Hindi sind: *kab?* (wann?), *kyoñ?* (warum?), *kyā?* (was?), *kaunsā/-ī/-e?* (welche/-s/-r?), *kaun?* (wer?), *kaisā/-ī/-e?* (wie?), *kitnā/-ī/-e?* (wie viel?), *kahāñ?* (wo?, wohin?), *kidhar?* (wohin?), *kahāñ se?* (woher?).
Die Fragewörter stehen in der Regel dort, wo das Gegenstandswort stehen würde: *Tum kahāñ ho?* (Du wo bist? = Wo bist du?)

Konjunktionen Bindewörter

Wichtige Bindewörter des Hindi, z. B. um Haupt- und Nebensätze zu verbinden, sind:
aur (und), *yā* (oder), *ki* (dass), *kyoñ ki* (weil), *lekin* (aber).

Numeralia Zahlwörter

Die Zahlwörter des Hindi sind – anders als im Deutschen – keine einfachen Kombinationen aus Einer- und Zehnerzahlen, sondern zwischen 1 und 99 eigenständige Bezeichnungen, die man lernen muss:

0	*shūnya*						
1	*ek*	11	*gyārah*	21	*ikkīs*	31	*iktīs*
2	*do*	12	*bārah*	22	*bāīs*	32	*battīs*
3	*tīn*	13	*terah*	23	*teīs*	33	*taiñtīs*
4	*cār*	14	*caudah*	24	*caubīs*	34	*cauñtīs*
5	*pāñc*	15	*pandrah*	25	*paccīs*	35	*paiñtīs*
6	*che*	16	*solah*	26	*chabbīs*	36	*chattīs*
7	*sāt*	17	*sattrah*	27	*sattāīs*	37	*saiñtīs*
8	*āṭh*	18	*aṭhārah*	28	*aṭṭhāīs*	38	*aṛtīs*
9	*nau*	19	*unnīs*	29	*untīs*	39	*untālīs*
10	*das*	20	*bīs*	30	*tīs*	40	*cālīs*
41	*iktālīs*	51	*ikyāvan*	61	*iksaṭh*	71	*ikahattar*
42	*bayālīs*	52	*bāvan*	62	*bāsaṭh*	72	*bahattar*
43	*taiñtālīs*	53	*tirpan*	63	*tirsaṭh*	73	*tihattar*
44	*cauvālīs*	54	*cauvan*	64	*cauñsaṭh*	74	*cauhattar*
45	*paiñtālīs*	55	*pacpan*	65	*paiñsaṭh*	75	*pacahattar*
46	*chiyālīs*	56	*chappan*	66	*chiyāsaṭh*	76	*chihattar*
47	*saiñtālīs*	57	*sattāvan*	67	*saṛsaṭh*	77	*satahattar*
48	*aṛtālīs*	58	*aṭṭhāvan*	68	*aṛsaṭh*	78	*aṭhahattar*
49	*uncās*	59	*unsaṭh*	69	*unhattar*	79	*unāsī*
50	*pacās*	60	*sāṭh*	70	*sattar*	80	*assī*
81	*ikyāsī*	91	*ikyānave*	101	*ek sau ek*	111	*ek sau gyārah*
82	*bayāsī*	92	*bānave*	102	*ek sau do*	112	*ek sau bārah*
83	*tirāsī*	93	*tirānave*	103	*ek sau tīn*	113	*ek sau terah*
84	*caurāsī*	94	*caurānave*	104	*ek sau cār*	114	*ek sau caudah*
85	*pacāsī*	95	*pacānave*	105	*ek sau pāñc*	115	*ek sau pandrah*
86	*chiyāsī*	96	*chiyānave*	106	*ek sau che*	116	*ek sau solah*
87	*satāsī*	97	*sattānave*	107	*ek sau sāt*	117	*ek sau sattrah*
88	*aṭhāsī*	98	*aṭṭhānave*	108	*ek sau āṭh*	118	*ek sau aṭhārah*
89	*navāsī*	99	*ninyānave*	109	*ek sau nau*	119	*ek sau unnīs*
90	*nabbe*	100	*ek sau*	110	*ek sau das*	120	*ek sau bīs*

Hunderter: 100: *ek sau,* 200: *do sau,* 300: *tīn sau …*
Tausender: 1000: *ek hazār,* 2000: *do hazār,* 3000: *tīn hazār …*
Zehntausender: 10.000: *das hazār,* 20.000: *bīs hazār,* 30.000: *tīs hazār …*
Hunderttausender: 100.000: *ek lākh,* 200.000: *do lākh,* 300.000: *tīn lākh …*
Millionen: 1.000.000: *das lākh,* 2.000.000: *bīs lākh,* 3.000.000: *tīs lākh …*
Billionen: 10.000.000: *ek karoṛ,* 20.000.000: *do karoṛ,* 30.000.000: *tīs karoṛ …*
Milliarden: 1 Mil.: *ek arab,* 2 Mil.: *do arab,* 3 Mil.: *tīn arab …*

Ordnungszahlen
Die Ordnungszahlen von 1. bis 10. werden wie veränderliche Eigenschaftswörter verwendet und richten sich in Zahl und Geschlecht nach dem Bezugswort. Hier die männlichen Formen: *pehlā* (erster), *dūsrā* (zweiter), *tīsrā* (dritter), *cauthā* (vierter), *pā̃cvā̃* (fünfter), *chaṭhā* (sechster), *sātvā̃* (siebter), *āṭhvā̃* (achter), *navā̃* (neunter) und *dasvā̃* (zehnter).

Wochentage
itvār/ravivār (Sonntag), *somvār* (Montag), *mangalvār* (Dienstag), *budhvār* (Mittwoch), *guruvār* (Donnerstag), *shukravār* (Freitag), *shanivār* (Samstag)

Monate
Für weltliche Belange benutzt man im Hindi die aus dem Englischen entlehnten Monatsnamen: *janvarī* (Januar), *farvarī* (Februar), *mārc* (März), *aprail* (April), *maī* (Mai), *jūn* (Juni), *julāī* (Juli), *agast* (August), *sitambar* (September), *aktūbar* (Oktober), *navambar* (November), *disambar* (Dezember).

Hindu-Monate
Für religiöse Zwecke, wie zur Berechnung der Hindu-Feiertage, benutzt man den alten – Vikram genannten – indischen Kalender: *cait* (März–April), *besākh* (April–Mai), *jeṭh* (Mai–Juni), *asāṛh* (Juni–Juli), *sāvan* (Juli–August), *bhādoñ* (August–September), *āshvin/kvār* (September–Oktober), *kātik* (Oktober–November), *agahan* (November–Dezember), *pūs* (Dezember–Januar), *māgh* (Januar–Februar), *phāgun* (Februar–März).

Jahreszeiten
jāṛā (Winter), *vasant* (Frühling), *garmī* (Sommer), *barsāt* (Monsun, Regenzeit).

W Wörter A-Z

ab jetzt 29
abhī jetzt gerade, im Moment 29
abhyās (m) Praxis, Übung 53
acchā/-ī/-e gut, in Ordnung, echt?, wirklich?, ach so, ja wirklich? 21, 23, 37
ādhā halb 87
adhyāpak/adhyāpikā (m/w) Lehrer/in 57
admī (m) Herr, Mann 99
adrak (w) Ingwer 45
afsar (m/w) Beamter/Beamtin 57
afsos (m) Leid 155
agar wenn 131
agast (m) August 135
aglā/-ī nächster 89
āgman Ankunft
āiegā kommen Sie bitte! 73
Aisā lagtā hai ki … Es scheint, dass … 93
aisā/-ī/-e so 93
āj heute 29, 89
akhbār (m) Zeitung 153
aktūbar (m) Oktober 135
alag verschieden 95
almārī (w) Schrank 153
ālū (m) Kartoffel 37
ālū gobhī Kartoffel-Blumenkohl-Curry 39
āmtaur par gewöhnlich, normalerweise 75
ānā kommen, bekannt sein, kennen 47, 73
andar herein, drinnen 67
angrezī Englisch 25, 28, 48
ānkh (w) Auge 124
antar-rāshṭrīy international 14
antar-rāshṭrīy havāī-aḍḍā internationaler Flughafen 14
āp Sie, ihr 9, 15, 69
āp kā Ihr/-e, euer/-re 9, 17
Āp kā hāl kyā hai? Wie geht's? 15
Āp kā svāgat hai! Seien Sie willkommen! 21
Āp kaise haiñ? Wie geht's? 15
āp ke lie für Sie 69
Āp kī duā hai! Danke, gut! 97
Āp kī yātrā mangalmay ho! Gute Reise! 78
āp ne durch Sie 105
āpko Ihnen, Sie 27, 28
apnā/-ī/-e eigene 93
aprail (m) April 135
ārām karnā ausruhen 127
ārām se ganz ruhig, entspannt, Sei/Seien Sie ganz ruhig! 115
ārāmdeh gemütlich, komfortabel 27
are he, hey, Mann! 119
arṭālīs achtundvierzig 113
ārtī (w) Arti (Gebet) 112, 115
Āsām Assam 8
āsān einfach, leicht 73, 105
āshā (w) Hoffnung 133
aslī echt 43
aspatāl Krankenhaus 128
As-salāmu aleykum! Friede sei mit Ihnen! (Muslimgruß) 97
assī achtzig 69
āṭh acht 55
aṭhārah achtzehn 79
āṭhvāñ/-ī achte/-r/-s 89
ātmā (w/m) Seele 116
aur und 11, 17, (noch) mehr 23, 105
aur āsān einfacher 73, 105
Ausṭriyā Österreich 22
ausṭriyan österreichisch, Österreicher/-in 11
auṭo-rikshā (m) Rikscha (mit Motor) 60
āyā/-ī/-e gekommen 101, 131
āyur Leben 129
baccā/-e (m) Kind/-er 75
bad schlecht 61
bad kismatī se leider 61
bād meñ danach, später 41
bāhar Ausgang 108
bahin (w) Schwester 77
bahū (w) Schwiegertochter 77
bahut sehr, viel 27, 75
bahut-hī zu viele 75
bahut-sāre sehr viele 75
baig Tasche 28
baiṭhnā sich setzen, sitzen 17, 35
bajā/-ī/-e geschlagen 87
bajkar schlagend 133
bajnā schlagen 87
bakrā Ziege 63
Bambaī Bombay 122
ban jānā werden 101, 105
banānā bauen, machen, zubereiten 63, 105
band geschlossen 87
band honā geschlossen sein 87
bāndhnā binden, packen 133
Bangalor Bangalore 132
bāñh (w) Arm 124
bannā werden 101
bār (w) Mal 127
baṛā/-ī/-e groß 11
bārah zwölf 79
baṛhiyā prima, ausgezeichnet 15
baṛī khushī huī sehr erfreut 99
bārish (w) Regen 73
bārish honā regnen 73
bārish hotī hai es regnet 73
barsāt (m) Monsun, Regenzeit 73, 133
barsātī (w) Regenmantel 66
bas! bas bas! das reicht! 63
bas (w) Bus 49, 54, 64, 65
bas se mit dem Bus 49
bāt (w) Gespräch, Sache, Wort 29, 41
Bāt yeh hai … Es geht darum … 131
Batā de! Erzähl! 81
batānā erzählen, sagen 41, 81
bāteñ Gespräche, Sachen 41
bauddh (m/w) Buddhist/-in, buddhistisch 96
bāyeñ nach links 63
bāzār (m) Basar, Markt 9, 61
becnā verkaufen 61
becne-vālā/-ī/-e/-iyāñ Verkäufer 61
berozgār arbeitslos 57
beṭā (m) Sohn 17, 21, 77
beṭī (w) Tochter 75, 77
bhābhī (m) Ehefrau des Bruders 77
bhagvān (m) Gott, Gottheit 115
bhāī (m) Bruder 11, 14, 15, 49, 77
bhaiñgan (m) Aubergine 39
bhakti (w) Andacht, Hingabe 116
Bhārat Indien 47, 75
bhāratīy (m/w) indisch, Inder/-in 9
Bhāratīy Rel staatliche Eisenbahngesellschaft 78, 91
bhāshā (w) Sprache 25, 40, 47, 48, 55, 95
bhes (m) Kleidung 99
bhī auch 11
bhiṇḍī (w) Okra 39
bhūkh (w) Hunger 29
bhūkh lagī honā Hunger haben 29
bhūrā braun 67
bijlī (w) Strom, Elektrizität 105
biknā verkauft werden 81
bil (m) Rechnung 9, 43

ghaṇṭā (m) Stunde 87
ghar (m) Haus 75
ghazal Gedichte 97
ghūmnā rumreisen, spazieren 133
ghūmnā-phirnā spazieren gehen 133
gobhī (w) Blumenkohl 37, 39
golī (w) Tablette 127, 128
guṇḍā (m) Rowdy, Schlägertyp 121
guru Meister, Lehrer 46
guruvār (m) Donnerstag 121
gyārah elf 79
haftā (m) Woche 55
hai ist, bist 9, 73, es gibt 89
Hai na! Nicht wahr!, Gell! 43
haiñ sind, seid 9, 17, 73 es gibt 89
hakīkat (w) Wahrheit 73
hakīkat meñ wirklich 73
hāl (m) Zustand 15
haldī (w) Gelbwurz, Kurkuma 45
ham wir 9, 17
ham ne durch uns 105
hamārā/-ī/-e unser/-e 17
hamāre lie für uns 35
hameñ uns 27, 28
hameshā immer 73
hamko uns 35
hāñ ja 8, 9
Hāñ, bolie! Ja, sprechen Sie! (am Telefon) 107
har jeder 73
harā grün 67
hāth (m) Hand 124
havāī aḍḍā (m) Flughafen 14, 54
havāī jahāz Flugzeug 134
hazār tausend 64
Hello? Hallo? (am Telefon) 107
hī nur, tatsächlich 15, 29, 125
hindī (w) Hindi 21, 47, 50, 96, 119
hindū (m/w) Hindu, hinduistisch 95
hindū dharma hinduistische Religion, Hinduismus 115, 117
Hindustān (m) Indien 9, 47, 75
hindustānī (m/w) Inder/-in, indisch 8, 9, 75, 97
hīṅg (w) Asant, „Teufelsdreck" 44, 45
hiṭ (m) Hit 121
ho bist, seid 15, 17, und 73
ho gayā verging 131
ho jānā werden 105
hogī sie wird sein 93
honā sein (Verb) 18, 62, 73, 79, 81, 99, 101
hotā/-ī/-e ist, sind (Wetter etc.) 73
hoṭal (m) Hotel 24, 27
huā/-ī/-e wurde 11, 99, 131
hūñ bin 11, 17, 73
idhar hierher, hierhin 23, 131
ilākā (m) Gegend, Region 105
ilāycī (w) Kardamom 44, 45
imārat (w) Gebäude 79
imlī (w) Tamarinde 45
in/un kī seine, ihre (Pl.) 69
Iṇḍiyā Indien 12
Iṇḍiyan Eyarlāiñs Indian Airlines 12
inheñ ihnen, sie 27
inhoñ/unhoñ ne durch sie 105
inko ihnen, sie 35
intazār (m) Warten 107
intazār karnā warten 107
is diesem/-r/-n 41
is ke sāth dazu, damit, mit diesem 41
Is kī kīmat kyā hai? Was kostet es? 69
is/us kā ihr/-e, sein/-e 69
is/us kī ihr/-e, sein/-e 69
is/us ne durch ihn/sie 105
īsāī (m/w) Christ/-in, christlich 96
ise ihm, ihn, ihr, sie 27
isko ihm, ihn, ihr, sie 35
itihās (m) Geschichte (historisch) 79
itnā/-ī/-e so sehr, so viele 69
itvār (m) Sonntag 21
jab ..., tab wenn/als ..., dann (zeitl.) 121
jagah (w) Platz 89
jaisā/-ī/-e so wie 99
Jaisalmer Jaisalmer (Stadt in Westindien) 52, 55, 102
jānā gehen, fahren 49, 107, 119, 131
jānnā wissen 113
janvarī (w) Januar 135
jāṛā (m) Winter, kalte Jahreszeit 133
jarman deutsch, Deutsche/-r 8, 11
jarmanī (w) Deutschland 21
jāyphal (m) Muskat 45
Jaypur Jaipur 102
jhīl (w) See 11
jhūṭh (m) Lüge 11
jī (mein) Herr, (meine) Dame 9, 11, 13, 21
Jodhpur Jodhpur 102
julāī (w) Juli 135
jūn (m) Juni 135
jūte (m Mz) Schuhe 66
kā istemāl karnā benutzen, gebrauchen 95
kā/-ī/-e von, gehörig zu 17, 21, 41, 47, 69
kab? wann? 9, 113
kabāb (m) Fleischspieß, Kebab 124, 125
kabz (w) Verstopfung 127
kāfī ausreichend, ziemlich 49
kahāñ? wo? 21, 49,
kahāñ par? wo? 93
kahāñ se? woher? 21
kahānī (w) Geschichte 119
kahnā sagen 119, 121
Kaho na! Na sag mal! 121
kaī einige 99
kaisā/-ī/-e? wie? 43
kaise? wie? 15
Kaise mizāj haiñ? Wie geht's? 97
kaitholik (m/w) Katholik/-in, katholisch 96
kal gestern, morgen 89, 100, 107
kālā/-ī/-e schwarz 67
kalākār (m) Künstler 57
kālī mirc (w) schwarzer Pfeffer 43, 45
kam wenig 105
kām (m) Arbeit 53, 55
kām karnā arbeiten 53, 54, 107
kamīz (w) Hemd 66
kamrā (m) Zimmer 23, 43
kamzorī (w) Schwäche 125
kān (m) Ohr 124
kapṛā (m) Kleidung, Stoff 61, 66
karke machend 99
karma (m) Karma 116
karnā machen, tun 53, 55, 63, 67, 107, 127
kāryālay (m) Büro 53
kaun? wer? 17, 87
kaunsā/-ī/-e? welche? 43, 48
ke bād nach, in (zeitl.) 81, 127
ke bāre meñ über, in Bezug auf 81
ke bīc meñ zwischen 93
ke jaise wie, so wie 69
ke lie für 41, 69, 87, 93
ke pās bei, in der Nähe von 35, 69, 93
ke pīche hinter, nach (räuml.) 81, 93
ke samay zum, zu ... Zeiten 127
ke sāmne vor (räuml.) 81, 115
ke sāth mit 41, 69, 93
ke ūpar über 93
kesar (m) Safran 44, 45
khabar (w) Neuigkeit 53
khādī handgewebte Baumwollkleidung 66
khālī frei, leer 35
khalnāyak (m) Krimineller, Bösewicht 121
khānā (m) essen, Essen 23
khāne ke samay zum Essen 127
khāñsī (w) Husten 127

kharāb kaputt, schlecht 61
khaṛī bolī Standardhindi 19
kharīdā/-ī/-e/-īñ gekauft 101
khāyā/-ī/-e/-īñ gegessen 101
khayāl (m) Idee, Meinung 79, 92
khel (m) Spiel 11
khet (m) Acker 11
khetībārī (w) Landwirtschaft 105
khīñcnā ziehen 115
khiṛkī (w) Fenster, Schalter 35, 41, 87
khud selbst 133
khulnā öffnen 87
khushī (w) Freude 11, 92
khushī huī froh sein 107
ki dass 93
kī (w) von, gehörig zu 21, 41, 47, 69
kidhar? wohin? 49
Kījie! Machen Sie! 127
kilā (m) Burg, Fort, Schloss 79
kīmat (w) Preis 69
kirāyā (m) Fahrpreis 63
kis? was?, wer? 87
kisān (m) Bauer 57
kismat (w) Schicksal 61
kitāb (w) Buch 9
Kitnā lagtā hai? Wie viel kostet es? 69
kitne? wie viele? 35
kitnī bār? wie oft? 127
kiyā/-e, kī gemacht, machte 107
ko nach, zu 29, 49, 55, 61, 89, 121
koftā Hackfleischbällchen in Sauce 39
koī irgendein, manch ein, manche 29
koī bāt nahīñ nichts zu danken, keine Ursache 29
Kolkātā Kalkutta 132
kormā in Joghurt eingelegtes Lammfleisch 39
krikeṭ (m) Cricket 131
kripayā bitte 30, 31
krishciyan (m/w) Christ/-in, christlich 96
kuch etwas 20, 23, 53, irgendein 37
kuch aur? sonst noch etwas? 101
kuch bhī was auch immer 37
kuch nahīñ nichts 53
kurtā (traditionelles Baumwollhemd) 66
kyā? was? 9, 27, 87
Kyā bāt hai! Was du nicht sagst! 115, Was ist los? 125
Kyā huā? Was gibt's? 107
Kyā khabar hai? Was gibt's Neues? 53
Kyā naī bāt hai? Was gibt's Neues? 53
kyoñ? warum? 43, 105
kyoñ ki weil 105
lagā/-ī/-e fühlte 29
lagnā fühlen, schmecken 43, 44, kosten 63, aussehen, wirken 69, ablaufen, verlaufen 99
lāie! bringen Sie! 35
lāif jākeṭ Schwimmweste 134
Lakhnaū Lucknow (Stadt in Nordindien) 113
lakhpati Millionär 71
laksharī kocis Luxusbus 65
lāl rot 67
Lāl Kilā Rotes Fort 19, 78, 82
lāl mirc (w) roter Pfeffer 45
lambā/-ī/-e lang 63
lānā bringen 23, 35
laṛkā (m) Junge 153
laṛkī (w) Mädchen 153
laṛnā kämpfen, Kampf 119
lassī (w) Lassi, Joghurttrunk 42, 81
laung (w) Gewürznelken 45
lekin aber 37, 119
lenā nehmen 21, 23, 67, 107, kaufen 87, „Fahren Sie!" 63
lījie! nehmen Sie! 67
likhnā schreiben 95
lipī (w) Schrift 95
liyā, liye, lī genommen, nahm 107
local trains Vorstadtzüge, S-Bahn 65
log (m Mz) Leute, Personen 35, 55
lungī (w) Lungi (kurzes Lendentuch) 66
madad (w) Hilfe 67
magar aber 119
mahangā/-ī/e teuer 69
mahārāja Maharadscha 103
mahattvapūrṇa wichtig 115
mahilā kalākār (w) Künstlerin 57
mahilā kisān (w) Bäuerin 57
mahilā patrakār (w) Journalistin 57
mahilā vakīl (w) Anwältin 57
mahīnā (m) Monat 135
maī (w) Mai 135
maic (m) Match, Spiel 131
maiḍam (w) Dame 11, 21
maiñ ich 11
maiñ ne durch mich 105
mālūm bekannt 99
mālūm huā erfahren 99
māmā (m) Onkel mütterl. 77
māmī (w) Tante mütterl. 77
mandir (m) Tempel 113
mangalvār (m) Dienstag 121
mantra (m) Mantra 115
mārc (m) März 135
masālā (m) Gewürz 43, 45
masālā cāy Gewürztee 78
masāledār gewürzt, herzhaft 43
masjid (w) Moschee 61
mast lustig, spaßig, spitze, toll 121
mastī Freude, Spaß 121
mat nicht 41
mātā (w) Mutter 75, 76
mātā-pitā (m Mz) Eltern 75
maṭar (m) Erbse 39
matlab das heißt; Bedeutung 87, 115
... kā matlab kyā hai? Was heißt/bedeutet ... ? 115
matribhāshā (w) Muttersprache 47
mausam (m) Wetter 73
mazdūr/mazdūrin (m/w) Arbeiter/in 57
mazedār köstlich 43
meharbān nett, freundlich 99
meharbānī (w) Freundlichkeit 31
meharbānī karke bitte 31
mehmānī (w) Gastfreundschaft 26
mehmān-navāzī (w) Gastfreundschaft 26, 28
meñ in 17, 61, 93
menyū (m) Speisekarte 23, 25
merā/-ī/-e mein/-e 9, 17, 93
mere khayāl meñ meiner Meinung nach 79
mere lie für mich 49, 69
mere pās bei mir, neben mir 93
methī (w) Bockshornklee 45
meṭro U-Bahn 65
mez (w) Tisch 35, 41
milā/-ī/-e/-īñ getroffen 101
milegā es gibt, gibt es? 23, 89
mileñge wir werden treffen 17
milkar treffend 11
milnā treffen, geben, vorhanden sein 101
minaṭ (m) Minute, Moment, Augenblick 67
mirc (w) Chili 41, 43, 45
misṭar (m) Herr 11, 21
mīṭar (m) Taxameter 49
mīṭhā/-ī/-e süß 120
miṭṭī (w) Boden 105
mizāj (m) Laune, Temperament 99
mohak faszinierend 115
moṭarsāikil (w) Motorrad 65
moze (m Mz) Socken 66
mujh se mit mir 100
mujhe mich, mir 11, 27, 28
Mujhe aisā lagtā hai ... Es scheint mir ... 93

mujhko mich, mir 35
Mumbaī Mumbai (Bombay) 19, 132
mũh̃ (m) Mund 124
murgī (w) Hühnchen 37
muṛnā abbiegen 63
mūrti (w) Statue 115
musalmān (m/w) Muslim/-in, muslimisch 81
mushkil schwierig 73
na nicht 41, nicht wahr? 15, 121
nabbe neunzig 69
nahar (w) Kanal, Bewässerung 105
nahĩ̄ñ nicht, nein 29, 37, 61, 125, 127
nāk (w) Nase 124
nām (m) Name 9
namaskār Guten Tag/Abend 35, 97
namaste Guten Morgen/Tag/Abend, Auf Wiedersehen 9, 14, 35
nambar (m) Nummer 17
nān (w) Fladenbrot 34, 39, 41
nānā (m) Großvater mütterl. 77
nānī (w) Großmutter mütterl. 77
nārangī orange 67, 68
nars (w) Krankenschwester 57
Nastalīk Nastaliq (Urdu-Schrift) 95, 97
nāstik nicht religiös 96
nātī/-in Enkel/-in (von der Tochter) 77
nau neun 55
nāv (w) Boot, Schiff 65, 134
navambar (m) November 135
navāñ/-ī neunte/-r/-s 89
nayā/-(y)ī/-(y)e neu 53
nāyak (m) Held 121
Naī Dillī Neu-Delhi 18, 19
nāyikā (w) Heldin 121
ne durch 101, 105
Nepālī Nepali 50
nikās Ausgang 134
nīlā blau 67
pacās fünfzig 69
pāgal verrückt 9
pagṛī (m) Turban 66
pahāṛ (m) Berg 131
pahlā/-ī/-e erste/-r/-s 89
pahle zuerst, vor allem 125
pahuñcnā ankommen 89
paidā/-ī/-e geboren 113
pair (m) Fuß 124
paisā (m) Geld, Münze 69
pakānā kochen, nerven 69, 131
pākistānī (m/w) Pakistani, pakistanisch 12, 55
pakkā gekocht, toll, genau 69
pālak (m) Spinat 39, 41
pāñc fünf 55
pāñcvāñ/-ī fünfte/-r/-s 89
paṇḍit (m) Hindu-Priester 115
pandrah fünfzehn 79
pānī (m) Wasser 23
Pañjāb Pandschab (Region nordwestl. Delhis) 47
pañjābī (w) Pandschabi (ind. Regionalsprache) 39, 47, 96
par auf, in 49, 61, 93
paramparā (w) Tradition 55
paṛegā müssen, sollen, müssten, sollten 49
paṛhnā lesen, lernen 15
parivār (m) Familie 75, 133
parsoñ übermorgen, vorgestern 89
(ke) pās bei 93
pasand gefallend, mögend 27
mujhe pasand hai mir gefällt, ich mag 28
pasand honā gefallen, mögen 27
pashcim (m) Westen 81
pāsporṭ (m) Reisepass 21, 25
patā bekannt 37
patā (m) Adresse 49
patā honā kennen, wissen 37
pati Ehemann 77
patlūn (m) Hose 66
patnī (w) Ehefrau 77
patrakār (m) Journalist 57
paune Viertel vor 87
pe auf, in 61
peṛ (m) Baum 9
peṭ (m) Bauch, Magen 124, 125
phal (m Mz) Obst 11
phir dann, wieder 11, 17
phir mileñge Auf Wiedersehen, bis später 14, 17
pichlā/-ī/-e letzte/-r/-s 89
pīlā gelb, blass 67, 125
pīnā trinken 41, 107
pīne kā zu trinken 41
pitā (m) Vater 75, 76
pīṭh (w) Rücken 124
piyā, piye, pī getrunken, trank 107
pleṭfārm (m) Bahnsteig 89
potā/-ī Enkel/-in (vom Sohn) 77
prabandh (m) Vereinbarung, Verabredung 131
pradesh (m) Bundesstaat 55
praṇām (m) Gruß 107
prāyojnā (w) Projekt 107
prem (m) Liebe 119
progrām (m) Programm 133
proṭesṭeṇṭ (m/w) Protestant/-in, protestantisch 96
pūchnā fragen 119
pūjā (w) Gebet 115
pūjā karnā beten 115
pulāo Obstreis 39
pūrā nām voller Name 13
pūrā/-ī/-e ganz, komplett, total, voll 13, 101
purānā/-ī/-e alt 120, 133
Purānī Dillī Alt-Delhi 18, 19, 120
pūrva (m) Osten 81
pūrvaj (m Mz) Vorfahren 113
Pushkar Pushkar 102
pyās (w) Durst 29, 81
pyāz (m) Zwiebel 39
rahā/-ī/-e thā/-ī/-e/īñ war 99
rahā/-ī/-e blieb 79, 99
rahnā bleiben, wohnen, leben 75
rāī (w) Senf 131
rāj König/-e 103
Rājasthān Rajasthan (ind. Bundesstaat) 52, 55, 103
rājasthānī aus Rajasthan 55
rājasthānī log Rajasthanis 55
rājdhānī (w) Hauptstadt 81
rakhnā hinstellen, hinlegen 23
rang (m) Farbe 67
rangīn bunt 67
rāshṭrīy national 47
rāshṭrīy bhāshā Nationalsprache 47, 56
rāstā (m) Weg 63
rāt (w) Nacht 29, 89
rāt ko in der Nacht, nachts 29, 89
ravivār (m) Sonntag 121
registān (m) Wüste 105
relgāṛī (w) Zug 64, 65, 87
resṭoranṭ (m) Restaurant 24, 29
rikshā (m) Rikscha 60, 63, 64, 65, 134
rogan josh rotes Lamm-/Hammel-Curry 39
ronā-dhonā (m) Herz-Schmerz 119
roṭī (w) Fladenbrot 39, 41
ruknā anhalten 63
rūmāl (m) Taschentuch 66
rupayā (m) Rupie (ind. Währung) 63
sab alle/-s 26, 27, 55
sab kuch alles 61, 107
sab se am meisten von allem/-n 43
sab se svādishṭ am leckersten 43
sabzī (w) Gemüse 39, 42
sac richtig, wahr 99
sacmuc wirklich 21
sāf sauber 27, 108
Safar mubārak ho! Gute Reise! 78
safed weiß 67
sāhab (m) Herr 21
sahī korrekt, richtig 43
sahī bāt hai das stimmt 43

sāikil (w) Fahrrad 65
saknā können 67, 125, 126
sāl (m) Jahr 79
sālā (m) Bruder der Ehefrau 77
sālī (w) Schwester der Ehefrau 77
samajhnā verstehen 55
sāmān (m) Gepäck 21
samay (m) Zeit 107, 133
samay par pünktlich 107
sāmrājya (m) Reich 81
samsāra Kreislauf aus Leben und Tod 117
sanātana dharma Hinduismus 117
sanātana ewig 117
sanḍās Toilette 108
sangīt (m) Musik 121
sañskrit Sanskrit 25, 50, 96
sar (m) Herr 11, Kopf 124, 127
sārā/-ī/-e ganz 133
sar-dard (m) Kopfschmerzen 127
sardī (w) Erkältung 127
-sāre sehr 75
sāṛhe halb (Uhrzeit) 87, 88
sāṛī (w) Sari 52, 66
sarsoñ (w) Senf 45
sās (w) Schwiegermutter 77
sastā/-ī/e billig 69
sasur (m) Schwiegervater 77
sāt sieben 55
Sat shrī akāl! Seien Sie gegrüßt! (Sikhsgruß) 47
sāṭh sechzig 69
sāthī (m/w) Kollege/-in 53
sattar siebzig 69
sattrah siebzehn 79
sātvāñ/-ī siebte/-r/-s 89
sau hundert 63
savā Viertel nach 89
saverā (m) Morgen 89
savere morgens 89
se aus, mit, von 11, 49, 61
se nazdīk in der Nähe von 61
se pahle vor (zeitl.) 81
sekreṭarī (m/w) Sekretär/-in 55
shābāsh bravo 21
shabd (m) Wort, Wörter 95
shākāhārī (m/w) Vegetarier/-in, vegetarisch 37
shalvār kamīz (w) muslimische Männertracht 66, 92
shām (w) Abend 29, 89
shām ko am Abend, abends 29, 89
shanivār (m) Samstag 121
sharīr (m) Körper 124
shauk (m) Hobby, Interesse 79
shāyad vielleicht 113, 131, 132
shikshak/shikshikā (m/w) Lehrer/in 57
Shrī Rām Rama (hinduist. Gottheit) 113
shukravār (m) Freitag 121
shukravār ko freitags, am Freitag 121
shukriyā danke 30, 31
sīdhā geradeaus 63
sikh (m/w) Sikh 96
sīkhā/-ī/-e/-īñ gelernt 101
sīkhnā lernen 101
sinemā (m) Kino 119
sirf nur 35
sīṭ (w) Sitz, Sitzplatz 93
sitambar (m) September 135
sīṭiyāñ bajānā pfeifen 121
socnā denken 113
solah sechzehn 79
somvār (m) Montag 121
sonā schlafen 107
soṇṭh (w) getrockneter Ingwer 45
soyā/-ī/-e geschlafen 107
sṭeshan (m) Station, Bahnhof 93
sthān Ort, Platz 103
subah (w) Morgen 89
Suburbans S-Bahn, Vorstadtzüge 65
subway U-Bahn 65
sūkhā/-ī/-e trocken 105
sunā/-ī/-e/-īñ gehört 101
sunānā hören lassen, rezitieren 53
sundar schön 55
sunnā hören 53
surakshā nirdesh Sicherheits-instruktionen 134
Susvāgatam! Willkommen! 134
svādishṭ lecker 40, 43
svāgat Willkommen! 8, 15
svarg (m) Paradies 34
svis schweizerisch, Schweizer/-in 11
Sviṭzarlaiṇḍ (w) Schweiz 20, 22
tab dann 121, 122
tabīyat (w) Gesundheit 125
ṭaiksī (w) Taxi 49, 64, 65
taiyār bereit, fertig 37
Tāj Mahal Taj Mahal 83
tak bis 61, 93
taklīf (w) Problem, Beschwerde 125
tāliyāñ pīṭnā applaudieren 121
tandūr Tandur (tradition. Lehm-ofen) 34
tandūrī aus dem Tandur-Ofen 37
tandūrī murgī Tanduri-Hühnchen 34, 39
taraf (w) Richtung, Seite 9, 89
tarah (w) Weise 99
tashrīf (w) Ehre, Respekt 73
Tashrīf lāie! Treten Sie ein! 73
Tashrīf rakhie! Nehmen Sie Platz! 73
tel (m) Öl 9
terā/-e/-ī dein/-e (persl.) 17, 79
terah dreizehn 79
thā/-ī/-e war 81, 113
thailā (m) Tasche 11
thakāvaṭ (w) Müdigkeit, Erschöp-fung 127
thaknā ermüden 11
ṭhanḍ (w) Kälte 15, 74
ṭhanḍā/-ī/-e kalt, kühl 73, 81
Thār Marusthal Thar-Wüste 52
ṭhīk gut 15, 23, 53
ṭhīk hai! okay, gut 23
ṭhīk se auf gute Weise 107
Ṭhīk ṭhak! Alles klar! 53
thoṛā/-ī/-e bisschen, wenig 47
thoṛā-sā (m) ein bisschen/wenig 53
thoṛe din ke bād bald 105
thoṛī der ke bād bald 101
thoṛī-sī (w) ein bisschen/wenig 53
ṭikaṭ (m/w) Fahrkarte 87
ṭikaṭ-ghar (m) Fahrkartenbüro 87
tīkhā/-ī/-e scharf 37
tīn drei 55
tīn sau dreihundert 63
tīs dreißig 69
tīsrā pahar (m) Nachmittag 89
tīsrā/-ī dritte/-r/-s 89
ṭīvī (w) Fernsehen 131
to also, dann, doch, mal, so 27, 37, 79, 125, 131
tū du (persönl.) 17, 79, 80
tū ne durch dich 105
tujhe dich, dir (persönl.) 79
tulsī (w) Basilikum 45
tum du, ihr 15, 17, 29, 80
Tum kaise ho? Wie geht's? 15
tum ne durch dich/euch 105
tumhārā/-ī/-e dein, euer 15, 17
Tumhārā hāl kyā hai? Wie geht's? 15
tumheñ dir, dich, euch 27, 28
tumko dir, dich, euch 35
ṭūrisṭ (m) Tourist 57
Udaypur Udaipur 102
udhar dorthin 23
ullū Eule 63
ullū banānā betrügen, verulken 63
ulṭī (w) Erbrechen, Übelkeit 127
umar (w) Alter 79
ummīd (w) Hoffnung 133
unglī (w) Finger 124
unheñ ihnen, sie 27
unko ihnen, sie 35, 107

unnīs neunzehn 79
unnīs sau aṛtālīs neunzehnhundertachtundvierzig 113
upnām (m) Nachname 13
uṛān (w) Flug 133
urdū (w) Urdu (nordind. Sprache) 95, 96
us jener/-m 41
use ihm, ihr; ihn, sie 27
usko ihm, ihn, ihr, sie 35
utarnā aussteigen 93
uttar (m) Norden 81
Uttar Pradesh Uttar Pradesh (Bundesstaat) 113
vahāñ dort 55
vahāñ par dort 93
vāhvāh bravo 47
vaisā/-ī/-e so 17, 99
vakīl (m) Anwalt 57
vakt (m) Zeit 93, 107
vakt par pünktlich 93, 107
-vālā/-ī/-e/-iyāñ Besitzer, Eigentümer 61, 67, 68, 95
vāpas ānā zurückkommen 127
vasant Frühling 133
vāstukalā (w) Architektur 81
ve jene, sie (Mz) 21
veda Wissen 129
vesh (m) Kleidung, Kostüm 99
veṭar (m) Ober, Kellner 37, 42
vicār (m) Gedanke, Meinung 133, 134
vidyārthi/vidyārthinī (m/w) Student/Studentin 57
vimān Flugzeug 134
voh er, sie; jene/-r/-s 21, 27, 41
vyāpārī/vyāpāriṇī (m/w) Geschäftsmann/-frau 57
yā oder 41
yād (w) Erinnerung 79
yahāñ hier 49
yahāñ par hier 93
yahūdī (m/w) Jude/Jüdin, jüdisch 96
yānī das heißt 55
yār (m) Kumpel, Freund 119
yātrā (w) Reise 73
ye diese, sie (Mz) 15, 17, 53
yeh diese/-r/-s; er, sie, es 15, 17, 21, 27, 29, 41
yog Yoga 116
zarā ein bisschen, bitte 49
Zarā batāie! Verzeihung! 87
Zarā sunie! Verzeihung! 87
zarūr natürlich 26, 27
zarūrat (w) Notwendigkeit 53
zarūrī notwendig, dringend 105
zindagī (w) Leben 105
zīrā (m) Kumin 44, 45
zukām (m) Grippe 127
zyādā zu (sehr), zu viel 37
zyādā se zyādā höchstens, ausreichend 127